T0335026

Topographie des Widerstands
in der Steiermark 1938–1945:
Eine Ausstellung

Daniel Gethmann
Waltraud P. Indrist (Hg.)

architektur + analyse 8

Inhalt

Einleitung

Daniel Gethmann   Waltraud P. Indrist

Die in diesem Buch dokumentierte Ausstellung *Topographie des Widerstands in der Steiermark 1938–1945* war im Frühjahr und Sommer 2020 an mehreren Orten in der Steiermark zu sehen und wurde somit im 75. Jahr der Befreiung Österreichs durch die Alliierten gezeigt. Unser Anliegen war es, dieses Jubiläum im Rahmen eines architektonischen Entwurfsstudios am Institut für Architekturtheorie, Kunst- und Kulturwissenschaften der Technischen Universität Graz zum Anlass zu nehmen, um den Widerstand gegen den Nationalsozialismus in der Steiermark vor Ort zu dokumentieren. Dieser Widerstand besaß zahlreiche Formen an vielen konkreten Orten und wäre ohne die Unterstützung von Teilen der Bevölkerung Österreichs nicht möglich gewesen.

Die Aufgabenstellung für die Studierenden des Entwurfsstudios bestand darin, die Erkenntnisse von HistorikerInnen zum Widerstand in der Steiermark anhand von vier Case Studies zu bearbeiten, einen konkreten Ort und klar definierte historische Ereignisse mit den Mitteln der forensischen Architektur neu zu untersuchen[1] sowie eigene Recherchen in Archiven und vor Ort anzustellen. Die bei dieser Forschungsarbeit gewonnenen Erkenntnisse galt es zugleich für eine Ausstellung in Form von 3D-Visualisierungen, Plandarstellungen, Diagrammen und Graphen aufzubereiten sowie die dafür notwendige Ausstellungsarchitektur zu entwerfen, zu bauen und aufzustellen. Dabei wurden die jeweiligen Parameter – analytische Forschung, inhaltliche Ausarbeitung sowie Gestaltung – in ein zusammenhängendes Wechselspiel gebracht. Forschungsergebnisse veränderten die Kubatur der Displays, die topologische Aufstellung der Displays wirkte wiederum auf die Aufbereitung der Inhalte und so fort. Die Ergebnisse dieser *Research-Design-Build*-Methode stellen wir in diesem Buch vor.

Hinsichtlich des Entwurfs der Displays und der Ausstellungsarchitektur galt es im Besonderen Budget, Materialwahl und Detailplanung, Grafik, Zeitplan und Machbarkeit gleichzeitig im Blick zu behalten. Von den Studierenden wurde in Gruppen für die Ausstellungsarchitektur jeweils ein Entwurf ausgearbeitet, diskutiert und im Zusammenspiel mit den zuvor genannten Parametern – nach einem Entwurf von Thomas Tunariu – in die finale Form gebracht: Diese bestand aus vier kompakt ineinander für den Transport stapelbaren Displayobjekten aus Holz, die vor Ort – räumlich aufgefaltet – einen frei zugänglichen Außen- und einen Innenraum im öffentlichen Raum aufspannen. Entlang der

[1] Die Methoden der forensischen Architektur gehen auf die vom Architekten Eyal Weizman 2011 gegründete Forschungsgruppe *Forensic Architecture* zurück, die am Centre for Research Architecture des Goldsmiths College der University of London angesiedelt ist. Anhand von Werkzeugen zur räumlichen und architektonischen Analyse, von räumlichen Modellen und von digitalen Technologien geht es bei der forensischen Architektur darum, Aufklärung von Menschenrechtsverletzungen zu leisten und ihre räumlichen wie architektonischen Dimensionen zu erfassen. Siehe etwa ihre Untersuchung der permanenten Bewohnung des Dorfes Al-Araqib in der Naqab-Wüste durch Beduinen, die sie vor der Zeit der israelischen Staatsgründung nachweisen konnten. Damit wäre der Anspruch der Beduinen auf Land und Boden rechtmäßig, wenn auch noch immer nicht von offizieller Seite durch Israel anerkannt. In einer ihrer jüngsten Forschungen zeigen *Forensic Architecture* die Rekonstruktion der fatalen Explosion im Hafen von Beirut am 4. August 2020: www.forensic-architecture.org.

8

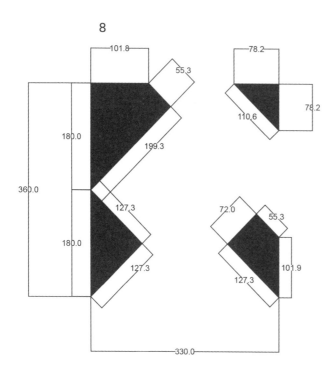

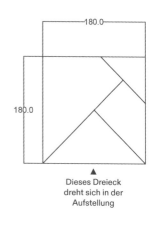

Dieses Dreieck
dreht sich in der
Aufstellung

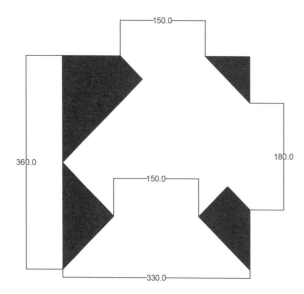

Die Ausstellungsdisplays im geöffneten (links) sowie im geschlossenen (rechts) Zustand

äußeren Displays wird in das Thema des Widerstands in der Steiermark allgemein eingeführt;
die Displays, die im Inneren zu sehen sind, geben
an jedem Ausstellungsort einen spezifischen Einblick in die lokalen Formen des Widerstands.

Angesichts des 75. Jahrestags der Befreiung
Österreichs wurde bei der Recherche deutlich,
wie wenig an den jeweiligen Orten über den
dort praktizierten Widerstand gegen den
Nationalsozialismus bekannt ist. Der österreichische Historiker und langjähriger Direktor
des Dokumentationsarchivs des österreichischen Widerstandes (DÖW) in Wien, Wolfgang
Neugebauer, stellte hierzu treffend fest, dass
in Österreich erst Mitte der 1980er-Jahre eine
breitere, kritische Auseinandersetzung mit der
NS-Vergangenheit eingeleitet worden sei, wobei
dieser „begrüßenswerte Erkenntnisprozess
manchmal mit einer Abwertung des österreichischen Widerstandes"[2] einherging.
      Daher war es folgerichtig, die Ergebnisse
unserer Forschungs- und Gestaltungsarbeit auf
der Basis unserer *Research-Design-Build*-Methode
sowie unsere neu gewonnenen Erkenntnisse
der Case Studies in der Steiermark – Deutschlandsberg, Eisenerz, Graz, Leoben – auch der
Öffentlichkeit zu präsentieren.
      Die zeithistorische Expertise während des
Semesters brachte der anerkannte Historiker des
Widerstands in der Steiermark Heimo Halbrainer
in das architektonische Entwurfsstudio ein;
die Grafikerin Marie Fegerl vom Kollektiv
Soybot unterstützte die Studierenden bei der
Entwicklung ihrer Ausstellungsdisplays. Darüber
hinaus ermöglichten die WissenschafterInnen
Christian Fleck, Nicole-Melanie Goll und
Georg Hoffmann, das Dokumentationsarchiv des
Österreichischen Widerstandes und das Peršman
Museum in Kärnten sowie die Ortschronisten
Gerhard Niederhofer aus Eisenerz und Herbert
Blatnik aus Deutschlandsberg den Studierenden
spezifische Einblicke in das Thema und standen
für ihre Fragen unterstützend zur Seite. An dieser
Stelle möchten wir allen Beteiligten unseren
herzlichen Dank aussprechen.

Bevor wir die in diesem Buch behandelten
unterschiedlichen Case Studies zum Widerstand
gegen den Nationalsozialismus in der Steiermark kurz vorstellen, erscheint es uns notwendig, die Verbindungen in Erinnerung zu
rufen, die zwischen dem NS-Regime, dem von
ihm betriebenen Konzentrationslager-System
und der architektonischen Planungs- und
Entwurfstätigkeit bestanden.
      Dass der Holocaust nicht ohne die
Professionen des Bauens, ohne ArchitektInnen
und BauingenieurInnen, denkbar gewesen
wäre, wurde in den letzten Jahren bereits von
der kritischen Architekturforschung verdeutlicht:
So waren es einerseits Architekten wie der
Bauhausschüler Fritz Ertl,[3] der für die Planung
der Gaskammern im KZ Auschwitz[4] verantwort-
lich zeichnete, oder Walter Dejaco, der die
Bauleitung im KZ Auschwitz[5] inne hatte, die als
Österreicher von der Presse als „‚Baumeister des
Massenmordes'"[6] bezeichnet wurden.
      Andererseits verdeutlichen die Historiker-
Innen und Holocaust-ForscherInnen Paul B.
Jaskot und Anne Kelly Knowles, gestützt auf die

2
Neugebauer, Wolfgang: *Der
österreichische Widerstand.
1938–1945*, überarb. und erweit.
Auflage, Wien 2015, 22.

3
Vgl. jüngst: Athenstaedt, Iris:
*„Baumeister des Todes" – Der
Wiener Architekten-Prozess*,
Master-Arb., TU Graz 2021;
Seeger, Adina: „Fritz Ertl –
Bauhausschüler und Baumeis-
ter im KZ Auschwitz-Birkenau",
in: Oswalt, Philipp (Hg.): *Hannes
Meyers neue Bauhauslehre –
Von Dessau nach Mexiko*
(= Bauwelt Fundamente 164),
Basel et al. 2019, 497–506.

4
Vgl. Schafranek, Hans: „Eine
unbekannte NS-Tätergruppe:
Biografische Skizzen zu
österreichischen Angehörigen
der 8. SS-Totenkopf-Standarte
(1939–1941)", in: Dokumentationsarchiv des österreichischen Widerstandes (Hg.):
*Täter. Österreichische Akteure
im Nationalsozialismus*,
Wien 2014, 98.

5
Vgl. ebd., 96.

6
O. A., in: *Neuer Kurier*, 19. Januar
1972, zit. n. Loitfellner, Sabine:
*Recherchebericht: Die Re-
zeption von Geschworenen-
gerichtsprozessen wegen
NS-Verbrechen in Ausgewählten österreichischen Zeitun-
gen. 1956–1975*, o. O. 2003,
165, online unter: http://
www.nachkriegsjustiz.at/
prozesse/geschworeneng/
rezeption.pdf [4.1.2021];
vgl. auch: Athenstaedt:
„Baumeister des Todes", 17,
37–39 (wie Anm. 3).

mehrere Bände umfassende *Encyclopedia of Camps and Ghettos, 1933–1945*,[7] dass auch die Häftlinge der darin untersuchten Lager primär für Bautätigkeiten eingesetzt wurden, was in unzähligen Fällen wegen der unmenschlichen Arbeitsbedingungen ihr Todesurteil bedeutete. Jaskot und Knowles ziehen zur Einordnung der von dieser Enzyklopädie erfassten Lager daher folgendes Fazit: „Of the 1,111 camps in that volume, 188 had no known specific labor orientation. But of the 923 remaining, 40 percent list construction as a primary or secondary use for forced labor. The corresponding figure for armaments production is 32 percent."[8]

Auf einem Detailausschnitt der Karte, die Jaskot und Knowles von diesem Lagersystem erstellen, lässt sich auch Eisenerz in der Steiermark erkennen. Dem dortigen KZ-Außenlager Eisenerz ist im vorliegenden Buch eine Case Study gewidmet. Allerdings war dieses Lager respektive seine genaue Verortung nach dem Ende der Nazi-Herrschaft im Mai 1945 in Vergessenheit geraten. Zum einen lag dies wohl an einer nur langsam voranschreitenden Auseinandersetzung mit der NS-Vergangenheit in Eisenerz.[9] Zum anderen war die Bergbaustadt Eisenerz während des NS-Regimes ein von unterschiedlichen Lagern übersäter Ort.[10] Eisenerz war von 1938 mit 8.914

auf 18.419 EinwohnerInnen in 1944[11] gewachsen und laut Kriminalpolizeistelle Graz, Außenposten Eisenerz, wurden davon im selben Jahr allein 8.000 als „ausländische"[12] ArbeiterInnen bezeichnet. Zu dieser Lage merkte allerdings der Historiker Halbrainer schon vor 20 Jahren an, dass sich ab 1939 „die Grenzen zwischen ziviler Lohn- und Zwangsarbeit zu verwischen begannen"[13]. Diese Lohn- und ZwangsarbeiterInnen dürften – wie in der Abbildung Martin Schmidl nach Angaben des früheren Eisenerzer Ortschronisten Walter Dall-Asen zu rekonstruieren versucht – zahlreich „in fünf Wohn- oder Barackenlagern (Nr. 61–65) untergebracht [worden sein], die auf den letzten freien Flächen des Marktes Eisenerz errichtet wurden."[14]

Für die lokalen BewohnerInnen mag all dies eine schwer überschaubare bauliche Situation gewesen sein, um den Standort des KZ-Außenlagers nach dem Zweiten Weltkrieg eindeutig ausmachen bzw. gar erinnern zu können. Seine fehlende Verortung änderte allerdings selbst eine Ortsbegehung durch Jan Otrębski nicht, einen Überlebenden des KZ-Außenlagers Eisenerz (vgl. Kapitel 2), der im Jahre 1999 den Ort dieses Lagers genau angeben konnte und Gedächtnisskizzen der Lage im Gsollgraben anfertigte. Und so wurde von der historischen Forschung

7 Megargee, Geoffrey P., in: United States Holocaust Memorial (Hg.): *Encyclopedia of Camps and Ghettos*, Bd. 1: Early Camps, Youth Camps, and Concentration Camps and Subcamps under the SS-Business Administration Main Office (WVHA), Teil A und B, Bloomington/Indianapolis 2009.

8 Jaskot, Paul B.: „Architecture of the Holocaust", Joseph and Rebecca Meyerhoff Annual Lecture im United States Holocaust Memorial Museum am 4. November 2015, online unter: https://www.ushmm.org/m/pdfs/20170502-Jaskot_OP.pdf [30.8.2021.]

9 Einen Eindruck über die Ambivalenz zwischen Aufklären und Verschweigen lieferte etwa 2000 ein von KünstlerInnen und dem Forum Stadtpark Graz initiiertes Projekt: Vgl. Grabner, Hermine/Schmidl, Martin/Zinganel, Michael (Hg.): *Akte Erzberg. Warum der Erzberg noch immer schweigt.* Teil 6, Graz 2003 sowie die Dokumentation eines Beteiligten der Initiative, des Hamburger Journalisten Günther Jacob: http://guentherjacob.populus.org/rub/45 und http://guentherjacob.populus.org/rub/46 [6.1.2021].

10 Vgl. Abb. in diesem Buch S. 14, abgedruckt in: Schmidt, Gudrun: *Der Alpine-Arbeiter am steirischen Erzberg im 20. Jhdt. mit besonderer Berücksichtigung der NS-Zeit*, Diss., Karl-Franzens-Universität Graz 2004, 714.

11 Vgl. ebd., 145.

12 Vgl. Schreiben der Kriminalpolizeistelle Graz (Außendienststelle Leoben) – Außenposten Eisenerz, gezeichnet von Kriminal-Sekretär A. Richter, an den Bürgermeister von Eisenerz am 18. Januar 1944, Tagebuch-Nr. 81/44. Quelle: Verein Lila Winkel - Geschichtsarchiv Empersdorf.

13 Halbrainer, Heimo: „Das totalitäre Regime", in: Anzenberger, Werner/ders./Rabko, Hans Jürgen (Hg.), *Zwischen den Fronten – Die Region Eisenerz von 1938–1945*, Leoben 2000, 23–33, hier 30, online unter: https://jelinetz.com/2009/03/16/heimo-halbrainer-zwangsarbeit-und-konzentrationslager-in-eisenerz [28.8.2021].

14 Schmidt: *Der Alpine-Arbeiter am steirischen Erzberg im 20. Jhdt.*, 145 (wie Anm. 10).

noch 2000 die These geäußert, das KZ habe sich auf der Feisterwiese [auch Feistawiese] am Erzberg befunden,[15] bzw. noch im Jahre 2006 wurde der Gsollgraben bei Eisenerz-Trofeng als Lager-Standort lediglich vermutet.[16]

An dieser fehlenden konkreten Verortung des KZ-Außenlagers Eisenerz setzte – nach einer historischen Analyse – die Hauptarbeit der forensischen Architekturanalysen durch die Studierenden Janika Döhr, Armin Zepic und Viktoriya Yeretska an. Otrębskis Gedächtnisskizzen des Lagers lieferten ihnen erste markante Anhaltspunkte dafür, dass das Lager aus vier gleich großen Häftlingsbaracken bestanden haben musste, die annähernd parallel eines Bachs errichtet worden waren. Durch weitere räumliche und topologische Vergleiche mit einem Luftbild der Alliierten konnten sie schließlich die Position des KZ-Außenlagers nicht nur im Gsollgraben eindeutig bestimmen – samt Angabe der Koordinaten – , sondern auch die relativ genauen Ausmaße der einzelnen Lagerbestandteile rekonstruieren.

Anna Sachsenhofer und Alice Steiner fokussieren ihre forensische Architekturanalyse rund um die „Kampfgruppe Steiermark", die sogenannten *Koralmpartisanen*, im Bezirk Deutschlandsberg auf die Operationen von Črnomelj bis nach Deutschlandsberg sowie auf das Gefecht rund um die Ortschaft Laaken im steirisch-slowenischen Bergland. Sie extrahieren dabei aus Oral-History-Interviews, die etwa Christian Fleck in seinen soziologischen Untersuchungen lange zuvor durchgeführt hat, und aus Autobiografien von Partisanen räumliche sowie zeitliche Angaben und verdichten diese zu Karten, die die Komplexität, aber auch die zeitweise Ziellosigkeit dieser Operationen visualisieren; diese Tatsache unterstreichen die Studierenden stellenweise durch Verzicht von Richtungsangaben auf den Karten der Operationen.

Die Studierenden Lisa-Marie Dorfleitner, Milan Sušić und Max Frühwirt gehen den Endphaseverbrechen rund um die SS-Kaserne Graz-Wetzelsdorf (heute Belgierkaserne) nach und stützen sich dabei auf Erkenntnisse der HistorikerInnen Nicole-Melanie Goll und Georg Hoffmann.[17] Goll und Hoffmann sind nach langjähriger Forschung zu diesem Thema davon überzeugt, dass über 200 Menschen in Bombenkratern auf dem Kasernengelände erschossen und anschließend vor den anrückenden Alliierten verscharrt wurden. In ihrer forensischen Architekturanalyse untersuchen die Studierenden u. a. die Reichweite der Hörbarkeit dieser Erschießungen, die über mehrere Tage verteilt stattfanden und weit über das Kasernengelände hinaus in den umliegenden Wohnsiedlungen zu hören gewesen sein mussten.

In ihrer Case Study zur Österreichischen Freiheitsfront Leoben-Donawitz betonen die Studierenden Flora Flucher, Matthias Hölbling und Katharina Url die Bedeutung von UnterstützerInnen der Widerstandsgruppen, die bislang wenig dokumentiert und erforscht worden sind. Dazu rekonstruieren sie anhand einer historischen Karte der Stadt Leoben spezielle Wohn- und Aufenthaltsorte, an denen UnterstützerInnen des Widerstands lebten und ihr Leben für die

15
Halbrainer: „Das totalitäre Regime", 32–33 (wie Anm. 13).

16
Vgl. Freund, Florian: „Eisenerz", in: Benz, Wolfgang / Distel, Barbara (Hg.): *Der Ort des Terrors. Geschichte der nationalsozialistischen Konzentrationslager*, Bd. 4: Flossenbürg-Mauthausen-Ravensbrück, München 2006, 361.

17
Hoffmann, Georg: „SS-Kaserne Graz-Wetzelsdorf. Im Spannungsfeld des Kriegsendes und der Nachkriegsjustiz", in: Bouvier, Friedrich / Reisinger, Nikolaus (Hg.): *Historisches Jahrbuch Stadt Graz* 40 (2010), 305–341; Goll, Nicole-Melanie /

Hoffmann, Georg: „Kulmination von Gewalt. Massengräber in der SS-Kaserne Graz-Wetzelsdorf 1945", in: Stelzl-Marx, Barbara (Hg.): *Lager Liebenau. Ein Ort verdichteter Geschichte*, Graz, Wien 2018, 113–117. Zudem sei auf das aktuelle Projekt „Tatort Graz-Wetzelsdorf 1945: Geschichte. Gedächtnis. Gedenken" verwiesen, das am Wiener Wiesenthal Institut für Holocaust-Studien durchgeführt wird, vom Zukunftsfonds der Republik Österreich und dem Nationalfonds der Republik Österreich gefördert wird und dessen Ergebnisse 2022 publiziert werden.

Mitglieder der Freiheitsfront alltäglich riskierten. Die Studierenden visualisieren dabei eindrücklich, in welch unmittelbarer Nähe zum Teil UnterstützerInnen und das NS-Regime räumlich agierten, so dass sich die Legende einer „gleichgeschalteten" Stadtbevölkerung im Fall Leoben als Narrativ der NS-Propaganda zu erkennen gibt, und weisen nachdrücklich auf die besondere Bedeutung der Unterstützungsgruppen für sämtliche Formen des Widerstands hin.

Um die hier kurz erläuterten vier Case Studies in ihren steiermärkischen Kontext der unterschiedlichen Formen des Widerstands einordnen zu können, haben die Studierenden Ema Drnda, Thomas Lienhart und Lung Peng eine allgemeine Einführung in das Thema erarbeitet, die den Case Studies in diesem Buch vorangestellt ist. Sie stellen dabei unterschiedliche Formen von Widerstandshandlungen vor und visualisieren in einer eigens erstellten Karte die *Topographie des Widerstands in der Steiermark von 1938–1945*. Dabei versuchen sie mit der Betonung der von ihnen benutzten Kategorie des „*un*sichtbaren" Widerstands dem Umstand gerecht zu werden, dass ein Großteil der Forschung zu diesem Thema auf Akten der Täter, des NS-Regimes und ihren Verurteilungen – im steiermärkischen Fall häufig durch das Oberlandesgericht Graz – basiert.

In der vorliegenden Dokumentation werden die Arbeiten der Studierenden darüber hinaus durch Beiträge facheinschlägiger WissenschaftlerInnen ergänzt, wodurch sie in einen nationalen und internationalen Forschungszusammenhang eingeordnet und kontextualisiert werden. Der Historiker Heimo Halbrainer macht dabei auf eine grundlegende Problematik aufmerksam. „Wenn vom nationalsozialistischen Terror die Rede ist, verband man damit bis in die jüngste Zeit fast automatisch Verbrechen, die weit weg von der Steiermark verübt worden waren."[18] Halbrainer stellt dieser Annahme einen aktuellen Überblick über die Forschungslage zu den unterschiedlichen Formen von Konzentrationslagern in der Steiermark gegenüber.

Der Soziologe Christian Fleck zieht in seinem Buchbeitrag eine Bilanz der Rezeption seiner Forschung zu den sogenannten Koralmpartisanen, die bereits Ende der 1980er-Jahre entstanden ist. Fleck gibt dabei persönliche Einblicke in die zeithistorische, soziologische und kulturwissenschaftliche Rezeption seiner Arbeit und stellt auf einer generelleren Ebene die Bewertung des „eigenen Beitrags" Österreichs zur Befreiung vom Nationalsozialismus neu zur Diskussion.

Die Archäologen Florian Eichelberger und Thomas Hönigmann vollziehen die Erkenntnisse unseres Entwurfsstudios zur Identifizierung der konkreten Lage des KZ-Außenlagers Eisenerz nach und stoßen im Rahmen ihrer Feldforschung vermutlich auf die noch heute existierenden Überreste dieses Lagers.

Nicole-Melanie Goll und Georg Hoffmann haben vor über einer Dekade erste Publikationen vorgelegt, um die sogenannten Endphaseverbrechen in der ehemaligen SS-Kaserne Graz-Wetzelsdorf (heute Belgierkaserne) – also die Erschießungen von über 200 Menschen – nachzuweisen. Auch über 75 Jahre nach der Befreiung der Alliierten und dem Ende des Zweiten Weltkriegs wäre es wünschenswert, dass die zeithistorische Aufklärungs- und Dokumentationsarbeit von der Politik als weiterhin notwendig eingeschätzt wird.

Abschließend ordnet der Historiker Heimo Halbrainer den Widerstand durch die Partisanen der Österreichischen Freiheitsfront Leoben-Donawitz in den österreichischen Zusammenhang ein. Dabei zeigt Halbrainer auch, wie eine Unterstützung durch Teile der Bevölkerung das Überleben beteiligter Partisanen ermöglichte. Die überlebenden Partisanen waren nach dem Ende des Zweiten Weltkriegs in der Steiermark weiterhin politisch aktiv und organisierten etwa den Wiederaufbau sowie die erste Phase der Entnazifizierung.

18
Heimo Halbrainer in
diesem Buch, S. 39.

Das in diesem Buch dokumentierte Ausstellungsprojekt wäre nicht ohne die Unterstützung der Städte, in denen die Ausstellung gezeigt wurde, möglich gewesen. Wir danken Bettina Habsburg-Lothringen und ihrem Team vom Museum für Geschichte in Graz; der Stadt Deutschlandsberg, insbesondere Bürgermeister Josef Wallner und Vizebürgermeister Anton Fabian sowie Elke Kleindinst; der Stadt Eisenerz, insbesondere der vormaligen Bürgermeisterin Christine Holzweber sowie ihrem Nachfolger Thomas Rauninger; der Stadt Leoben, insbesondere dem ersten Vizebürgermeister Maximilian Jäger; der Arbeitsgemeinschaft der politisch Verfolgten: KZ-Verband – Landesverband Steiermark der österreichischen AntifaschistInnen, WiderstandskämpferInnen und Opfer des Faschismus; ÖVP-Kameradschaft der politisch Verfolgten und Bekenner für Österreich; Bund sozialdemokratischer FreiheitskämpferInnen, Opfer des Faschismus und aktiver AntifaschistInnen sowie der Fakultät für Architektur der TU Graz. Beim Ausstellungsbau haben uns haben die TILLY Holzindustrie Gesellschaft m. b. H sowie die Artec Group GmbH, Graz unterstützt; die (wetterfesten) Ausstellungsdisplays wurden ermöglicht durch Intea BH d. o. o. grafički i print studio, Sarajevo und insbesondere Andreas Balatka – Nextseason Werbeagentur e. U., Graz war uns eine große Unterstützung. Schließlich wäre ohne den freigiebigen Informationsaustausch mit zahlreichen FachwissenschaftlerInnen und SpezialistInnen zum Thema Widerstand in der Steiermark das vorliegende *Research-Design-Build*-Projekt nicht durchführbar gewesen. Wir danken den hilfsbereiten BewohnerInnen von Laaken, Karin Berger, Dieter A. Binder, Florian Egartner, Ajda Goznik, Heidi und Bernd Gsell von Jehovas Zeugen Österreich – Archiv Zentraleuropa, Zdravko Haderlap, Alfred Joham, Referat Raumplanung und Stadtvermessung, Leoben, Rupert Kerschbaumsteiner, Knappschaftsverein für den Steirischen Erzberg, Ernst Logar, der Luftbilddatenbank, Magdalena Matuszewska, Marica Primik vom Peršman Museum, Dietmar Sauer, Gerhard Schweiger, Antje Senarclens de Grancy, Patricia Wess vom Rostfest Eisenerz und nicht zuletzt unseren Studienassistentinnen Christina Blümel und Viktoriya Yeretska.

Die vorliegende Dokumentation dieses Projekts wurde gefördert durch den Reihenherausgeber von *architektur + analyse* Anselm Wagner, das Institut für Architekturtheorie, Kunst- und Kulturwissenschaften der TU Graz, die Fakultät für Architektur der TU Graz, die Stadt Graz, die Steiermärkische Landesregierung sowie den Zukunftsfonds der Republik Österreich. Wir bedanken uns herzlich bei allen, die diese Publikation möglich gemacht haben.

14

Standortüberlegungen bezüglich der Lager

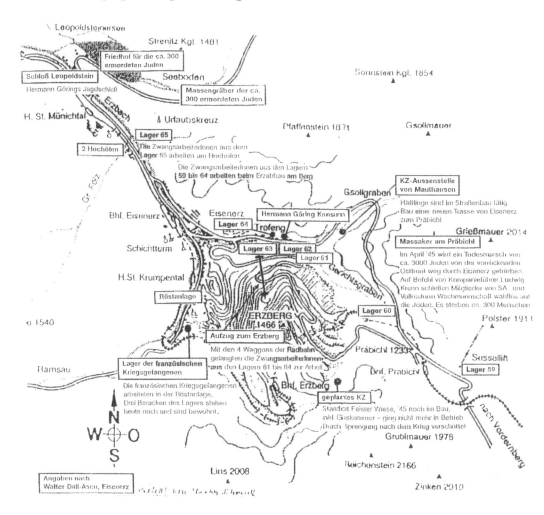

Die Lager in und rund um Eisenerz nach einem Rekonstruktionsversuch von Walter Dall-Asen;
Skizze erstellt von Martin Schmidl, 2000.

Gegen Ende des Wintersemesters 2019 bauten die Studierenden die Ausstellungsdisplays.
© Lisa-Marie Dorfleitner, Anna, Sachsenhofer, Viktoriya Yeretska

Der Überblick über den Widerstand in der Steiermark war bei allen Ausstellungsstationen zu sehen; hier in Graz im Museum für Geschichte (Sackstraße 16). © Waltraud P. Indrist

Ema Drnda   Thomas Lienhart   Lung Peng

Widerstand gegen den Nationalsozialismus in der Steiermark: Ein Überblick

Unsere Ausgangslage und Quellen

In der Moskauer Deklaration forderten die Alliierten im Herbst 1943 einen „eigenen Beitrag"[1] Österreichs zu seiner Befreiung vom NS-Regime. In den Verhandlungen über den Staatsvertrag Österreichs versuchte die österreichische Seite nach dem Ende des Zweiten Weltkriegs, diesen Nachweis eines eigenen Beitrags zu erbringen.

Die am Ende dieses Überblicks gezeigte Karte stellt die Topographie des Widerstands gegen das NS-Regime in der Steiermark dar und verortet Widerstandsakte zwischen 1938–1945 zeitlich und räumlich. Die Fakten hierzu lieferten vier Standardwerke der historischen Widerstandsforschung: *Der österreichische Widerstand 1938–1945* von Wolfgang Neugebauer (Wien 2015), *Nationalsozialismus in der Steiermark: Opfer – Täter – Gegner* von Heimo Halbrainer und Gerald Lamprecht (Innsbruck 2015), *„Wenn einmal die Saat aufgegangen, …": letzte Briefe steirischer Widerstandskämpferinnen und -kämpfer aus Todeszelle und Konzentrationslager* von Heimo Halbrainer (Graz 2019), *Widerstand und Verfolgung in der Steiermark: ArbeiterInnenbewegung und PartisanInnen 1938–1945*, herausgegeben vom Dokumentationsarchiv des österreichischen Widerstandes (Graz 2019).

1
Vgl. Moskauer Deklaration, Erklärung der Außenminister Großbritanniens, der Sowjetunion (UdSSR) und der Vereinigten Staaten (USA) zu Österreich vom 30. Oktober 1943 (Plakat 1945), aus: Österreichische Nationalbibliothek, Bildarchiv und Grafiksammlung, Sign. PLA16319015; vgl. auch: Karner, Stefan / Tschubarjan, Alexander O. (Hg.): *Die Moskauer Deklaration 1943: „Österreich wieder herstellen"*, Wien 2015.

„Esel", illegales Flugblatt, Urheber unbekannt,
aus: Weibel, Peter / Eisenhut, Günter (Hg.):
Moderne in dunkler Zeit. Widerstand, Verfolgung
und Exil steirischer Künstlerinnen und Künstler
1933–1945, Graz 2000, 243

Moskauer Deklaration, Erklärung der Außenminister Großbritanniens, der Sowjetunion (UdSSR) und der Vereinigten
Staaten (USA) zu Österreich vom 30. Oktober 1943 (Plakat
1945), aus: Österreichische Nationalbibliothek, Bildarchiv
und Grafiksammlung, Sign. PLA16319015

„DER ROTE STOSSTRUPP", illegale Zeitschrift
der KPÖ, Bundesarchiv Berlin, o. Sign., aus:
Dokumentationsarchiv des österreichischen
Widerstandes (Hg.): Widerstand und
Verfolgung in der Steiermark, Graz 2019, 127

Koralmpartisanen bei Schwanberg, 9. Mai 1945,
© Dokumentationsarchiv des österreichischen Widerstandes, Foto 00024-5

Architekt Herbert Eichholzer, aus:
CLIO, Graz, © Heimo Halbrainer

Der Widerstand

Während der gesamten Zeit der nationalsozialistischen Herrschaft in Österreich gab es Widerstand gegen das NS-Regime. Dieser Widerstand wurde sowohl von einzelnen Personen als auch in Gruppen organisiert und geleistet. Die Widerstandsakte selbst reichten von Ungehorsam und individueller Verweigerung über die Verbreitung von Flugblättern bis hin zu Sabotageakten und bewaffnetem Widerstand. Der Historiker Karl R. Stadler definierte den Widerstand folgendermaßen: „Angesichts des totalen Gehorsamkeitsanspruchs der Machthaber […] muss jegliche Opposition im Dritten Reich als Widerstandshandlung gewertet werden, auch wenn es sich nur um einen vereinzelten Versuch handelt, anständig zu bleiben."[2] Der Historiker Klaus Schönhoven formuliert wiederum: „Widerstand gegen die NS-Diktatur ist eine Provokation, welche die Toleranzen des nationalsozialistischen Regimes unter den jeweils gegebenen Umständen bewusst überschreitet, mit einer Handlungsperspektive, die auf eine Schädigung oder Liquidation des Herrschaftssystems abzielt."[3]

In der Steiermark bildete sich der Widerstand als Reaktion auf das faschistische und nationalsozialistische Regime heraus. Es lassen sich drei Ebenen von Widerstandshandlungen unterscheiden:

1. Passiver Widerstand

Politische und moralische Ablehnung des NS-Regimes sowie des „Dritten Reichs" ist eine passive Form des Widerstands. Dieser individuelle Widerstand reichte dabei von der Verweigerung des Hitlergrußes bis hin zum verbotenen Hören von ausländischen Radiosendern und der Lektüre von illegalen Schriften.

2. Protesthandlungen und Unterstützung von Widerstandsgruppen

Dazu gehören das Verfassen von Propagandaschriften und das Verteilen von Flugblättern, die andere als nationalsozialistische Informationen verbreiteten; ebenfalls die Weiterleitung von für den Widerstand wichtigen Informationen, die Kontaktaufnahme mit politischen Gruppen im Exil sowie die Versorgung und das Verbergen von Deserteuren. Schließlich zählt der Aufbau illegaler Organisationen und die Durchführung von Treffen, die Beschaffung, der Transport und das Verstecken von Waffen und Sprengstoff als Vorbereitung von Anschlägen dazu.

3. Bewaffneter Widerstand

Bewaffneter Widerstand oder Guerillakämpfe werden als aktives Vorgehen gegen die Wehrmacht und gegen RepräsentantInnen des NS-Regimes verstanden. Ebenfalls durchgeführt wurden Sabotageakte gegen kriegswichtige Infrastruktur und die Errichtung von Netzwerken zur Organisation kämpfender Gruppen.

Widerstand aus religiösen Gründen

Die Mitglieder der verbotenen religiösen Gemeinschaft der ZeugInnen Jehovas verweigerten den Hitlergruß, da das „Heil" nach ihrem Verständnis nur Gott allein vorbehalten war. Sie unterließen auch Ehrbezeugungen gegenüber der Hakenkreuzfahne und verweigerten den Kriegsdienst. Nachdem im August 1938 die Verweigerung des Wehrdienstes bzw. die Anstiftung dazu per Gesetz mit der Todesstrafe

2
Stadler, Karl R.: Österreich 1938–1945 im Spiegel der NS-Akten, Wien / München 1966, 12.

3
Schönhoven, Klaus, zit. n. Christof Rieber u. a.: „Politischer Widerstand gegen die NS-Diktatur", in: Politik & Unterricht: Zeitschrift für die Praxis der politischen Bildung 20,2 (1994), 3.

belegt wurde, waren die ZeugInnen Jehovas besonderer Verfolgung ausgesetzt und wurden ab November 1939 als „wehrfeindliche Verbindung"[4] bezeichnet. Alleine aus der Steiermark wurden von den etwas mehr als 100 Angehörigen der ZeugInnen Jehovas 36 zum Tode verurteilt oder kamen im KZ ums Leben, über 70 wurden zu Freiheitsstrafen verurteilt. Eltern, die ihre Kinder nicht zur Hitlerjugend gaben, wurde das Sorgerecht entzogen.[5]

Ab Herbst 1938 sah sich auch die katholische und evangelische Kirche zunehmend Repressionen und Einschränkungen ausgesetzt. Besitztümer der Kirchen wurden eingezogen, Vereinigungen und Stiftungen aufgelöst, die Presse von den NationalsozialistInnen übernommen und Schulen geschlossen. Immer wieder wurden Predigtinhalte bei der Gestapo denunziert. Die beiden Franziskaner DDDr. Kapistran Pieller und Dr. Angelus Steinwender wurden im August 1944 wegen Mitgliedschaft in der antifaschistischen Freiheitsbewegung Österreichs zum Tode verurteilt und im April 1945 hingerichtet. Der Pfarrer von St. Georgen am Schwarzenbach bei Obdach, Heinrich Dalla Rosa, wurde im Januar 1945 wegen Wehrkraftzersetzung hingerichtet. Der Pfarrer von Gasen, Johann Grasl, wurde im April 1945 von den Nationalsozialisten festgenommen und ohne Urteil erschossen. Zwei katholische Laienbrüder der Christkönigsgesellschaft in Graz verweigerten aus religiösen Gründen den Fahneneid. Beide, Michael Lerpscher und Joseph Ruf, wurden im Sommer 1940 zum Tode verurteilt und noch im Herbst 1940 hingerichtet.[6]

Widerstand von kommunistischen Gruppen

Es gab in der Steiermark zentral organisierten kommunistischen Widerstand, der sich in mehrere Phasen unterteilen lässt.

Die erste Phase verlief von 1938–1940 und betraf die Konsolidierung des Widerstands in der Steiermark. Bereits kurz nach dem „Anschluss" an das Deutsche Reich 1938 kam es zu einer Reorganisation der illegalen kommunistischen Partei Österreichs (KPÖ), die nach ihrem Verbot durch die Dollfuß-Regierung im Mai 1933 und Jahren des Wirkens in der Illegalität dezidiert gegen den „Anschluss" in Österreich argumentierte. Polizeibekannte KommunistInnen wurden beauftragt, sich ruhig zu verhalten, während andere ab April 1938 den Wiederaufbau der Parteistrukturen betrieben. Dem Grazer August Pirker gelang es in kurzer Zeit, ein Netzwerk aus illegalen Zellen in den wichtigsten und größten Betrieben in Graz, der West- und der Oststeiermark zu errichten. Außerdem stellte er Kontakte zur Auslandsleitung der KPÖ in Marburg (Slowenien) her. Die Organisation bzw. die einzelnen Zellen produzierten bis zur Aufdeckung durch einen Spitzel im Januar 1939 eine Reihe von Flugschriften. Ähnliches geschah in den Industriegebieten der Obersteiermark. Bereits wenige Wochen nach dem „Anschluss" baute Alois Lew in Knittelfeld eine Gruppe des kommunistischen Jugendverbandes (KJV) auf. Bis zur Festnahme im Mai und Juni 1939 hielt diese Gruppe Verbindungen nach Judenburg, Pöls, Leoben und Mürzzuschlag. In Kapfenberg baute Anton Buchalka eine Organisation der KPÖ auf. Es gelang, ein Netzwerk von Widerstandszellen über den Raum von Leoben bis Mürzzuschlag zu legen. Noch bis zur Verhaftung Buchalkas im Januar 1940 wurden die Zellen mit Flugblättern versorgt. Buchalka selbst wurde zum Tode verurteilt und im Juli 1941 in Berlin-Plötzensee hingerichtet.[7]

Die zweite Phase von 1940–1941 umfasst den Neubeginn des Widerstands nach den Verhaftungswellen und der Zerschlagung der ersten Organisationen. Danach gingen die verbliebenen KommunistInnen zunächst in den Untergrund. Es wurden kaum Aktionen gegen das NS-Regime durchgeführt, jedoch fanden im Rahmen der

4
Vgl. Halbrainer, Heimo: „Wenn einmal die Saat aufgegangen, ...": letzte Briefe steirischer Widerstandskämpferinnen und -kämpfer aus Todeszelle und Konzentrationslager, Graz 2019, 32.

5
Vgl. ebd., 31.

6
Vgl. ebd., 28–30.

7
Vgl. ebd., 37–40.

„Roten Hilfe" Sammlungen für die Familien von Inhaftierten statt. Die Leitung der KPÖ im Exil beschloss zu Weihnachten 1939, über Kuriere mit den in Österreich verbliebenen KommunistInnen in Kontakt zu treten. Der Wiederaufbau der KPÖ wurde in die Hände von Herbert Eichholzer gelegt, einem Grazer Architekten, der in Ankara arbeitete. Er reiste aus der Türkei nach Graz, wo er auf den Schauspieler Karl Drews traf, der in der Zwischenzeit mit der Reorganisation der KPÖ begonnen hatte. Ende Januar 1941 wurde das gesamte Netzwerk der KPÖ von Wien bis in die Steiermark durch Spitzel der Gestapo aufgedeckt. Infolgedessen wurden mehrere hundert Personen festgenommen; davon wurden mehr als 20 hingerichtet.

Ab Herbst 1940 wurden von einer Gruppe unter der Leitung des Schriftstellers und Lehrers Richard Zach in Graz die Flugschriften mit dem Titel „Der rote Stosstrupp" hergestellt und bis nach Fohnsdorf und in die Weststeiermark verbreitet. Zach wurde im Oktober 1941 verhaftet und im Januar 1943 hingerichtet. Parallel zum Aufbau der KPÖ begann in Graz 1940 der ehemalige Gewerkschaftsfunktionär Josef Poketz mit dem Aufbau der „Roten Gewerkschaft" in einzelnen Betrieben. Ziel dieser Gewerkschaft war es laut den Gestapo-Akten, Geld für Widerstandsaktionen zu sammeln. Anfang August 1942 wurde Poketz im Rahmen einer Verhaftungswelle, bei der auch 250 andere kommunistische FührerInnen und ZellenleiterInnen verhaftet wurden, in Gewahrsam genommen.[8]

In der dritten Phase des kommunistischen Widerstandes erfolgte im Juni 1941 nach dem Überfall auf die Sowjetunion eine Radikalisierung. Zunächst riefen ausländische Radiostationen zu Sabotageakten auf. Daraufhin beschlossen die Betriebszellen der Eisenbahner aktiver zu werden. Es wurden Bremsschläuche zerschnitten, Gummiringe entfernt und Sand in Lager gestreut, um die Versorgung für die NationalsozialistInnen zu unterbrechen. Zwischen dem 4. Juli und 24. Dezember 1941 wurden 92 Anschläge auf diese Weise durchgeführt. Unter der Leitung des Bergmannes Martin

Michelli wurden in Vordernberg und Eisenerz Anschläge auf die Bahninfrastruktur vorbereitet und Sprengstoff beschafft. Der Gestapo gelang es jedoch rasch, die Zellen der Eisenbahner in Bruck an der Mur, Leoben und Knittelfeld sowie jene am Erzberg aufzudecken, woraufhin 130 Mitglieder festgenommen wurden.[9]

In der vierten Phase gab es im Frühjahr 1942 einen letzten Versuch der Einrichtung einer zentralen Leitung der KPÖ in der Steiermark. Unter der Leitung von Franz Hiebler aus Thörl entstand eine Landesleitung, die Kontakte zu WiderstandskämpferInnen in Bruck an der Mur, Judenburg und Weiz unterhielt. Die Gruppe um Hiebler sammelte einerseits Geld für die „Rote Hilfe", andererseits wurden auch Flugblätter verfasst und gedruckt. Bereits Anfang August 1942 wurden diese Versuche wieder zerschlagen, da es der Gestapo abermals gelungen war, einen Spitzel in die Führungsebene einzuschleusen. Daraufhin fanden die kommunistischen Aktivitäten nur mehr in kleinen regionalen Zellen statt bzw. gingen auf Partisanengruppen wie die Österreichische Freiheitsfront über.[10]

„Unsichtbarer" Widerstand

Als „unsichtbaren" Widerstand bezeichnen wir die Leistung all jener Personen, die sich dem NS-Regime widersetzt haben, aber bislang nicht dokumentiert wurden. Damit versuchen wir auch dem schwierigen Umstand gerecht zu werden, dass ein Großteil der bekannten Widerstandsaktivitäten nur aufgrund der Verwaltungsakten des Täter-Regimes – also aufgrund von Verhaftungen – nachweisbar ist. „Unsichtbare" Widerstandshandlungen reichten von der Unterstützung organisierter Widerstandsgruppen über das Unterlassen von Kooperation mit dem Regime bis zur Verweigerung des Hitler-Grußes. Ferner zählen wir auch alle Handlungen dazu, die nicht den Absichten des NS-Regimes entsprachen.

8
Vgl. ebd., 42–45.
9
Vgl. ebd., 45 f.

10
Vgl. ebd., 46 f.

Strafen / Vergehen

Anhand der durchgeführten Auswertungen von
Urteilen in der Steiermark in der Zeit von 1938
bis 1945 wird ersichtlich, dass für die gleichen
Vergehen sehr unterschiedliche Strafen verhängt
wurden.[11] So war es zum Beispiel möglich,
dass bei der Anklage auf „Vorbereitung zum
Hochverrat" sehr viele Urteile weniger als zehn
Jahre Haft betrugen, zugleich aber auch eine
hohe Anzahl an Personen zum Tode verurteilt
wurde. Allgemein kann gesagt werden, dass
die Justiz meistens nicht pauschal geurteilt
hat, sondern den Spielraum, den sie hatte, um
Urteile auszulegen, genutzt hat.

11
Basierend auf der Auswertung
der Akten des Volksgerichts-
hofes bzw. der Oberlandes-
gerichte Wien und Graz
zwischen 1938 und 1945 von
Heimo Halbrainer, die er uns
freundlicherweise zur Verfügung gestellt hat.

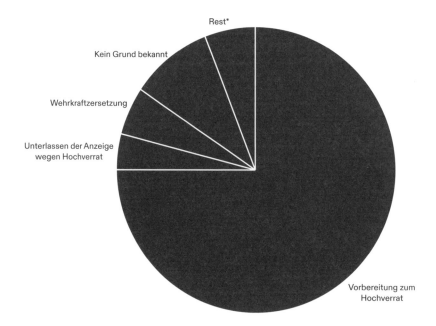

Quantifizierung der Urteile am Volksgerichtshof Graz

Rest*

Kein Grund bekannt

Wehrkraftzersetzung

Unterlassen der Anzeige
wegen Hochverrat

Vorbereitung zum
Hochverrat

* Spionage, Volksverrat, Heimtücke, Beihilfe zum Hochverrat, Radio, Unterlassen der Anzeige
wegen Spionage, Hochverrat, Freispruch, Sprengmittel versteckt, Diebstahl, Feindbegünstigung,
Nichtablieferung eines geschützten Ausweises, Wehrmittelbeschädigung, Beamtenbeleidigung

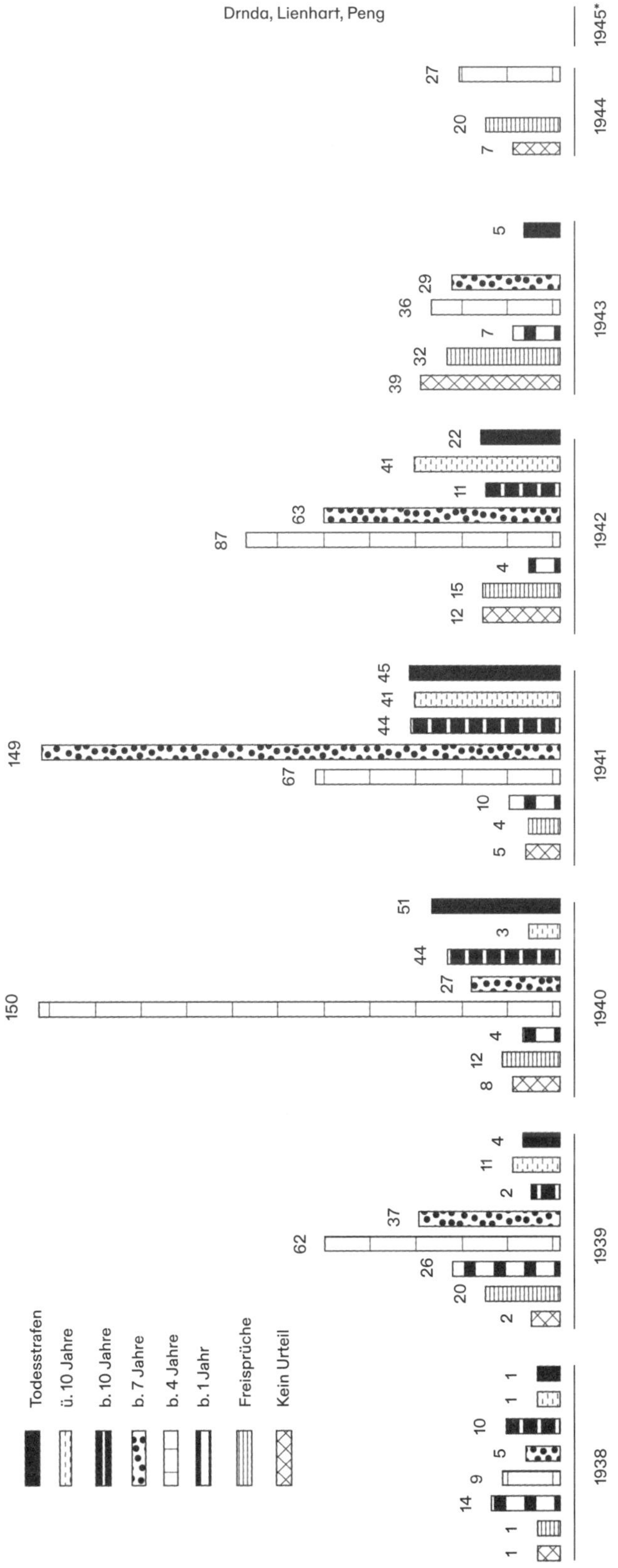

Legende

- Todesstrafen
- ü. 10 Jahre
- b. 10 Jahre
- b. 7 Jahre
- b. 4 Jahre
- b. 1 Jahr
- Freisprüche
- Kein Urteil

1938

- 14
- 9
- 1
- 1
- 5
- 10
- 1
- 1
- 1
- 1

1939

- 62
- 37
- 2
- 11
- 4
- 26
- 20
- 2

1940

- 150
- 27
- 44
- 3
- 51
- 8
- 12
- 4

1941

- 149
- 67
- 44
- 41
- 45
- 5
- 4
- 10

1942

- 87
- 63
- 11
- 41
- 22
- 12
- 15
- 4

1943

- 39
- 32
- 7
- 36
- 29
- 5

1944

- 27
- 20
- 7

1945*

* 1945 gab es keine weiteren Verurteilungen, weil das NS-Regime endete.

Widerstandsgruppen in der Steiermark

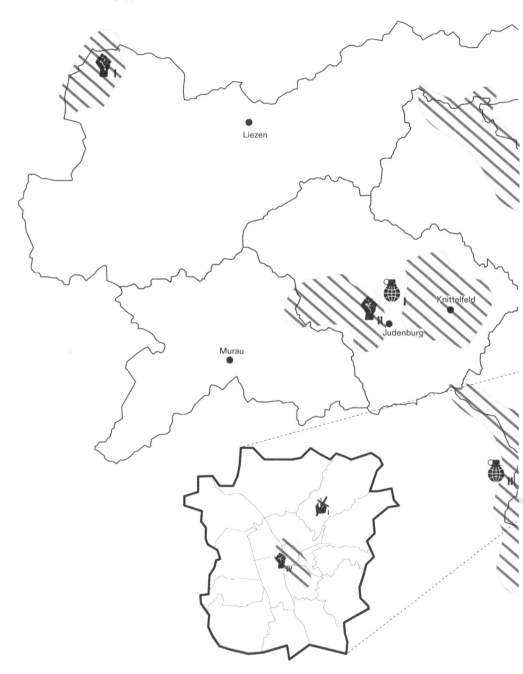

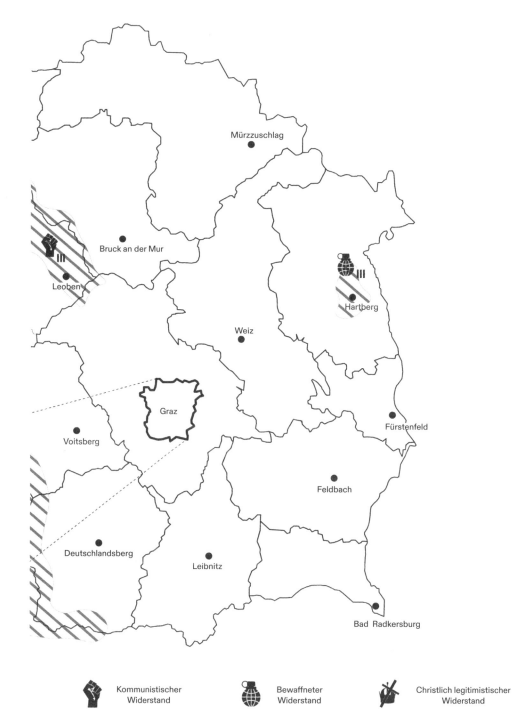

Mürzzuschlag

Bruck an der Mur

Leoben

Hartberg

Weiz

Graz

Fürstenfeld

Voitsberg

Feldbach

Deutschlandsberg

Leibnitz

Bad Radkersburg

Kommunistischer
Widerstand

Bewaffneter
Widerstand

Christlich legitimistischer
Widerstand

Die Karte beruht auf den heutigen politischen Grenzen.

Widerstandsgruppen in der Steiermark

I Salzkammergut-Partisanen Willy Fred

Unter der Leitung des 1943 aus dem KZ-Außenlager Hallein geflüchteten kommunistischen Spanienkämpfers Sepp Plieseis sammelten sich die Salzkammergut-Partisanen ab 1944. Sie rekrutierten sich aus Deserteuren. Der Name der Gruppe leitete sich aus den beiden Erkennungswörtern der Gruppe ab. Dieses lautete zuerst „Willy" und wurde später in „Fred" geändert. Die Gruppe selbst war bewaffnet und unterhielt enge Beziehungen zur ansässigen Bevölkerung, wodurch die Versorgung mit Lebensmitteln und die Weitergabe von Nachrichten organisiert werden konnte. Es fanden jedoch keine Kampfhandlungen der Gruppe statt.[12]

I Sprengstoffanschläge auf Eisenbahnstrecken und Verteilen von kommunistischen Flugblättern

Auf Initiative des britischen Geheimdienstes wurden über slowenische Aktivisten NS-Gegner in der Steiermark und in Kärnten gesucht, die bereit waren, Anschläge auf die kriegswichtige Infrastruktur zu verüben.[13] Über eine Widerstandsgruppe in Maria Gail (Kärnten) und Anton Ivancic wurde der Kontakt zu den Arbeitern Engelbert Glitzner und Franz Ivancic in Judenburg hergestellt. Die beiden Arbeiter verübten vom 15. bis 19. April 1940 drei Sprengstoffanschläge auf Bahnanlagen bei Judenburg. Die Versorgung von Glitzner und Ivancic mit Sprengstoff und Zündern sowie mit Flugblättern erfolgte über slowenische Aktivisten. Engelbert Glitzner, Franz Ivancic und Anton Ivancic wurden am 25. Juli 1941 wegen Vorbereitung zum Hochverrat, Sprengstoffverbrechen, Verbrechen gegen die Wehrmacht und Landesverrat zum Tode verurteilt und im November 1941 hingerichtet.[14]

II Österreichische Freiheitsfront (ÖFF) in Judenburg

In Judenburg begannen ab Ende 1943 Kommunisten mit dem Aufbau einer organisatorischen Basis für den Partisanenkampf der Österreichischen Freiheitsfront (ÖFF). Es wurden Flugblätter verteilt, in denen zum Widerstand gegen das NS-Regime aufgerufen wurde. Geplant war, Sabotageaktionen durchzuführen und gemeinsam mit anderen Teilen der ÖFF ab dem Frühjahr 1944 bewaffneten Widerstand zu leisten. Im Zeitraum vom 26. April bis 30. Mai 1944 wurden über 40 Mitglieder der Gruppe festgenommen. 13 von ihnen wurden wegen Vorbereitung zum Hochverrat, Feindbegünstigung und anderer Delikte zum Tode verurteilt.[15]

12
Vgl. Neugebauer, Wolfgang: *Der österreichische Widerstand. 1938–1945*, überarb. und erweit. Auflage, Wien 2015, 243–245.

13
Vgl. Halbrainer, Heimo / Lamprecht, Gerald: *Nationalsozialismus in der Steiermark: Opfer – Täter – Gegner.* Innsbruck 2015, 588–598.

14
Vgl. Verein Erinnern-Villach: „OPFER DES NS-REGIMES – Franz Knes", o. J., online unter: http://www.erinnern-villach.at/opfer/308-franz-knes-1891-1941.html [9.12.2019].

15
Vgl. Halbrainer: *„Wenn einmal die Saat aufgegangen, ..."*, 49 (wie Anm. 4).

16
Vgl. Wachs, Walter: *Kampfgruppe Steiermark*, Monographien zur Zeitgeschichte, Wien 1968 und Beitrag von Anna Sachsenhofer und Alice Steiner in diesem Buch, S. 78–100.

17
Vgl. Neugebauer: *Der österreichische Widerstand*, 240–242 (wie Anm. 12) und Halbrainer / Lamprecht: *Nationalsozialismus in der Steiermark*, 526–551 (wie Anm. 13).

18
Vgl. Neugebauer: *Der österreichische Widerstand*, 185 f. (wie Anm. 12).

19
Vgl. ebd., 179.

20
Vgl. Beitrag von Flora Flucher, Matthias Hölbling und Katharina Url in diesem Buch, S. 118–135.

21
Anzenberger, Werner / Halbrainer, Heimo / Hofer, Wini: „Widerstand in den Bergen – Zeitgeschichte erwandern", o. J., online unter: www.werneranzenberger.at/widerstand-in-den-bergen [9.12.2019].

II Koralmpartisanen-Kampfgruppe Steiermark

Die Mitglieder dieser Kerngruppe wurden in der Sowjetunion ausgebildet und durch diese ausgerüstet.[16] Am 28. Mai 1944 wurde die 24 Personen starke Einheit von der sowjetischen Luftwaffe über Slowenien mit Fallschirmen abgesetzt. Am 7. August 1944 begann der Marsch der Gruppe von Črnomelj in Slowenien aus; am 17. September wurde die Grenze überschritten. Die Gruppe gelangte über das Lavanttal (Kärnten) nach Norden. Sechs Mann trennten sich von der Gruppe, um in Stübing eine Bahnverbindung zu sprengen. Dieses Vorhaben scheiterte jedoch am 6. Oktober 1944. Nach der Wiedervereinigung der Gruppe wandte sich diese Richtung Süden. Am 23. November 1944 kam es zu einem Gefecht beim „Puschnik"-Bauern in Rothwein. Dabei wurden zwei Partisanen getötet und einer schwer verletzt. Um den Jahreswechsel 1944/45 gab es Anschlagsversuche in St. Vinzenz bei Soboth und in Lavamünd. Danach hielt sich die Gruppe in Pongratzen bei Eibiswald auf. Weitere Gefechte fanden im März 1945 in Laaken und Pernitzen statt.[17]

I Christlich legitimistischer Widerstand in Graz

Die Widerstandsgruppe um Anselm Grand, Alfons Laufer und Wolfgang Mayer-Gutenau entstand bereits im Jahr 1938. Die Mitglieder der Gruppe, unter ihnen viele jugendliche Aktivisten, waren antinazistisch, österreichisch-patriotisch und legitimistisch eingestellt. Sie verteilten während einer Verdunkelungsübung am 14. September 1939 zahlreiche Flugzettel mit Texten gegen den Nationalsozialismus. Laufer und Grand wurden von der Gestapo verhaftet, einige beteiligte Mittelschüler wurden auf freiem Fuß angezeigt.[18] Anfang 1939 gründeten vier Lehrlinge in Graz unter der Leitung von Kurt Behagel von Flammerdinghe die Organisation Österreichisches Freikorps. Endziel dieser Widerstandsgruppe war die Beseitigung des Nationalsozialismus. Sie malten am Grazer Schlossberg und an anderen Stellen in der Stadt Kruckenkreuze an Wände und verteilten Flugblätter mit Aufschriften „Niemals Hitler" oder „Freiheit Österreich". Die vier Lehrlinge wurden am 30. August 1939 zu Haftstrafen von vier Monaten verurteilt, ihr Anführer am 1. Juni 1942 zu einer Haftstrafe von neun Monaten.[19]

III Partisanengruppe Österreichische Freiheitsfront in Leoben-Donawitz

Die Partisanengruppe unter der Führung von Sepp Filz, Johann Krenn, Max Muchitsch und Anton Wagner führte Sabotageaktionen gegen die kriegswirtschaftliche Infrastruktur der NationalsozialistInnen – vor allem Sprengungen von Gleisanlagen – durch.[20] Die Gruppe verfügte über ein enges Netzwerk von SympathisantInnen und UnterstützerInnen, die den Partisanen Unterschlupf und Verpflegung boten. Ohne diese Unterstützung wäre der Widerstand nicht möglich gewesen. Die unterstützenden Menschen kamen aus unterschiedlichen politischen Weltanschauungen, ArbeiterInnen waren ebenso vertreten wie KleinunternehmerInnen, Bauern oder KeuschlerInnen. Selbst eine Adelige in der Hohen Rötz bei Vordernberg war Teil dieses Netzwerkes. Während die Partisanen sich in den Bergen bei Gefahr zurückziehen konnten, waren die unterstützenden Menschen in ihren Häusern und Wohnungen gänzlich dem Zugriff des NS-Regimes ausgesetzt. Im Sommer 1944 setzte eine Verhaftungswelle ein. Etwa 500 widerstandsbereite Menschen der Region – darunter viele Frauen – wurden verhaftet, gefoltert, in Konzentrationslager verschleppt oder hingerichtet.[21]

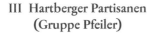

III Hartberger Partisanen (Gruppe Pfeiler)

Unter der Führung des Wehrmachtsdeserteurs Gustav Pfeiler bildete sich im September 1944 im Raum Hartberg eine bewaffnete Widerstandsgruppe. Die Gruppe erhielt bis Kriegsende beträchtlichen Zulauf durch weitere Deserteure und Volkssturmverweigerer. Am 4. April 1945 kam es zu einem Feuergefecht in Staudach, bei dem der Hartberger NSDAP-Ortsgruppenleiter angeschossen und mehrere seiner Familienangehörigen getötet wurden. Bei einem weiteren Gefecht am 14. April 1945 wurden ebenfalls mehrere SS-Männer getötet. Die darauffolgenden Vergeltungsmaßnahmen kosteten zahlreiche UnterstützerInnen der Partisanen das Leben. Am 4. Mai 1945 wurden in Hartberg 13 Widerstandskämpfer hingerichtet. Am 8. Mai 1945, dem Tag der Unterzeichnung der bedingungslosen Kapitulation Hitler-Deutschlands, wurden noch fünf Gefangene ermordet.[22]

22
Vgl. Neugebauer: *Der österreichische Widerstand*, 245 f. (wie Anm. 12).

23
Vgl. Halbrainer / Lamprecht: *Nationalsozialismus in der Steiermark*, 26–28 (wie Anm. 13).

24
Vgl. ebd., 120–146.

IV Wiederaufbau der kommunistischen Organisation in Graz

Der Grazer Architekt Herbert Eichholzer reiste im Frühjahr 1940 von Ankara mit dem Auftrag nach Graz, die Lage der KPÖ in der Steiermark zu erkunden und die Parteiorganisation wiederaufzubauen. In Graz traf er auf den Schauspieler Karl Drews. Dieser hatte bereits damit begonnen, gemeinsam mit Franz Weiß, Anton Kröpfl und Josef Neuhold eine neue Landesleitung der KPÖ aufzubauen. Sie unterhielten Kontakte in das weststeirische Kohlerevier, in die obersteirischen Industriegebiete sowie in die Grazer Umlandgemeinden. Eichholzer stellte den Kontakt nach Wien her, von wo er Flugschriften mit nach Graz brachte. In Wien begegnete Eichholzer dem Gestapo-Spitzel Kurt Koppel („Ossi"), durch dessen Verrat das gesamte kommunistische Widerstandsnetz zwischen Wien und der Steiermark aufflog. Die Folge waren hunderte Verhaftungen und mehr als 20 Todesurteile.[23] Karl Drews, Josef Neuhold und Franz Weiß wurden am 28. Juli 1942 vom Volksgerichtshof in Wien zum Tode verurteilt. Karl Drews und Franz Weiß wurden am 7. Oktober 1942 hingerichtet, Josef Neuhold starb kurz vor der Hinrichtung. Herbert Eichholzer wurde am 9. September 1942 vom Volksgerichtshof in Wien zum Tode verurteilt und am 7. Januar 1943 hingerichtet.[24]

1.9.1939

Kriegsbeginn. Deutschland greift Polen ohne vorherige Kriegserklärung an. Frankreich und Großbritannien erklären am 3.9.1939 dem Deutschen Reich den Krieg.

6.10.1939

Kapitulation der letzten polnischen Truppen und Beginn der Besetzung Polens

9.4.1940

Beginn des deutschen Angriffs auf Dänemark, das sich kampflos ergibt. Zugleich landen deutsche Truppen in Norwegen.

10.5.1940

Hitlers Armeen treten zum „Blitzfeldzug" im Westen an, durch den Belgien, die Niederlande und Frankreich unterworfen werden. Paris wird am 14.6.1940 kampflos eingenommen.

27.9.1940

Deutschland, Italien und Japan schließen den „Dreimächtepakt" zur gegenseitigen Unterstützung.

6.4.1941

Die Wehrmacht marschiert in Jugoslawien und Griechenland ein.

22.6.1941

Drei Millionen deutsche Soldaten überfallen die Sowjetunion („Unternehmen Barbarossa"); der schnelle Vormarsch kommt mit dem Einbruch des Winters zum Erliegen, als Hitlers Truppen schon vor Moskau stehen.

7.12.1941

Hitlers Verbündeter Japan eröffnet mit einem Überraschungsangriff auf den US-Marinestützpunkt Pearl Harbor den Krieg gegen die Vereinigten Staaten. Die deutsche Kriegserklärung erfolgt am 11.12.1941.

23.10.1942

Die britische Großoffensive bei El-Alamein zwingt das Afrikakorps, das bereits weniger als 100 Kilometer vor Alexandria gestanden hatte, zum Rückzug.

10.11.1942

Einnahme Stalingrads durch die deutsche Wehrmacht

31.1.1943

Anordnung Hitlers zur Zerstörung Russlands

2.2.1943

Das Ende der Kämpfe in Stalingrad markiert den Wendepunkt des Kriegs. Mehr als 90.000 Männer der deutschen Wehrmacht gehen in Gefangenschaft.

18.2.1943

„Totaler Krieg": Rede Joseph Goebbels

13.5.1943

Der Afrikafeldzug der Achsenmächte endet mit einer Kapitulation. Rund 250.000 Deutsche und Italiener kommen in Kriegsgefangenschaft.

16.5.1943

Der Aufstand im Warschauer Ghetto wird nach 28 Tagen endgültig niedergeschlagen.

12.6.1943

Die Alliierten beginnen mit den Flächen-
bombardements deutscher Städte
aufgrund der auf der Konferenz von Casa-
blanca (14.–24.1.1943) beschlossenen
Bomberoffensive.

10.7.1943

Beginn der alliierten Invasion Siziliens

24.7.1943

Mussolini wird vom „Großen Faschistischen
Rat" abgesetzt und einen Tag später auf
Befehl von König Viktor Emanuel III. verhaftet.

3.9.1943

Amerikanische und britische Truppen landen
auf dem italienischen Festland; Italien
schließt sich den Westmächten an und erklärt
am 13.10.1943 Deutschland den Krieg.

8.9.1943

Die deutsche Wehrmacht zieht sich aus
dem Donezk-Gebiet (Ukraine) zurück.

1.11.1943

Veröffentlichung der Moskauer Deklaration.
Zentral war dabei die Verlautbarung,
Österreich bei Kriegsende wieder als
freies und von Deutschland unabhängiges
Land aufzubauen.

28.11.1943

Beginn der Konferenz der „Großen Drei" in
Teheran zur Planung militärischer Ziele und
zur Neuregelung Europas nach dem Krieg

6.6.1944

Landung der Alliierten in der Normandie

20.7.1944

Das Attentat auf Hitler scheitert.

2.8.1944

Die Rote Armee überschreitet den
Fluss Weichsel und betritt damit
polnisches Gebiet.

28.9.1944

Einrichtung des KZ Theresienstadt.
18.000 Juden werden von Warschau nach
Auschwitz und Buchenau deportiert.

16.10.1944

Verbände der russischen Truppen
erreichen Ostpreußen.

21.10.1944

US-Truppen besetzen als erste
Großstadt Aachen.

20.11.1944

Hitler verlässt die „Wolfsschanze" (Schlesien)
und bezieht den „Führerbunker" in Berlin.

26.11.1944

Heinrich Himmler ordnet die „Einstellung
der Vergasung" und die „Spurenbeseitigung"
in den KZ an. Es folgt die Übersiedlung
der InsassInnen in die KZ Dachau
und Bergen-Belsen.

16.12.1944

Deutsche Verbände beginnen in den
Ardennen (Waldgebirge im Grenzbereich
von Belgien, Luxemburg und Frankreich)
ihre letzte Offensive, die an der Übermacht
der Alliierten scheitert.

27.1.1945

Das Konzentrationslager Auschwitz wird
von der Roten Armee befreit.

4. – 11.2.1945

Auf der Konferenz von Jalta
wird die Nachkriegsordnung für
Deutschland festgelegt.

13. / 14.2.1945

Alliierter Luftangriff auf das mit
Flüchtlingen überfüllte Dresden

16.4.1945

Mit massivem Einsatz ihrer Artillerie
beginnen insgesamt 2,5 Millionen
Sowjetsoldaten den „Sturm auf Berlin".
Die Deutsche Linie an der Oder wird
durch die Rote Armee durchbrochen.

30.4.1945

Hitler begeht in seinem „Führerbunker"
in Berlin Selbstmord.

8.5.1945

Bedingungslose Kapitulation der
deutschen Wehrmacht und damit Ende
des Zweiten Weltkriegs in Europa

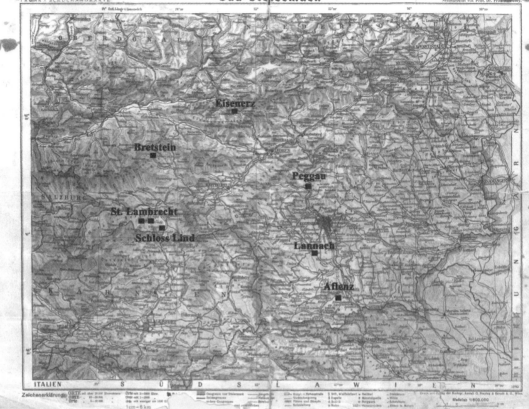

Außenlager des KZ Mauthausen in der Steiermark, aus: CLIO, Graz

Heimo Halbrainer

Die Außenstellen von Mauthausen: Konzentrationslager in der Steiermark

Wenn vom nationalsozialistischen Terror die Rede ist, verband man damit bis in die jüngste Zeit fast automatisch Verbrechen, die weit weg von der Steiermark verübt worden waren. Die Orte, Länder und Regionen, die dabei genannt wurden, sind Auschwitz, Birkenau, Treblinka, Majdanek, Theresienstadt, die Sowjetunion, der Balkan, zudem noch Dachau, Buchenwald, Ravensbrück, Sachsenhausen, Bergen-Belsen oder Mauthausen.

Diese Externalisierung des NS-Terrors in andere Regionen des nationalsozialistischen Machtbereichs setzte nach 1945 bereits nach einer kurzen Phase ein, in der sehr wohl über den NS-Terror „vor der eigenen Haustüre" gesprochen und die NS-Verbrechen teilweise auch justiziell „aufgearbeitet" wurden. So berichtete beispielsweise die *Neue Steirische Zeitung* unmittelbar nach der Befreiung 1945 teilweise sehr ausführlich über den NS-Terror in der Steiermark, wobei auch auf steirische Konzentrationslager eingegangen wurde.[1]

Dieser ersten Phase der Verortung des NS-Terrors in der Steiermark folgte seitens der dominierenden politischen Kräfte und Medien ein jahrzehntelanges Schweigen. Selbst als 1988 im „Be- und Gedenkjahr 1938/88" breit über

den „Anschluss" 1938, die Verfolgung und den Widerstand diskutiert wurde und die steirischen NS-Opfer ins Blickfeld gerückt wurden, blieben die NS-Täter sowie die Orte und Institutionen des NS-Terrors in der Steiermark weiterhin ausgeblendet.[2] Auch die Mitte der 1980er-Jahre von Stefan Karner vorgelegte Studie *Die Steiermark im Dritten Reich 1938–1945* geht auf den NS-Terror in der Steiermark kaum ein.[3] Erst in den letzten Jahren sind Beiträge zu Teilaspekten des NS-Terrors in der Steiermark – unter anderem Detailstudien zu einzelnen Konzentrationslagern – erschienen.[4]

1
Vgl. „Zwei Mauthausen-Filialen in der Steiermark", in: *Neue Steirische Zeitung*, 19. Juni 1945 und „Gräber von erschossenen KZ-Häftlingen gefunden", in: ebd., 25. August 1945.

2
Eine Ausnahme bildete die temporäre künstlerische Intervention im Rahmen des „Steirischen Herbstes": Steirischer Herbst (Hg.): *Bezugspunkte 38/88. Graz Innenstadt, 15. Oktober – 8. November 1988*, Graz 1988.

3
Vgl. Karner, Stefan: *Die Steiermark im Dritten Reich 1938– 1945. Aspekte ihrer politischen,* wirtschaftlich-sozialen und kulturellen Entwicklung, Graz / Wien 1986.

4
Vgl. Seiler, Dietmar: *Die SS im Benediktinerstift. Aspekte der KZ-Außenlager St. Lambrecht und Schloß Lind*, Graz 1994; Farkas, Anita: „*Sag mir, wer die Toten sind!" Personalisierung des Opfergedenkens am Beispiel der NS-Opfer von Peggau*, Klagenfurt 2002; Farkas, Anita: *Geschichte(n) ins Leben holen. Die Bibelforscherinnen des Frauenkonzentrationslagers St. Lambrecht*, Graz 2004; Karner, Stefan / Gsell, Heide / Lesiak, Philipp: *Schloss Lannach 1938–1949*, Graz 2008.

Konzentrationslager in der Steiermark

Bereits Ende März 1938, knapp nach dem „Anschluss", verkündete der Gauleiter von Oberösterreich, August Eigruber, dass die OberösterreicherInnen als „besondere Auszeichnung" ein „Konzentrationslager für die Volksverräter von ganz Österreich" bekommen werden.[5] Zu diesem Zeitpunkt hatte sich das nationalsozialistische Lagersystem bereits zum zentralen Terrorinstrument entwickelt. Ursprünglich nach der Machtübernahme der NationalsozialistInnen in Deutschland 1933 zur Inhaftierung vermeintlicher oder tatsächlicher politischer Gegner geschaffen, errichtete die SS ab 1937 Lager für eine große Anzahl von Häftlingen. So entstanden damals die Konzentrationslager Sachsenhausen, Buchenwald und Flossenbürg; das bereits 1933 errichtete KZ Dachau wurde vergrößert. Gleichzeitig begann die SS neben den politischen Häftlingen auch andere Häftlinge in diesen Lagern zu „konzentrieren": Zeugen Jehovas und als „Volksschädlinge" angesehene Personen wie Homosexuelle oder „Asoziale". Nach dem Novemberpogrom 1938 kamen zudem tausende Juden vorübergehend ins KZ Dachau. Im Zuge des Kriegs und der darauffolgenden Ausdehnung des „Dritten Reichs" wurden weitere Konzentrationslager geschaffen, die nicht mehr nur der Ausschaltung und Anhaltung der politischen Gegner und der sogenannten „Volksschädlinge", sondern zunehmend als Arbeitskräftereservoir für die Kriegswirtschaft dienten. Zu diesem Zweck wurde die Inspektion der Konzentrationslager ab Frühjahr 1942 dem SS-Wirtschafts-Verwaltungshauptamt unterstellt. Bis 1945 errichtete die SS 22 Hauptlager mit über 1.200 Außenlagern und Außenkommandos, vielfach auch auf dem Gelände von Rüstungsbetrieben.[6]

Das im August 1938 errichtete KZ Mauthausen diente in der ersten Zeit vor allem der Ausschaltung und Vernichtung der politischen Gegner. Ab dem Jahr 1942 kam ihm aber aufgrund der auf Hochtouren laufenden Rüstungsanstrengungen und der durch die militärischen Rückschläge bedingten Schwierigkeiten bei der Rekrutierung ausländischer Arbeitskräfte eine neue Rolle zu. Plötzlich waren die KZ-Häftlinge für das NS-Regime die letzten verfügbaren Arbeitskräftereserven, weshalb ab diesem Zeitpunkt die meisten der 40 Außenlager des Konzentrationslagers Mauthausen errichtet wurden. In manchen dieser Lager wurden tausende Häftlinge zur Zwangsarbeit gezwungen und zu Tode gebracht. In anderen Lagern gab es nur einige wenige Häftlinge.

In der Steiermark selbst gab es insgesamt acht kleinere bis kleinste Außenlager des Konzentrationslagers Mauthausen, wobei einige in der Frühphase zunächst dem KZ Dachau bzw. Ravensbrück unterstanden. Die steirischen Konzentrationslager lassen sich in drei Gruppen einteilen: in frühe Lager (1941/42) in Bretstein, St. Lambrecht und Schloss Lind, wobei die beiden letzten ursprünglich als Außenlager des KZ Dachau errichtet wurden; in Frauenkonzentrationslager in St. Lambrecht und Schloss Lannach,[7] die als Außenlager des KZ Ravensbrück entstanden; und schließlich in Konzentrationslager in Eisenerz, Peggau und Aflenz bei Leibnitz, die im Umfeld von Rüstungsbetrieben errichtet wurden.

Das erste Konzentrationslager in der Steiermark und gleichzeitig eines der ersten Außenlager von Mauthausen überhaupt war jenes im obersteirischen Bretstein,[8] das zwischen Juni 1941 und Juni 1943 bestanden hat. Im Bretsteingraben hatte die SS-eigene *Deutsche*

5
August Eigruber zit. n. „Bollwerk Salzkammergut", in: *Völkischer Beobachter.* Wiener Ausgabe, 29. März 1938.

6
Vgl. Benz, Wolfgang / Distel, Barbara (Hg.): *Der Ort des Terrors. Geschichte der nationalsozialistischen Konzentrationslager*, Bd. 4: Flossenbürg-Mauthausen-Ravensbrück, München 2007; Maršálek, Hans: *Die Geschichte des Konzentrationslagers Mauthausen*, Wien 2006.

7
Vgl. Halbrainer, Heimo: „Von Ravensbrück in die Steiermark. Lila Winkel in den Konzentrationslagern der Grünen Mark", in: Cäsar, Maria / ders. (Hg.): *„Die im Dunkeln sieht man doch." Frauen im Widerstand – Verfolgung von Frauen in der Steiermark*, Graz 2007, 117–134.

8
Vgl. Perz, Bertrand: „Das KZ-Außenlager Bretstein", in: Halbrainer, Heimo / Schiestl, Michael (Hg.): *„Adolfburg statt Judenburg". NS-Herrschaft: Verfolgung und Widerstand in der Region Aichfeld-Murboden*, Graz 2011, 111–119.

Versuchsanstalt für Ernährung und Verpflegung GmbH 1939/40 Bergbauernhöfe „erworben" und sie als Versuchsbauernhöfe geführt. Zweck war die Erprobung von landwirtschaftlichen Arbeitsweisen für sogenannte „Wehrbauernhöfe" in Osteuropa. Daneben wurden für das Bergland geeignete Schaf- und Pferderassen gezüchtet und biologisch-dynamische Landwirtschaft betrieben. Für die verkehrstechnische Erschließung der Bauernhöfe und für Arbeiten auf den Höfen wurden KZ-Häftlinge aus Mauthausen nach Bretstein überstellt, die im Juni 1941 das Lager errichten mussten. Insgesamt waren in diesem Lager mindestens 170 vorwiegend spanische und deutsche Häftlinge inhaftiert.

Als Außenlager von Dachau wurden im Mai und Juni 1942 die Lager im aufgelösten Benediktinerstift St. Lambrecht und im zum Stift gehörenden Schloss Lind bei Neumarkt gegründet.[9] Die im beschlagnahmten Stift internierten rund 80 bis 100 Häftlinge – ursprünglich vor allem Polen sowie einige Jugoslawen, Tschechen, Österreicher und Deutsche – wurden, wie auch jene rund 20 bis 30 im Schloss Lind „konzentrierten" Häftlinge, vor allem in der Landwirtschaft und bei Bauarbeiten (Wegebau, Kanalisation, Wasserleitung, Siedlungsbauten) für den *Deutschen Reichsverein für Volkspflege und Siedlerhilfe e. V.* eingesetzt. Beide Lager wurden im November 1942 dem Konzentrationslager Mauthausen unterstellt, von wo im Juli 1943 im Zuge eines Häftlingsaustauschs spanische Häftlinge nach St. Lambrecht kamen. Im Mai 1945 wurden beide Lager von der britischen Armee befreit.

Neben diesen drei bereits sehr früh errichteten Konzentrationslagern gab es zwei Frauenlager, die 1943 bzw. 1944 als Außenlager des Frauenkonzentrationslagers Ravensbrück gegründet wurden: das Außenlager St. Lambrecht und das Außenkommando im Schloss Lannach.[10] In diesen beiden sehr kleinen Lagern waren nur Zeuginnen Jehovas interniert, die sogenannte „frauenspezifische" Tätigkeiten erledigen mussten. So wurden die im Mai 1943 nach St. Lambrecht überstellten 23 Frauen aus Deutschland, Belgien, Österreich und den

Niederlanden für jene bislang von den männlichen KZ-Häftlingen verrichteten Arbeiten in der Küche, der Gärtnerei bzw. im Reinigungsdienst herangezogen. Dass hierfür ausschließlich „Bibelforscherinnen", wie die Zeuginnen Jehovas von den NationalsozialistInnen genannt wurden, eingesetzt wurden, hing u. a. damit zusammen, dass diese aufgrund ihrer Zuverlässigkeit und Gewissenhaftigkeit bei all den Arbeiten, die nicht im Zusammenhang mit dem Kriegsdienst standen, wenig bis kein Wach- und Aufsichtspersonal erforderten. So schrieb Heinrich Himmler in einem Brief am 6. Januar 1943 an SS-Standartenführer Oswald Pohl, den Leiter des SS-Wirtschafts-Verwaltungshauptamtes und damit Herrn über die Arbeitssklaven in den Konzentrationslagern: „Ich ersuche den Einsatz der Bibelforscher und Bibelforscherinnen in der Richtung zu lenken, dass sie alle in Arbeiten kommen – in der Landwirtschaft z. B. –, bei denen sie mit Krieg und allen ihren Tollpunkten nichts zu tun haben. Hierbei kann man sie bei richtigem Einsatz ohne Aufsicht lassen; sie werden nie weglaufen. Man kann ihnen selbständige Aufträge geben, sie werden die besten Verwalter und Arbeiter sein."[11]

Zehn Monate nach der Überstellung von „Bibelforscherinnen" nach St. Lambrecht wurde in Ravensbrück erneut eine Gruppe mit 15 Zeuginnen Jehovas zusammengestellt, die zu Arbeiten auf ein der SS unterstelltes Schloss nach Mittersill abkommandiert wurden. Unmittelbar nach ihrer Ankunft in Mittersill[12] wurden neun der 15 Frauen weiter nach Lannach in die

9
Vgl. Seiler: *Die SS im Benediktinerstift* (wie Anm. 4); Perz, Bertrand: „St. Lambrecht (Männer)", in: Benz / Distel (Hg.): *Der Ort des Terrors*, 431–433 (wie Anm. 6); Perz, Bertrand: „Schloss Lind", in: Benz / Distel (Hg.): *Der Ort des Terrors*, 422 f. (wie Anm. 6).

10
Vgl. Halbrainer, Heimo: „Das ,vergessene' steirische KZ Außenlager im Schloss Lannach", in: *betrifft: Widerstand. Zeitschrift des Zeitgeschichte Museums Ebensee*, 79 (2006), 14–16; Perz, Bertrand:

„St. Lambrecht (Frauen)", in: Benz / Distel (Hg.): *Der Ort des Terrors*, 429 f. (wie Anm. 6); Karner / Gsell / Lesiak: *Schloss Lannach 1938–1949* (wie Anm. 4).

11
Faksimile des Briefes vom 6. Januar 1943, in: Farkas: *Geschichte(n) ins Leben holen*, 34 f. (wie Anm. 4).

12
Vgl. Dohle, Oskar / Slupetzky, Nicole: *Arbeiter für den Endsieg. Zwangsarbeit im Reichsgau Salzburg 1939–1945*, Wien / Köln / Weimar 2004, 221–226.

Steiermark transportiert, wo Ende März 1944 im Schloss Lannach das zweite steirische Frauenlager als Außenstelle von Mittersill errichtet wurde. Auch hier wurden die Frauen für landwirtschaftliche Tätigkeiten, aber auch für Arbeiten im Labor im Rahmen des 1943 gegründeten *Sven Hedin Instituts für Innerasienforschung* eingesetzt. Dieses ab 1943 in Mittersill angesiedelte Institut war eine Abteilung der SS-Forschungseinrichtung *Ahnenerbe*, dessen Aufgabe es war, geeignete Pflanzensorten für den Anbau in eroberten und klimatisch wenig begünstigten Gebieten zu züchten. Beide Frauenkonzentrationslager, die seit dem 15. September 1944 unter der Verwaltung des Konzentrationslagers Mauthausen standen, wurden im Mai 1945 von den sowjetischen bzw. britischen Truppen befreit.

Die drei größten steirischen Außenlager sind im Zusammenhang mit dem Arbeitskräftemangel und dem Luftkrieg und damit zusammenhängend der Verlagerung kriegswichtiger Produktionsstätten in unterirdische Anlagen zu sehen. So wurden die beiden in der näheren Umgebung von Graz gelegenen Konzentrationslager Aflenz bei Leibnitz und Peggau-Hinterberg zwecks Verlagerung der Flugmotorenteileproduktion der *Steyr-Daimler-Puch-AG* Graz-Thondorf errichtet.[13] Um die Produktionsanlagen vor Bombenangriffen zu schützen, wurde Ende 1943 mit der Suche nach geeigneten Standorten begonnen. Als mit den Stollenanlagen im südlich von Graz gelegenen Römer-Steinbruch die geeignete Stätte – Tarnname „Kalksteinwerke" – gefunden worden war, wurden im Februar 1944 die ersten 200 Häftlinge nach Aflenz überstellt, die das Lager – vier Unterkunftsbaracken, eine Küche, Wachtürme und zwei SS-Baracken – aufbauen mussten. Für den Stollenbau und später in der Produktion wurden rund 900 KZ-Häftlinge – vor allem aus der Sowjetunion, Polen, Jugoslawien und dem Deutschen Reich – eingesetzt, wobei der Höchststand im Lager 711 Häftlinge betrug.

Da offenbar ein weiterer Ausbau des Römersteinbruchs in Aflenz nicht möglich war, wurde nördlich von Graz die Peggauer-Wand als optimale Stätte für die Errichtung einer unterirdischen, bombensicheren Fabrikanlage für die *Steyr-Daimler-Puch AG* gefunden. So wurden am 14. August 1944 zirka 400 Häftlinge aus dem KZ Mauthausen geholt, die in Peggau-Hinterberg ein Außenlager errichten mussten. Rund 600 bis 700 KZ-Häftlinge mussten in der Folge in zwei Zwölf-Stunden-Schichten sieben Meter hohe und ebenso breite Stollen in den Berg treiben. Die Stollenanlage mit dem Tarnnamen „Marmor" war bis März 1945 fertig ausgebaut und die Werkzeugmaschinen hierher ausgelagert, sodass über 2.800 Arbeitskräfte aus dem Thondorfer Werk hier hätten beschäftigt werden können.

Durch das Näherrücken der Roten Armee erging am 2. April 1945 der Befehl, beide Konzentrationslager zu räumen und die Häftlinge ins Hinterland, nach „Oberdonau", wie Oberösterreich damals hieß, zu überstellen. Vor dem Abmarsch wurden sowohl in Aflenz als auch in Peggau die nicht mehr marschfähigen Häftlinge erschossen. Bei Exhumierungen nach der Befreiung fand man in und um Peggau 77 und in Aflenz 13 Leichen. Die anderen verließen am 4. April das KZ Aflenz und wurden über das Gaberl und die Hohen Tauern ins Konzentrationslager Ebensee getrieben. Bereits einen Tag zuvor war das Konzentrationslager in Peggau evakuiert worden, wobei die Häftlinge in einem Fußmarsch nach Bruck / Mur getrieben und dann mit der Eisenbahn ins KZ Mauthausen überstellt wurden.[14]

Das Konzentrationslager Eisenerz

Durch die Ausweitung der Produktion am Erzberg war die Zahl der hier Beschäftigten seit Kriegsbeginn ständig gestiegen. So kamen

13
Vgl. Perz, Bertrand: „Leibnitz", in: Benz / Distel (Hg.): *Der Ort des Terrors*, 386–389 (wie Anm. 6); Perz, Bertrand: „Peggau", in: ebd., 414–416.

14
Vgl. Halbrainer, Heimo: „... die vorgenannten Elemente sind durch Erschießen unschädlich zu machen.' – NS-Verbrechen anlässlich der Räumung der Haftanstalten und Konzentrationslager", in: ders. / Kumar, Victoria (Hg.): *Kriegsende 1945 in der Steiermark. Terror, Kapitulation, Besatzung, Neubeginn*, Graz 2015, 71–95.

zunächst bis Dezember 1939 rund 300 polnische Zivilarbeiter (von 1.500 angeforderten) auf den Erzberg. Ihnen folgten weitere Zivil- und bald schon Zwangsarbeiter. Im März 1945 sollte der Anteil von ausländischen Arbeitskräften in Eisenerz 37,6 Prozent betragen, wobei die kriegsgefangenen Sowjets mit über 2.000 den größten Anteil stellten.[15] Erste Überlegungen, neben den Zivil- und Zwangsarbeitern in Eisenerz auch KZ-Häftlinge als Arbeitskräfte einzusetzen, datierten zurück auf das Frühjahr 1943. Hatten zunächst die zuständigen Stellen für den Häftlingseinsatz im SS-Wirtschafts-Verwaltungshauptamt ein Ansuchen um KZ-Häftlinge für die *Reichswerke Hermann Göring* in Eisenerz, wie die ehemalige *Österreichisch-Alpine Montan Gesellschaft* nun hieß, abgelehnt, so sollte nach Vorsprache des Aufsichtsratsvorsitzenden der *Reichswerke* beim Reichsführer SS Heinrich Himmler „eine Umdisponierung der insgesamt zur Verfügung stehenden Häftlinge derart durch den RF SS festgelegt werden, dass die geplante Anzahl für den Erzberg frei wird."[16]

Im Juni 1943 kamen die ersten Häftlinge aus dem KZ Gusen nach Eisenerz, die mit dem Aufbau des Konzentrationslagers begannen. Auf einer ersten Liste von KZ-Häftlingen, die am 15. Juni nach Eisenerz überstellt wurden, finden sich 15 Maurer, sechs Zimmerer, je zwei Tischler, Schlosser, Schmiede, Schuster, Schneider und je ein Klempner und Koch. Weitere 366 folgten in den nächsten Tagen.[17] Im Gsollgraben wurde ein Außenlager des Konzentrationslagers Mauthausen errichtet, wo bis zu 400 Häftlinge vor allem aus Polen und der Sowjetunion untergebracht wurden.[18] Diese wurden unter anderem am Erzberg, zum Bau der Präbichl-Straße bei Trofeng oder für den Bau einer Wohnsiedlung eingesetzt. Im Winter beseitigten sie auch die durch Lawinen entstandenen Schäden in und um Eisenerz. Zudem wurden sie zur Errichtung eines Kriegerdenkmals am Lauskogel abkommandiert. Der polnische KZ-Häftling Jan Otrębski erinnerte sich: „Einmal wurde uns gesagt, dass sich jeder, der will, melden kann, um im Garten Früchte zu sammeln. Ich meldete mich freiwillig zur Arbeit.

Das war aber eine List seitens der SS. Wir wurden mit dem Auto nach Eisenerz gebracht und man befahl uns, schwere Steinblöcke aufzuheben und diese über Serpentinen auf den Gipfel des Berges hinaufzutragen. Diese Arbeit war sehr schwer, sie ging über unsere physische Kräfte. Für mich war das ein denkwürdiger Tag, denn fast wäre ich vom Lagerkommandanten erschossen worden. Der Kommandant schoss mit einer Waffe auf die Häftlinge, die die Steine nicht tragen konnten. […] Die Steine wogen über 40 Kilogramm. Mit diesen Steinen wurde ein Denkmal für die im Ersten und Zweiten Weltkrieg gefallenen Soldaten gebaut."[19]

Wegen der – im Vergleich zu den anderen in der Obersteiermark befindlichen Konzentrationslagern – sehr harten Arbeits- und Lebensbedingungen gab es in Eisenerz eine hohe Häftlingsfluktuation und zahlreiche Tote. Während die SS die kranken und geschwächten Häftlinge zurück nach Mauthausen und Gusen transportierte, wo viele – nach heutigem Wissenstand über 80 – umkamen, wurden von dort neue, kräftige Häftlinge nach Eisenerz überstellt. Auch in Eisenerz kamen über 30 KZ-Häftlinge ums Leben.[20]

Das Lager Eisenerz wurde schließlich Anfang März 1945 aufgelöst. Am 2. März überstellte die Lagerverwaltung die verbliebenen 220 Häftlinge in das Konzentrationslager nach Peggau-Hinterberg, wo diese noch einen Monat Arbeiten

15
Vgl. Anzenberger, Werner / Halbrainer, Heimo / Rabko, Hans-Jürgen: *Zwischen den Fronten. Die Region Eisenerz von 1938–1945*, Leoben 2000, 31.

16
Kopie der Abschrift eines Fernschreibens der Göringstahl Linz an die Göringstahl Berlin, 12. April 1943, Archiv des Mauthausen Museums, Sign. B 6/3.

17
Vgl. Kopie der Listen des K. L. Mauthausen / Gusen (Schutzhaftlager) an Schutzhaftlager Eisenerz, 15. Juni 1943 und 16. Juni 1943, Archiv des Mauthausen Museums, Sign. B 6/3.

18
Vgl. Freund, Florian: „Eisenerz", in: Benz / Distel (Hg.): *Der Ort des Terrors*, 360–362 (wie Anm. 6).

19
Lebenslauf von Jan Otrębski, Übers. aus dem Poln., vermutl. 1999, Archiv des Vereins Lila Winkel, Empersdorf.

20
Vgl. Halbrainer, Heimo: *Archiv der Namen. Ein papierenes Denkmal der NS-Opfer aus dem Bezirk Leoben*, Graz 2013, 97–115.

in den Stollen für die *Steyr-Daimler-Puch-AG* verrichten mussten, ehe sie gemeinsam mit den dortigen KZ-Häftlingen im April 1945 nach Mauthausen überstellt wurden.

Nachgeschichte: Aufarbeiten und Erinnern

Unmittelbar nach der Befreiung versuchte man im Rahmen von Strafverfahren, den NS-Terror und die Verbrechen der NationalsozialistInnen zu ahnden. Die für den Terror der NS-Justiz Verantwortlichen blieben in der Steiermark – mit Ausnahme von Verurteilungen wegen illegaler Mitgliedschaft in der NSDAP – unbehelligt. Führende Grazer Gestapo-Beamte, allesamt Deutsche, wurden wegen anderer Verbrechen – vor allem im Rahmen der Einsatzgruppen im Osten – von alliierten Gerichten in Deutschland teilweise zum Tode bzw. zu langen Kerkerstrafen verurteilt. Ein Grazer Gestapo-Beamter wurde vom Volksgericht Graz wegen Misshandlungen und Verletzung der Menschenwürde zum Tode verurteilt und hingerichtet; andere steirische Gestapo-Beamte wurden zu teilweise hohen Haftstrafen verurteilt.[21] Verbrechen in den Konzentrationslagern wurden unter anderem von US-amerikanischen Militärgerichten in den sogenannten Mauthausenprozessen in Dachau geahndet. Dabei wurde 1948 SS-Untersturmführer Fritz Miroff, der unter anderem für das Lager Bretstein und ab Juni 1944 für das KZ Aflenz bzw. danach auch für das KZ Peggau zuständig gewesen war, wie auch sein Vorgänger in Aflenz, der spätere Lagerführer von Mauthausen, SS-Obersturmführer Hans Altfuldisch, zum Tode verurteilt.[22] Miroffs Nachfolger in Aflenz, Paul Ricken, wurde zu lebenslanger Haft verurteilt. Wegen der Verbrechen im Konzentrationslager Eisenerz ist es hingegen zu keiner Verurteilung gekommen.

Nach einer kurzen Phase, in der NS-Täter vor Gericht gestellt und zum Teil zu hohen Strafen verurteilt wurden, setzte ab 1948/49 bereits die Phase der Begnadigungen, des Verdrängens und schließlich des Schweigens ein. Ein Schweigen, das auch hinsichtlich offizieller Zeichensetzungen im Zusammenhang mit dem NS-Terror in der Steiermark feststellbar ist.[23] So gibt es bis heute kein sichtbares Zeichen an jenen Orten, wo die Gestapo in der Steiermark ihren Sitz hatte. Für die steirischen Außenlager des Konzentrationslagers Mauthausen existierte bis 1989 nur ein 1955 gesetzter Gedenkstein am Massengrab der 1945 ermordeten Häftlinge in Peggau, ehe 1989/90 weitere im Gedenken an das ehemalige KZ Aflenz gesetzt wurden.[24] 2003 wurde schließlich in Bretstein eine Gedenkanlage errichtet.[25] Fünf Jahre später wurde 2008 im Hof des Benediktinerstifts in St. Lambrecht ein Gedenkstein gesetzt, der zum einen an die Vertreibung der Mönche und die Enteignung des Stiftes 1938 und zum anderen an die Errichtung eines Außenlagers für männliche und eines Außenlagers für weibliche KZ-Häftlinge erinnert. In Eisenerz erinnert bislang nichts an das ehemalige Außenlager des Konzentrationslagers Mauthausen.

21
Vgl. Halbrainer, Heimo / Polaschek, Martin F.: „NS-Gewaltverbrechen vor den Volksgerichten Graz und Leoben", in: Halbrainer, Heimo / Kuretsidis-Haider, Claudia (Hg.): *Kriegsverbrechen, NS-Gewaltverbrechen und die europäische Strafjustiz von Nürnberg bis Den Haag*, Graz 2007, 236–250.

22
Zu den KZ-Mauthausen-Prozessen: Rabl, Christian: *Mauthausen vor Gericht. Nachkriegsprozesse im internationalen Vergleich*, Wien 2019.

23
Vgl. Halbrainer, Heimo / Lamprecht, Gerald / Rigerl, Georg: *Orte und Zeichen der Erinnerung. Erinnerungszeichen für die Opfer von Nationalsozialismus und Krieg in der Steiermark*, Graz 2018.

24
Vgl. „Tag der Arbeit, Anlass zu gedenken", in: *Neue Zeit*, 4. Mai 1990.

25
Vgl. „Denkmal für Nebenlager", in: *Der Standard*, 16. Juli 2003.

Die Ausstellung zum KZ-Außenlager Eisenerz war im August 2020 vor Ort zu sehen. © Viktoriya Yeretska

Jan Otrębski,
Überlebender des KZ-Außenlagers Eisenerz,
am 9. Dezember 1999 bei seiner
Wiederbegehung in Eisenerz,
© Verein Lila Winkel, Empersdorf

Janika Döhr   Viktoriya Yeretska   Armin Zepic

KZ-Außenlager Eisenerz im Gsollgraben

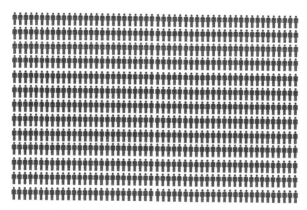

Urkundlich belegte Häftlingszahl von 676 zwischen
dem 15. Juni 1943 und dem 10. März 1945,
© Janika Döhr, Viktoriya Yeretska, Armin Zepic

Eine Spurensuche

Am 15. Juni 1943 begann mit einem Transport von 400 polnischen KZ-Häftlingen aus Gusen nach Eisenerz die dokumentierte Geschichte des Konzentrationslagers Eisenerz im dortigen Gsollgraben, das als Außenlager des KZ Mauthausen geführt wurde.[1] Regelmäßig kamen Häftlingstransporte aus dem Stammlager Mauthausen, während arbeitsunfähige Häftlinge dorthin zurücktransportiert wurden. Infolge der Arbeitsbedingungen und der Misshandlungen durch die SS starben innerhalb von zwei Jahren mindestens 126 von 676 Häftlingen. Diese Todesfälle sind urkundlich belegt.[2] Die KZ-Häftlinge stammten aus insgesamt 14 Nationen. Darunter befanden sich 485 Menschen aus Polen (min. 90 in Haft verstorben), 68 aus der Sowjetunion (min. 8 in Haft verstorben), 34 aus Frankreich (min. 10 in Haft verstorben), 28 aus Jugoslawien (min. 9 in Haft verstorben), 16 aus Italien (min. 2 in Haft verstorben), 8 aus Deutschland (min. 1 in Haft verstorben), 7 aus Tschechien, 6 aus Lettland (min. 4 in Haft verstorben), 6 aus Österreich (min. 2 in Haft verstorben), 4 aus Griechenland, 2 aus Ungarn und jeweils eine Person aus Belgien, Litauen und Luxemburg. Sie wurden für den Bau einer neuen Straße vom Präbichl nach Eisenerz eingesetzt, mussten ein Denkmal für die Gefallenen des Ersten und Zweiten Weltkriegs am Helden- bzw. Lauskogel[3] errichten und weitere Arbeiten am Erzberg ausführen.

Von Februar bis März 1945 wurde das KZ-Außenlager Eisenerz schrittweise aufgelöst. So wurden am 24. Februar 1945 fast alle noch in Eisenerz verbliebenen Häftlinge ins KZ-Außenlager Peggau transportiert. Als es am 2. April 1945 zur Auflösung auch dieses KZ in Peggau kam, wurden kranke und geschwächte Häftlinge erschossen. Die übrigen Häftlinge wurden ins KZ Mauthausen rücküberstellt, welches einen Monat später von den amerikanischen Truppen befreit wurde.[4] Gegen die Wachleute des KZ-Außenlagers Eisenerz ist es nie zu einem Prozess wegen NS-Verbrechen gekommen. An seinem – aktuell nur schwer zugänglichen – Standort im Gsollgraben von Eisenerz erinnert heute nichts mehr an das ehemalige KZ-Außenlager.[5] Durch seine Lage an einer Schnellstraße ohne Einordnungsstreifen zum Abbiegen, verdeckt durch ein Holzzwischenlager, wird der Ort weder von Reisenden noch von Ortsansässigen wahrgenommen. Bei einer Ortsbegehung im Herbst 2019 konnten wir keine sichtbaren Überreste des Lagers feststellen.

Um dem Vergessen entgegenzuwirken, versuchen wir, das KZ-Außenlager Eisenerz mit Hilfe von Aussagen und Skizzen des ehemaligen Häftlings Jan Otrębski[6] sowie weiterer Originaldokumente erstmals eindeutig zu lokalisieren und in seinen baulichen Gegebenheiten zu rekonstruieren. Jan Otrębski, ein polnischer Häftling, der von Beginn an bis zur Schließung im KZ-Außenlager Eisenerz inhaftiert war, äußerte sich in den 1990er-Jahren zu seiner Haft. 1999 kehrte er nach Eisenerz zurück und identifizierte das KZ-Außenlager-Gelände im dortigen Gsollgraben. Seine hier abgebildeten Skizzen und seine Berichte geben entscheidende Hinweise zur Verortung des Lagers auf den historischen Luftbildaufnahmen (Lage, Erscheinungsbild), da andere Dokumente, welche die Existenz des Lagers belegen könnten, von den Tätern vernichtet worden sind.

Zudem ist es ein Anliegen unseres Projekts, weitere recherchierte Biografien von Häftlingen im KZ-Außenlager Eisenerz hier (zum Teil) erstmals zu dokumentieren. Dadurch möchten wir die unterschiedlichen biografischen Ebenen des Widerstands gegen den Nationalsozialismus deutlich machen.

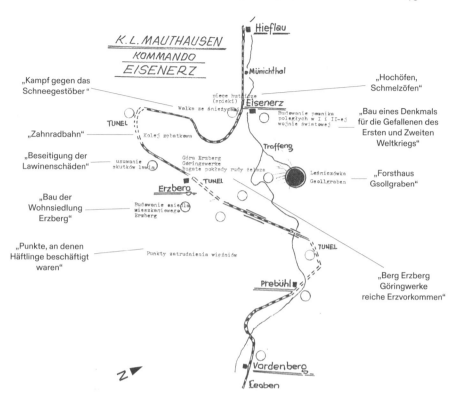

"Kampf gegen das Schneegestöber"

"Zahnradbahn"

"Beseitigung der Lawinenschäden"

"Bau der Wohnsiedlung Erzberg"

"Punkte, an denen Häftlinge beschäftigt waren"

"Hochöfen, Schmelzöfen"

"Bau eines Denkmals für die Gefallenen des Ersten und Zweiten Weltkriegs"

"Forsthaus Gsollgraben"

"Berg Erzberg Göringwerke reiche Erzvorkommen"

Orte der Arbeitseinsätze von Jan Otrębski im Zuge seiner Inhaftierung im KZ-Außenlager Eisenerz. Jan Otrębski, Gedächtnisskizze der Einsatzorte der Häftlinge, o.D.,
vermutl. 1999, aus: Jehovas Zeugen – Archiv Zentraleuropa, Selters (Taunus)

1
Vgl. Freund, Florian: „Eisenerz",
in: Benz, Wolfgang / Distel,
Barbara (Hg.): *Der Ort des
Terrors. Geschichte der natio-
nalsozialistischen Konzentra-
tionslager*, Bd. 4: Flossenbürg-
Mauthausen-Ravensbrück,
München 2006, 360–361.

2
Vgl. Urkunden zu Todes-
meldungen und Häftlings-
Personal-Karten in den Arolsen
Archives – International Center
on Nazi Persecution, online
unter: https://collections.
arolsen-archives.org/search/
[12.1.2020]; mit Dank an den
Historiker Dr. Heimo Halbrainer
für Auskünfte aus seinen
eigenen Recherchen.

3
Geographisch handelt es sich
um den Lauskogel; im Jahre
1973 – im Zuge der Neugestal-
tung – wurde die Bezeich-
nung Heldenkogel für diesen
Ort eingeführt. Wir danken
Rupert Kerschbaumsteiner,
dem Obmann des Kamerad-
schaftsbund OV Eisenerz, für
diese Auskunft.

4
Vgl. Jan Otrębskis „Erinnerun-
gen" von 1996, 16 ff., Jehovas
Zeugen – Archiv Zentraleuropa,
Selters (Taunus), Sign. ZZ
Otrebski, Jan, Nr. 3.

5
Vgl. Freund: „Eisenerz", 362
(wie Anm. 1).

6
Das ist die Schreibweise, die
Jan Otrębski verwendete.

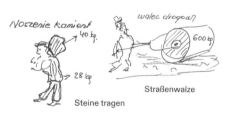

Steine tragen   Straßenwalze

Arbeit unter Überlastung und im Laufschritt

Jan Otrębski hält 1999 in Skizzen fest,
welche Tätigkeiten auf der
Tagesordnung standen.

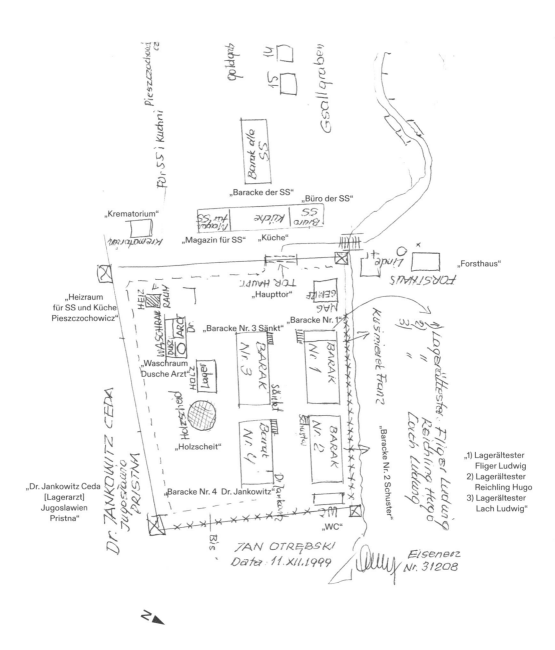

Die Gedächtnisskizze von Jan Otrębski zum topologischen Aufbau des Lagers bildete den essenziellen Ausgangspunkt für die weiteren Analysen. Jan Otrębski, Gedächtnisskizze des KZ-Außenlagers Eisenerz, 11. Dezember 1999, aus: Verein Lila Winkel, Empersdorf

Das von den Häftlingen des KZ-Außenlagers Eisenerz erbaute Kriegerdenkmal am Lauskogel. Auch Jan Otrębski war am Bau beteiligt. Einen Hinweis auf die Erbauer gibt ein eingemauerter Stein mit der Aufschrift „ERB. 1944 K.M.J.E. J.U." Fotografie vermutl. 1973, Quelle: Österreichischer Kameradschaftsbund, OV Eisenerz

Jan Otrębski am Präbichl 1999 bei der Wiederbegehung, aus: Verein Lila Winkel, Empersdorf

Häftlingsfotos von Jan Otrębski in Ausschwitz, 1942,
aus: Jehovas Zeugen – Archiv Zentraleuropa, Selters (Taunus)

Jan Otrębskis Häftlings-Personal-Karte aus dem KZ Mauthausen, 1943–1945,
aus: Yad Vashem Archives, Sign. O.41/1085

Unterschrift von Jan Otrębski auf einer Karte an seinen Vater
Gregor „Otrembski" aus dem „A.K.E." – Außenkommando
Eisenerz, aus: Verein Lila Winkel, Empersdorf

Ludwig Lachs Schreibstubenkarte aus
dem KZ Dachau, 1940–1942,
aus: ITS Digital Archive, Arolsen Archives

Unterschrift in Ludwig Lachs Strafregister
der Haftanstalt Paulustor, 1940

Wincent Sczureks Häftlings-Personal-Karte, 1943,
aus: ITS Digital Archive, Arolsen Archives

Verfolgt für seine Religion

„Wenn Jehova zulässt, dass ich sterbe, dann sterbe ich aus eurer Hand. Wenn er mich überleben lässt, so werde ich den Untergang Deutschlands und seiner Nazi-Partei sehen.“[7]

Johann (genannt Jan) Otrębski wurde am 23. Mai 1923 in Ząbkowice in Oberschlesien geboren und wuchs im religiösen Umfeld der Zeugen Jehovas auf. Nach dem deutschen Überfall auf Polen im Jahr 1939 wurde den Zeugen Jehovas dort ihre Religionsausübung verboten. Trotz des Wissens um die Verfolgung seiner Glaubensgemeinschaft durch die NSDAP ließ sich Otrębski 1940, im Alter von 17 Jahren, taufen. Er wurde denunziert, am 24. Juni 1942 festgenommen und an die Gestapo übergeben. Dort versuchte man, ihn mit Gewalt zum Verneinen seines Glaubens zu zwingen. Nachdem diese Versuche erfolglos blieben, wurde er in das KZ Auschwitz abtransportiert. Im April 1943 folgte seine Überstellung nach Mauthausen, im Juni 1943 dann in das KZ-Außenlager Eisenerz, wo er bis zur Auflösung des Lagers inhaftiert blieb. Während seiner Haftzeit hatte Otrębski mehrere schwere Arbeitsunfälle und wurde aufgrund seiner Religion besonders häufig von der SS misshandelt. Zudem versuchte man erneut, ihn dazu zu zwingen, seinen Glauben zu verneinen. Er blieb standhaft und wurde auch Zeuge des Widerstands anderer Häftlinge innerhalb des KZ, u. a. durch seinen Mitgefangenen Ludwig Lach, der Otrębskis Freund wurde.[8]

[7]
Jan Otrębskis Antwort auf die Aufforderung, seinen Glauben in Eisenerz zu widerrufen: Otrębski: „Erinnerungen“, 14 (wie Anm. 4).

[8]
Biografie rekonstruiert mithilfe von Jan Otrębskis „Erinnerungen“ (wie Anm. 4), Dokumenten der Arolsen Archives sowie Transportlisten des Archivs der KZ-Gedenkstätte Mauthausen.

Der Lagerälteste

„Ich hatte noch einen Freund, den Lagerältesten [Ludwig Lach], einen Österreicher. […] Er half mir, schützte mich vor Repressionen seitens des Lagerführers, der die Zeugen [Jehovas] hasste und unser größter Feind war."[9]

Ludwig Lach wurde am 6. Oktober 1910 als erstes Kind seiner Eltern in Graz geboren. Die Familie führte ab 1912 eine Wäscherei in der Georgigasse. Lach arbeitete zunächst als Kaufmann und später als Beamter in Bad Radkersburg. 1939, kurz vor der Geburt des ersten gemeinsamen Kindes, heiratete er Olga Munta. Das Paar zog in Lachs Elternhaus in Graz ein. Wegen mehrerer kleiner Delikte war Lach vorbestraft. Am 15. Dezember 1939 wurde er erneut verhaftet. Im Tagebuch des Strafverfahrens wird angeführt,[10] dass er fünf Jahre zuvor, als er noch als Kaufmann tätig war, versucht haben soll, seinen Gläubigern einen Teil seines Vermögens zu entziehen. Die Anklage lautete nun auf Krida.[11] Im April 1940 wurde er schließlich zu sieben Monaten Haft verurteilt. Lach legte Berufung ein, das Urteil wurde jedoch als rechtskräftig bestätigt. Die hierfür verhängte Summe in Höhe von 150 Reichsmark konnte er nicht aufbringen.

Er wurde zunächst in die Haftanstalt Paulustor in Graz und zwei Monate später weiter nach Wien überstellt. Nach dem in der Transportliste verzeichneten Haftgrund „Polit. DR" fiel Lach in die Gruppe der NS-Gegner. Lach kam zunächst über Wien ins KZ Dachau und im Mai 1942 nach Mauthausen. Am 12. Juli 1943 wurde er vom KZ Mauthausen ins Außenlager Eisenerz transportiert, wo er als Lagerschreiber eingesetzt wurde. Später erreichte er die wichtige Position des Lagerältesten. Somit war er direkt dem Lagerführer unterstellt und musste dessen Befehle umsetzen. Diese Position nutzte Lach nach Schilderung von Jan Otrębski, um andere Häftlinge zu schützen. Kurz nach seiner Rücküberstellung nach Mauthausen am 4. Mai 1944 wurde Lach aus der Haft entlassen. Er kehrte zu seiner Familie nach Graz zurück. Ein Jahr später kam sein zweiter Sohn auf die Welt und 1947 sein drittes Kind, eine Tochter. 1982 starb er als mehrfacher Großvater.[12]

9
Otrębski: „Erinnerungen", 15 (wie Anm. 4).

10
„Tagebuch in dem Strafverfahren gegen Lach Ludwig jun.", Aktenzeichen St. 6490/39, Staatsanwaltschaft Graz, 1939/40, Steiermärkisches Landesarchiv Graz.

11
Krida ist ein Straftatbestand im österreichischen Strafgesetzbuch; die betrügerische oder grob fahrlässige Krida bezeichnet im Wesentlichen eine Beeinträchtigung von Gläubigerinteressen wie z. B. eine Herbeiführung der Zahlungsunfähigkeit durch eine/einen SchuldnerIn.

12
Die Biografien wurden rekonstruiert mithilfe von Meldekarteien aus dem Stadtarchiv und der Meldebehörde Graz, Dokumenten aus dem Steiermärkischen Landesarchiv Graz, Jan Otrębskis „Erinnerungen" (wie Anm. 4), Dokumenten der Arolsen Archives sowie Transportlisten des Archivs der KZ-Gedenkstätte Mauthausen.

Fluchtversuch

Die polnischen „Schutzhäftlinge" (eine Bezeichnung für NS-Regimegegner) Wincent Sczurek[13] und Josef Batko kamen am 15. Juni 1943 nach Eisenerz. Sie stammten aus dem Süden Polens und waren zuvor im KZ Auschwitz und anschließend in Mauthausen und Gusen inhaftiert. In einer Auflistung der Handwerker aus dem ersten Häftlingstransport nach Eisenerz wurden sie als zwei von 15 Maurern aufgeführt. Sie sollten zur Fertigstellung des Außenlagers eingesetzt werden.

Nach drei Wochen Arbeitseinsatz flohen Sczurek und Batko gemeinsam am 6. Juli 1943 aus dem KZ-Außenlager Eisenerz. Dabei erschlugen sie den Landwachtmann Ernst Bachler in Jassingau, etwa zehn Kilometer nordwestlich von Eisenerz. Am 8. Juli 1943 ergriff und erschoss eine Landwachtstreife Josef Batko in Hieflau. Wincent Sczurek wurde nach weiteren fünf Tagen festgenommen und zurück nach Eisenerz gebracht. Am 15. Juli 1943 wurde er ins KZ Mauthausen überstellt. In seiner Todesmeldung aus dem KZ Mauthausen vom 31. Juli 1943 gab die SS als Todesursache „Freitod durch Erhängen" an.[14]

13
Laut Häftlings-Personal-Karte im State Museum Auschwitz-Birkenau in Oświęcim wird der Name Vinzenz Szczurek geschrieben.

14
Die Biografien wurden rekonstruiert mithilfe von Dokumenten der Arolsen Archives, Transportlisten des Archivs der KZ-Gedenkstätte Mauthausen sowie Dr. Heimo Halbrainers Recherchen zu den Opfern des KZ-Außenlagers Eisenerz, die er uns freundlicherweise zur Verfügung gestellt hat. Die Schreibweise der Namen folgt diesen Dokumenten.

Jugendlicher Widerstand in Bled

„Wer mit uns ist, geht in eine sichere Zukunft! Wer gegen uns arbeitet, kommt ins Elend!"[15]

In der Stadt Bled (damals Veldes) wurde die aus Kripo, Gestapo und SS zusammengesetzte Dienststelle des „Kommandeurs der Sicherheitspolizei und des SD [KdS] Veldes" für ganz Oberkrain errichtet sowie eine Stabsstelle des „SS-Reichskommissars für die Festigung deutschen Volkstums" in den besetzten Gebieten Kärntens und Krains. In der Folgezeit leisteten einheimische Partisanen unterschiedlicher politischer Gruppen vor allem in der Region um Bled immer stärkeren Widerstand gegen die NS-Besatzer. Am 3. Juni 1944 wurde in Bled eine Gruppe von slowenischen und italienischen Jugendlichen im Alter von 16 bis 21 Jahren durch die Sicherheitspolizei gefasst und als politische Häftlinge ins KZ Mauthausen deportiert.

Am 10. Juni 1944 wurden fünf Jugendliche dieser Gruppe (Giovanni Kermac, Vilko Koprivc, Jose Koslovic, Ivan Tomazic, Martin Zadnikar) ins KZ-Außenlager Eisenerz überstellt. Sie waren Teil eines Transportes von 172 Häftlingen aus dem KZ Mauthausen, die für den Straßenbau eingesetzt werden sollten. Peter Krmec kam als sechster der Gruppe aus Bled am 3. August 1944 ins KZ-Außenlager Eisenerz.[16]

15
Zweisprachige Warnung des Gauleiters an die Bevölkerung Südkärntens, mit den Partisanen zusammenzuarbeiten bzw. Aufruf, bei der „Vernichtung der bolschewistischen Banditen mitzuhelfen", im Rahmen einer „Wandzeitung"; vermutl. 1942, abgedruckt in: Gorenjski muzej (Hg.): *Deutsche und Partisanen – Deutsche Verluste in Gorenjska (Oberkrain) zwischen Mythos und Wahrheit*, Ljubljana 2016, 76–77, online unter: https://www.gorenjski-muzej.si/wp-content/uploads/2018/05/deutsche-und-partisanen_ebook_gorenjski-muzej.pdf [15.7.2021].

16
Die Biografien wurden rekonstruiert mithilfe von Dokumenten der Arolsen Archives, Transportlisten des Archivs der KZ-Gedenkstätte Mauthausen sowie Gorenjski muzej (Hg.): *Deutsche und Partisanen* (wie Anm. 15). Die Schreibweise der Namen folgt den Dokumenten.

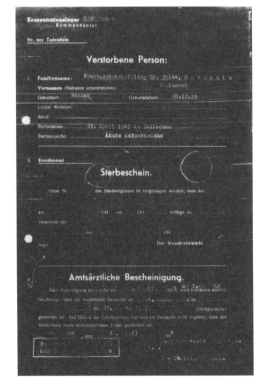

Josef Batkos durchgestrichene Fluchtmeldung,
nachdem er am 8. Juli 1943 ergriffen und erschossen wurde,
aus: Yad Vashem Archives, Sign. O.41/1085

Giovanni Kermac war mit seinen 17 Jahren der jüngste in der ver-
hafteten Widerstandsgruppe, die in das KZ-Außenlager
Eisenerz deportiert wurde. Giovanni Kermac,
Häftlings-Personal-Karte, 1944, aus: Yad Vashem Archives, 1944

Porträt von Toussaint
Hardouin, aus: https://ekla-
data.com/Fbz4Pg_xihgP-
zCFwa_LiCQOdnXY/03.pdf
[6.5.2021]

Als Sterbeursache von Toussaint Hardouin, der 26-jährig im
KZ-Außenlager Eisenerz verstorben ist, wurde lediglich „akute
Herzschwäche" vermerkt. Sterbeschein von Toussaint Hardouin,
22. April 1945, aus: Staatsarchiv Nürnberg, ID 1492178 Toussaint
Hardouin, Sterbeschein

Unterschrift von Anton Weine in seinem
Antrag auf Rente aufgrund der Folgen seiner KZ-
Inhaftierung an das Amt für Wiedergutmachung,
Münster am 27. August 1954, aus: Landesarchiv
NRW – Abteilung Westfalen, K 204/Regierung
Münster, Wiedergutmachungen Nr. 3553

Häftlings-Personalnotiz des
KZ-Außenlagers Gusen
über Marcel Heriveau

Widerstandskämpfer der „Résistance"

Toussaint Hardouin wurde am 28. Dezember 1919 in der kleinen Gemeinde Thorigné-Fouillard bei Cesson-Sévigné geboren. Er ging in Rennes zur Schule. Anschließend ergriff Hardouin den Beruf des Metzgers und arbeitete zusammen mit seinem Vater in einem Familienbetrieb in Cesson. Im Jahr 1940 wurde er in die französische Armee einberufen, kehrte jedoch nach dem Waffenstillstand und der darauffolgenden deutschen Besetzung Frankreichs bald wieder nach Cesson zurück. Dort schloss er sich dem lokalen Widerstand an.

Am 1. November 1941 trat er im Alter von 22 Jahren der Résistance-Verbindung „Le Réseau Johnny" bei, die in Finistère (Region Bretagne) gegründet worden war und sich später in Rennes ansiedelte. Das Widerstandsnetzwerk, das rund 200 Mitglieder zählte, betrieb in der Bretagne Spionage bei der deutschen Kriegsmarine um den Hafen von Brest und gab ihre Informationen an die Alliierten in London weiter. Toussaint beteiligte sich an Waffenschmuggel, Spionage und der Rettung von Gefangenen. Nach einer massiven Verhaftungswelle im Juni 1942, von der auch Toussaint am 2. Juni 1942 betroffen war, löste sich die Widerstandsgruppe auf.

Toussaint wurde am 14. September 1943 über Saarbrücken-Neue Bremm nach Mauthausen deportiert und am 10. Juni 1944 ins KZ-Außenlager Eisenerz überstellt. Nach einem halben Jahr kam er im Januar 1945 zurück ins KZ Mauthausen. Hier verstarb er am 22. April 1945, wenige Tage vor der Befreiung des Lagers durch die Alliierten. Am 6. August 1945 wurde Toussaint Hardouin posthum mit dem Kriegsverdienstkreuz ausgezeichnet und zum Ritter des nationalen Ordens der Ehrenlegion ernannt.

Während der zweijährigen Tätigkeit der Verbindung verstarben 53 Mitglieder. Die Namen von 28 von ihnen stehen auf einer Gedenktafel an einer Mauer in der Nähe der Dreifaltigkeitskirche in Kerfeunteun, einer ehemaligen Gemeinde, die heute zur Stadt Quimper gehört. Darauf befindet sich auch der Name von Toussaint Hardouin. 2010 wurde Toussaint in seiner Heimatstadt mit einer Statue geehrt. Jährlich am 22. April erinnert dort eine Gedenkfeier an den Widerstandskämpfer.[17]

17
Die Biografie wurde rekonstruiert mithilfe von Dokumenten der Arolsen Archives, Transportlisten der KZ-Gedenkstätte Mauthausen sowie des Archivs des Vereins „Mauthausen – Le Troisième Monument".

Politischer Widerstand

Anton Weine wurde am 19. März 1900 in Olpe in Westfalen geboren. Bis 1933 führte er einen Bäckereibetrieb in Soest in Westfalen. Dieser kam während einer Wirtschaftskrise zum Erliegen. Den primären Grund für das Scheitern seines Betriebs sah Weine jedoch in seiner politischen Gegnerschaft zum Nationalsozialismus. So erinnerte er sich später: „Allerdings war schon damals mein Fortkommen sehr schwer, weil ich bei Ns. Verbänden sehr unbeliebt war und vieles auszustehen hatte."[18] 1933 zog er mit seiner Frau Elisabeth und den drei gemeinsamen Kindern nach Münster, wo er einen neuen Bäckereibetrieb anmeldete; zu einer Geschäftseröffnung kam es jedoch nicht mehr.

Aufgrund seiner „staatsgefährdenden marxistischen Bestrebungen"[19] – wie Weine im Rahmen seines Wiedergutmachungsverfahrens angibt – wurde er 1933 und 1934 jeweils für einige Monate durch die Gestapo in „Schutzhaft" genommen. Ab 1937 war er auf der Flucht. Später schrieb er über diese Zeit: „Außerdem bin ich in Holland und Belgien auf den Landstraßen herumgelaufen, bis ich 1938 ausgeliefert und der Gestapo Düsseldorf übergeben wurde."[20] Er kam anschließend noch einmal für kurze Zeit in Freiheit, wurde jedoch am 1. Januar 1939 erneut verhaftet.

Im März 1940 lieferte man Weine ins KZ Dachau ein. Am 28. Mai 1940 brachte man ihn ins KZ Mauthausen und von hier aus am 12. Juli 1943 als Hilfsarbeiter ins KZ-Außenlager Eisenerz. Er blieb bis zur Auflösung des Lagers im Februar 1945 dort inhaftiert. Über Peggau wurde er dann zurück nach Mauthausen überstellt. Er überstand diese Reise, die kurz vor der Befreiung am 5. Mai 1945 noch viele Leben forderte. Nach seiner Befreiung durch die Alliierten kehrte Weine zu seiner Familie nach Münster zurück. Hier ist sein Zuzug aus Mauthausen für den 9. Juli 1945 vermerkt. Er bemühte sich um eine Entschädigung für seine Zeit als politischer Häftling, welche ihm schließlich gemäß Bundesentschädigungsgesetz gewährt wurde. Zudem war er wieder als Bäcker tätig und leitete die „A. Weine Zwieback-, Keks und Honigkuchenfabrik". Ab 1952 ruhte sein Betrieb aus gesundheitlichen Gründen. Die zwölf Jahre, die er mit kurzen Unterbrechungen in Haft verbracht hatte, hatten seinen Gesundheitszustand verschlechtert. Am 30. Oktober 1956 verstarb er im Alter von nur 56 Jahren in Münster.[21]

18 Anton Weine in einem Brief an das Amt für Wiedergutmachung, Münster, November 1955, Landesarchiv Nordrhein-Westfalen.

19 Wiedergutmachungsakte / Akte des Entschädigungsprozesses (Beschreibung des Sachverhalts), Landesarchiv Münster, Sign. ZK 35259 (ZK Münster 3553).

20 Anton Weine in einem Brief an das Amt für Wiedergutmachung, Münster, Januar 1956, Landesarchiv Nordrhein-Westfalen.

21 Die Biografie wurde rekonstruiert mithilfe von Meldedaten aus dem Stadtarchiv Münster, Dokumenten des Wiedergutmachungsverfahrens im Landesarchiv Nordrhein-Westfalen, Dokumenten der Arolsen Archives sowie Transportlisten des Archivs der KZ-Gedenkstätte Mauthausen.

Widerstand aus der kommunistischen Partei

Marcel André Hériveau wurde am 26. November 1911 in La Ferrière geboren. 1935 heiratete er Alice Louise Gallot, mit der er bis zu seiner Deportation in Paris lebte. Er war als Bäcker tätig und bis 1939 Mitglied im Gewerkschaftsbund „CGT – Confédération Générale du Travail". Ab 1939 fungierte er als Sekretär der Bezirksvereinigung der Kommunistischen Partei in Paris. Da sie gegen das Dekret zur Auflösung der kommunistischen Partei verstießen, wurden er und seine Lebensgefährtin Alice in den Jahren 1940 bis 1942 mehrmals in Paris festgenommen. Nach mehreren Vorverurteilungen wurde Marcel Hériveau im Januar 1943 zu fünf Jahren Zwangsarbeit verurteilt.

Über ein Transitlager in der Nähe von Compiègne gelangte er am 8. April 1944 in das KZ Mauthausen und Gusen. Von dort ausgehend hatte er mehrere Arbeitseinsätze, darunter zuletzt auch in Eisenerz, wo er sich vom 10. Juni 1944 bis zur Auflösung des Lagers befand.

Am 5. Mai 1945 wurde Marcel Hériveau aus dem KZ Mauthausen befreit. Über das Schicksal seiner Frau Alice, die gemeinsam mit ihm die Haft antreten musste, ist nichts bekannt. Hériveau kehrte nach Paris zurück und nahm dort seine Tätigkeit im Gewerkschaftsbund „CGT" wieder auf. Er verstarb am 28. August 1965 im Alter von 54 Jahren in Avon-les-Roches.[22]

22
Die Biografien wurden rekonstruiert mithilfe von Dokumenten der Arolsen Archives, Transportlisten der KZ-Gedenkstätte Mauthausen sowie des Archivs des Vereins „Mauthausen – Le Troisième Monument".

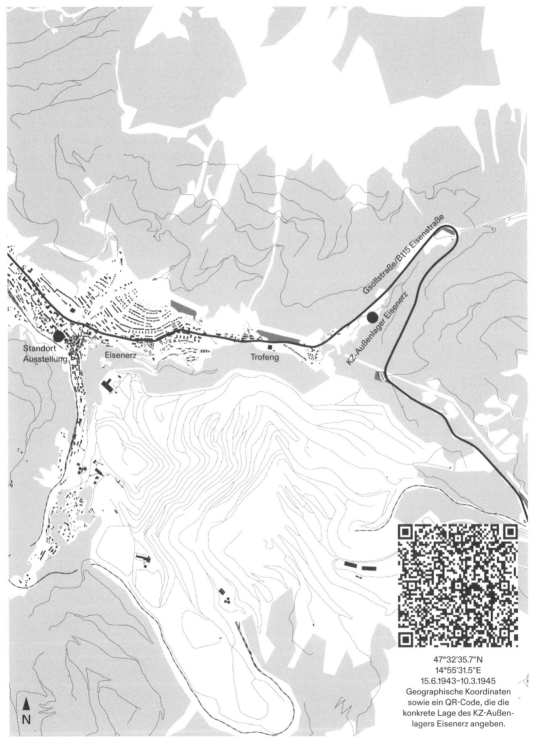

Standort
Ausstellung

Eisenerz

Trofeng

Gsollstraße/B115 Eisenstraße

KZ-Außenlager Eisenerz

47°32'35.7"N
14°55'31.5"E
15.6.1943–10.3.1945
Geographische Koordinaten
sowie ein QR-Code, die die
konkrete Lage des KZ-Außenlagers Eisenerz angeben.

N

Übersichtskarte der Region und Lageverortung des KZ-Außenlagers Eisenerz. Stand 2019, © Janika Döhr, Viktoriya Yeretska, Armin Zepic

Rekonstruktion der eindeutigen Lage des KZ-Außenlagers Eisenerz

Anhand der Begehung Jan Otrębskis in den 1990er-Jahren und seiner Gedächtnisskizzen wurde eine erste grobe Verortung des Lagers im Gsollgraben möglich (heute Wendeplatz / Holz-zwischenlager). Im nächsten Schritt suchten wir das DGM (Digitales Geländemodell, GIS Steiermark)[23] dieses Gebiets nach herausstechen-den Strukturen ab. Dies lieferte jedoch keine Erkenntnisse für die Lage des KZ-Außenlagers.

Darauf folgte eine Begehung des Gebietes am 7. November 2019, bei welcher jedoch weiterhin kein eindeutiger Hinweis auf die Position des Lagers zu finden war. Der Ort hatte sich über die Jahrzehnte durch die Nutzung als Wende- und Holzlagerplatz zu stark verändert und bauliche Strukturen des Lagers waren in der Zwischenzeit abgetragen worden. Einzig Betonreste, die eventuell auf ein Rohr oder dergleichen zurück-gehen könnten, fielen auf, ließen sich allerdings nicht eindeutig dem Lager zuordnen.

Um schließlich doch noch die eindeutige Lage rekonstruieren zu können, begannen wir mit einer Recherche nach historischen Luftbild-aufnahmen: Am 9. April 1945 entstand im Zuge eines Aufklärungsfluges der Briten über die Region Eisenerz das Luftbild mit der Nr. 3314.[24] Darauf ist eindeutig ein Gebäudeensemble an der Stelle des heutigen Wende- und Holzlagerplatzes zu erkennen, das sich zudem mit Jan Otrębskis Skizzen der Lagerstruktur deckt. Dies ermög-lichte den ersten Schritt zur Identifikation des KZ-Außenlagers Eisenerz. Ein Vergleich dieser Aufnahme mit orthographischen Luftbilddaten des GIS Steiermark vom 25. August 2016 ermög-lichte anschließend die genaue Positionierung. Das historische Luftbild der Alliierten war jedoch nicht genordet und maßstäblich, weswegen eine Überlagerung der Bilder nicht ohne weiteres möglich war. Zur Feststellung der Nordrichtung konnten wir dann ein markantes Gebäude-ensemble – eine Formation von sechs Gebäuden in Trofeng – ausmachen, das bis heute erhalten ist. Dadurch gelang es uns, auch die historische Bildaufnahme maßstäblich einzurichten und eine Kongruenz mit der aktuellen Luftbildauf-nahme herzustellen;[25] zur besseren visuellen Überprüfbarkeit haben wir die beiden Luftbilder sukzessive miteinander überlagert. So konnten wir die eindeutige Lage und die Koordinaten des KZ-Außenlagers Eisenerz bestimmen und die vier identischen Häftlingsbaracken, Wachtürme, die unregelmäßige Umzäunungsform und das Forsthaus Gsollgraben auf der gegenüberliegen-den Straßenseite identifizieren. Abschließend war es uns noch ein Anliegen, die Geodaten online zu verankern.

23
Ein DGM ist ein digitales Modell der Erdoberfläche, das aus Höhendaten in Form einer Punktwolke aus einem Airborne Laserscanning er-mittelt wird. Das DGM des Landes Steiermark basiert hauptsächlich auf steiermark-weiten ALS-Befliegungen, die vom Land zwischen 2008 und 2014 durchgeführt wurden. Die Genauigkeit der Original-punktwolke liegt bei +/− 15 cm in der Höhe und +/− 40 cm in der Lage.

24
Die NCAP – National Collection of Aerial Photography ist die staatliche Sammlung von Luft-bildaufnahmen des UK und eine der größten und bedeutendsten Sammlungen von Luftbildauf-nahmen von Österreich wäh-rend des Zweiten Weltkriegs. Quelle: Luftbild-Datenbank, Dr. Carls GmbH / HES – Historic Environment Scotland / NCAP, Flug-Nr. 683-1111, Bild-Nr. 3314.

25
Durch die Entzerrung des modernen Luftbildes und die Art der Aufnahme des Luftbildes von 1945 kann es zu einer Unge-nauigkeit von ein paar Metern kommen, da der Aufnahme-winkel von 1945 nicht rekonstru-ierbar ist.

Luftbild der Alliierten vom 9. April 1945, Eisenerz. Quelle: Luftbilddatenbank Dr. Carls GmbH / HES–Historic Environment Scotland, Flug-Nr. 683-1111, Bild-Nr. 3314

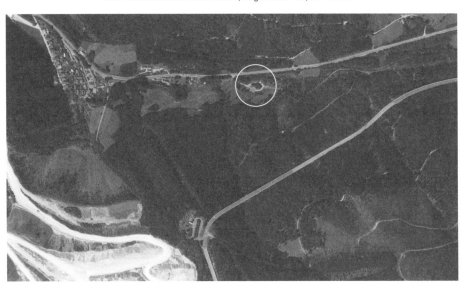

Orthofoto der GIS Steiermark, M 1:3500, 25. August 2016, © GIS Steiermark, 2019

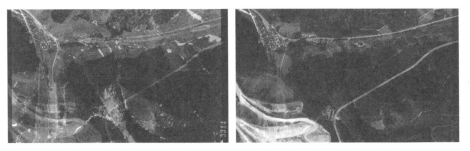

Die schrittweisen Überlagerungen des historischen mit dem aktuellen Luftbild belegen die konkrete Position des KZ-Außenlagers Eisenerz, 40 % und 80 %. Grafische Überlagerung: Janika Döhr, Viktoriya Yeretska, Armin Zepic

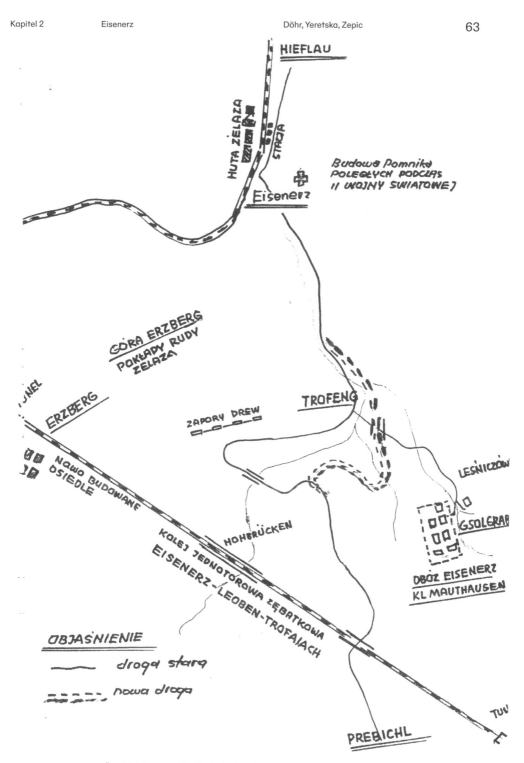

Überblickskarte von Jan Otrębski über die regionale Verortung des KZ-Außenlagers
Eisenerz. Jan Otrębski, Gedächtnisskizze der Lage des KZ-Außenlagers Eisenerz, o. D.,
vermutl. 1999, aus: Jehovas Zeugen – Archiv Zentraleuropa, Selters (Taunus)

Rekonstruktion des KZ-Außenlagers und seiner Bestandteile

Alle Außenlager des KZ Mauthausen weisen eine vergleichbare räumliche Struktur auf, die aus zueinander parallel bzw. in einem engmaschigen Raster angeordneten Baracken zur Unterbringung von Häftlingen, einer Umzäunung mit Wachtürmen und vorgelagerten genormten Funktionsbaracken (u. a. Verwaltungsbaracken, Waschbaracken, Küchenbaracken) besteht.[26] Nachdem also die Überlagerung der Luftbildaufnahme von 1945 mit einem maßstäblichen aktuellen Orthofoto der GIS Steiermark uns eine Skalierung ermöglicht hatte, konnten wir sie im Weiteren in eine vektorbasierte Draufsicht des Lagers mittels der CAD-Software überführen, vermessen und mit den Normmaßen für Baracken aus jener Zeit vergleichen:[27] Bei den Häftlingsbaracken in Eisenerz handelt es sich nach dieser Auswertung um Normbaracken des Reichsarbeitsdienstes (RAD).[28] Diese beruhen auf einem adaptiven Modulbausystem in Holzleichtbauweise mit einer Grundmodulgröße von 8,14 m × 3,30 m. In Eisenerz fanden die Maße von etwa 8,14 m × 26,55 m Anwendung. Das ergab zur Zeit der Höchstbelegung von 469 Häftlingen 1 m² Bodenfläche pro Häftling (abzüglich der Erschließung). Die Traufenhöhe lag bei 2,55 m und die Firsthöhe bei 3,35 m.[29] Typischerweise standen die Baracken auf einem 35 cm hohen Klinkersockel, der auf Streifenfundamenten gemauert war. Auch Nebengebäude, Wasch- und Küchenbaracken waren Normbauten.

Die Funktionen der einzelnen Baukörper erschlossen sich aus der von Jan Otrębski 1999 angefertigten Skizze. Hinsichtlich der Topologie der Gebäude erscheint in seiner Zeichnung einzig die außerhalb der Lagerumzäunung liegende Baracke der SS um 90 Grad gedreht. Dies dürfte damit zu erklären sein, dass Otrębski aufgrund seines Häftlingsstatus wohl kaum direkten Zugang zur SS-Baracke hatte und er sie dadurch am wenigsten kannte. Alle anderen Gebäude seiner Skizze entsprechen den im Luftbild erkennbaren Strukturen jedoch sehr genau. Selbst die benachbarten Wohngebäude, die etwas weiter in Richtung Eisenerz liegen, zeichnete er noch schematisch ein und beschriftete sie mit den damaligen Hausnummern, die bis heute unverändert sind (Gsollstraße 14 und 15).

Eine nicht abschließend erklärbare Diskrepanz zwischen Luftbild und Skizze ergibt sich durch den nordwestlichen Turm. Auf Otrębskis Zeichnung liegt dieser direkt neben der Brücke, lagerseitig unterhalb des Gsollbachs. Im Luftbild fehlt er hingegen an dieser Stelle und lediglich die Zäune laufen hier zusammen. Zwar ist auf der anderen Seite des Bachs eine Struktur erkennbar, welche aber nicht mit der Erscheinung der restlichen drei Türme auf der historischen Aufnahme übereinstimmt (vgl. den Schattenwurf der drei Türme). Zur Lagerstruktur äußert sich Jan Otrębski in einem Interview im Jahre 2000 noch folgendermaßen:

„Wir kamen nach Trofeng, bogen nach links ab und neben dem Forsthaus im Gsollgraben befand sich das Lager, in dem wir wohnen sollten. Das Lager wurde auf der einen Seite vom Gsollbach begrenzt. [...] Das Gelände war mit Stacheldraht umzäunt und von SS-Posten auf vier Türmen bewacht. In der Nacht war das ganze Lager hell erleuchtet. Das Lager [...] bestand aus vier Holzbaracken, einer Waschbaracke [...] und einem Holzschuppen. Die Küche, die Rapportstube und die Baracke für die SS befanden sich außerhalb der Umzäunung. Die Leichen von Häftlingen wurden auf [...] einem einfachen Betonsockel verbrannt. Ein Körper brannte ziemlich lange. Es blieben nur Knochen übrig. In Eisenerz wiederum kann ich mich erinnern, dass sie [Anm.: die Bürger] auch ganz sicher Mitleid hatten. Z. B. gingen dort Mädchen neben der Lagerabgrenzung und sangen uns Volkslieder vor. [...] Also ich sah Personen, die Mitleid mit uns hatten, wie wir auf dem Weg dahingetrieben wurden. Sie hatten Mitleid."[30]

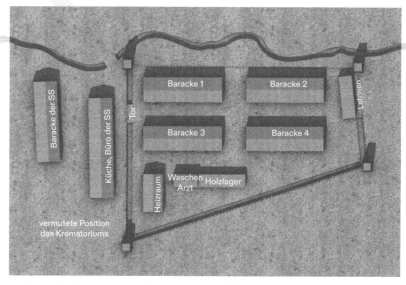

Anhand der Orientierung an den Normbaracken des RADs und deren Grundmodulgröße von 8,14 m × 3,30 m wurde eine dreidimensionale Rekonstruktion des Lagerkomplexes möglich.
© Janika Döhr, Viktoriya Yeretska, Armin Zepic

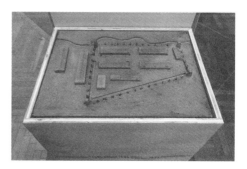

Rekonstruktion des KZ-Außenlagers Eisenerz in einem betongegossenen Modell von Janika Döhr, Viktoriya Yeretska und Armin Zepic, © Waltraud P. Indrist

26
Vgl. Hölz, Christoph: „Reichsarbeitsdienstlager", in: Nerdinger, Winfried (Hg.): *Bauen im Nationalsozialismus. Bayern 1933–1945*, München 1993, 188–191.

27
Bei unserem Vergleich werden Maßungenauigkeiten, die sich aus der fotografischen Aufnahme ergeben (durch die Erdkrümmung bedingte Verzerrung, Bewegung des Flugzeugs, Pixelgrafik), berücksichtigt. Die Bestimmung des Barackentyps erfolgte anhand der festgestellten Gebäudeproportionen, der Einordnung als Nebenlager sowie der Berücksichtigung des zeitgeschichtlichen Zusammenhangs.

28
Wir haben uns für die Rekonstruktion der Modulgrößen am gängigsten Barackentyp „RAD Typ IV" orientiert.

29
Vgl. Hölz: „Reichsarbeitsdienstlager", 188–191 (wie Anm. 26).

30
Alle Zitate von Jan Otrębski im Video *Jan Otrębski: „Ich war im KZ Eisenerz"* von Anton Kapfer bzw. im dazugehörigen Videoskript „Jan Otrębski: ‚Ich war im KZ Eisenerz'", 2000, 1–3. Beide Quellen aus dem Archiv des Vereins Lila Winkel – Geschichtsarchiv Empersdorf.

15.6.1943

Transport der ersten 400 Häftlinge
(ausgehend vom KZ-Außenlager Gusen
über das KZ Mauthausen)

16.6.1943

Rücktransport eines Häftlings
zum KZ Mauthausen und Transport
eines einzelnen Häftlings vom
KZ Mauthausen

8.7.1943

Tod von Josef Batko auf der Flucht

12.7.1943

Transport von 10 Häftlingen
vom KZ Mauthausen

13.7.1943

Tod von Stanislaus Gajdur
in Eisenerz

15.7.1943

Rücktransport von 10 Häftlingen
zum KZ Mauthausen

29.7.1943

Tod von Roman Konverski
in Eisenerz

10.9.1943

Tod von Roman Karbowski
in Eisenerz

19.9.1943

Rücktransport von 40 Häftlingen
zum KZ Mauthausen

26.9.1943

Transport von 44 Häftlingen
vom KZ Mauthausen

18.10.1943

Rücktransport von 2 Häftlingen
zum KZ Mauthausen

3.11.1943

Tod von Anton Kwasniewski
in Eisenerz

4.11.1943

Tod von Hugo Reichling
in Eisenerz

6.11.1943

Tod von Teofil Kubinski
in Eisenerz

10.11.1943

Rücktransport von 15 Häftlingen
zum KZ Mauthausen

17.11.1943

Tod von Karl Malto
in Eisenerz

3.12.1943

Tod von Jan Czopik
in Eisenerz

7.12.1943

Rücktransport von 25 Häftlingen
zum KZ Mauthausen

11.12.1943

Tod von Josef Mateuszuk
in Eisenerz

3.1.1944

Tod von Stefan Szuberski
in Eisenerz

5.1.1944

Tod von Stanislaus Kudelka
in Eisenerz

8.1.1944

Tod von Johann Jachowicz,
Wladyslaw Kupis in Eisenerz

11.1.1944

Tod von Josef Novak
in Eisenerz

16.1.1944

Rücktransport von 3 Häftlingen
zum KZ Mauthausen

29.1.1944

Tod von Pjotr Gorbatsch
in Eisenerz

11.2.1944

Tod von Wadyslaus Chmielewski
in Eisenerz

12.2.1944

Rücktransport von 40 Häftlingen
zum KZ Mauthausen

23.2.1944

Tod von Boleslaus Pala
in Eisenerz

1.4.1944

Tod von Stanislaus Palimonka
in Eisenerz

11.4.1944

Tod von Tomasz Gaudzinski
in Eisenerz

20.4.1944

Rücktransport eines Häftlings
zum KZ Mauthausen

30.4.1944

Tod von Stefan Siennicki
in Eisenerz

4.5.1944

Rücktransport eines Häftlings
zum KZ Mauthausen und Transport
eines einzelnen Häftlings vom
KZ Mauthausen

25.5.1944

Transport eines einzelnen
Häftlings vom KZ Mauthausen,
Tod von Bogoslaw Hetmanzyk
in Eisenerz

6.6.1944

Rücktransport eines Häftlings
zum KZ Mauthausen

10.6.1944

Transport von 172 Häftlingen
vom KZ Mauthausen

13.6.1944

Rücktransport von 69 Häftlingen
zum KZ Mauthausen

30.6.1944

Tod von Phillipe Castan
in Eisenerz

1.7.1944

Rücktransport von 5 Häftlingen
zum KZ Mauthausen und Transport
von 6 Häftlingen vom KZ Mauthausen

3.8.1944

Rücktransport von 6 Häftlingen
zum KZ Mauthausen und Transport
von 6 Häftlingen vom KZ Mauthausen

21.8.1944

Tod von Julien Philippe
in Eisenerz

25.8.1944

Rücktransport von 12 Häftlingen
zum KZ Mauthausen und Transport
von 13 Häftlingen vom KZ Mauthausen

30.8.1944

Rücktransport eines Häftlings
zum KZ Mauthausen

19.9.1944

Rücktransport eines Häftlings
zum KZ Mauthausen

3.10.1944

Tod von Nikolaj Nikolenko
in Eisenerz

18.10.1944

Rücktransport von 2 Häftlingen
zum KZ Mauthausen und Transport
von 3 Häftlingen vom KZ Mauthausen

23.10.1944

Tod von Eduard Coiffard
in Eisenerz

13.11.1944

Tod von Marian Michalski
in Eisenerz

17.11.1944

Rücktransport von 4 Häftlingen
zum KZ Mauthausen

18.11.1944

Transport von 5 Häftlingen
vom KZ Mauthausen

25.11.1944

Rücktransport von 3 Häftlingen
zum KZ Mauthausen

26.11.1944

Transport von 3 Häftlingen
vom KZ Mauthausen

2.12.1944

Rücktransport von 99 Häftlingen
zum KZ Mauthausen

8.1.1945

Tod von Stepan Potebenjko
in Eisenerz

10.1.1945

Transport eines Häftlings zum
KZ St. Valentin, eines Häftlings
zum KZ St. Aegyd und eines
Häftlings vom KZ St. Valentin

11.1.1945

Transport von 2 Häftlingen
vom KZ Mauthausen

12.1.1945

Rücktransport von unbekannter
Anzahl zum KZ Mauthausen

13.1.1945

Rücktransport von 69 Häftlingen
zum KZ Mauthausen und Transport
von 2 Häftlingen vom KZ Mauthausen

17.1.1945

Rücktransport eines Häftlings
zum KZ Mauthausen

8.2.1945

Rücktransport eines Häftlings
zum KZ Mauthausen

13.2.1945

Rücktransport von 3 Häftlingen
zum KZ Mauthausen und Transport
von 3 Häftlingen vom KZ Mauthausen

17.2.1945

Rücktransport von unbekannter
Anzahl zum KZ-Außenlager Gusen

24.2.1945

Transport von 220 Häftlingen
zum KZ-Außenlager Peggau

10.3.1945

Rücktransport eines Häftlings zum
KZ Mauthausen und Transport von
9 Häftlingen zum KZ-Außenlager Peggau

2.4.1945

Auflösung des KZ-Außenlagers Peggau,
Rücktransport aller Häftlinge zum
KZ Mauthausen

5.5.1945

Befreiung des KZ Mauthausen

Bodenvertiefung der Abortbaracke im ehemaligen Lagerareal im Mai 2020,
© Florian Eichelberger, Thomas Hönigmann

Fundamentreste aus Beton des Forsthauses im Mai 2020,
© Florian Eichelberger, Thomas Hönigmann

Florian Eichelberger   Thomas Hönigmann

Lager Gsollgraben: Der Versuch einer archäologischen Analyse eines NS-zeitlichen KZ-Außenlagers

Die Historische Archäologie beschäftigt sich erst seit wenigen Jahrzehnten mit Fragestellungen der jüngsten Geschichte, wie es auch im vorliegenden Fall des KZ-Außenlagers Eisenerz im Gsollgraben der Fall ist. Ihre Entwicklung wurde erst durch die Beschäftigung der ArchäologInnen mit neuzeitlichen Epochen sowie gesellschaftlichen und politischen Strömungen begünstigt, die eine historische Auseinandersetzung mit dem Nationalsozialismus ermöglichten.[1]

Eine der Aufgaben, die die Archäologie im Hinblick auf Orte des nationalsozialistischen Terrors zu leisten vermag, ist es, Spuren sichtbar zu machen und Erkenntnisse zu gewinnen, die aus dem gegenwärtigen Zustand der Orte nicht mehr direkt zu erfassen sind.[2] Ein weit verbreitetes Problem des untersuchten Zeitraumes[3] ist die oft nur fragmentarische Erhaltung von Quellen, wie Schrift- und Bildquellen. Wenn, wie im Fall des Lagers Gsollgraben, einzelne Quellengattungen weitgehend fehlen, kann durch diesen Ansatz Vergessenes wieder aufgedeckt, können neue Erkenntnisse gewonnen werden.[4] Das Lager im Gsollgraben stellt aber bei Weitem nicht das einzige Lager dar, bei dem dieses „Aufdecken" mittels primär archäologischer Quellen erfolgreich durchgeführt werden konnte und sich dabei sogar Regelmäßigkeiten und eine Art „Architektur des Lagers" gezeigt haben. Hier kann auf die untersuchten Lager in Strasshof an der Nordbahn und das KZ-Außenlager Hirtenberg in Niederösterreich oder zahlreiche Wiener Lager verwiesen werden, an denen sich diese Regelmäßigkeiten analysieren ließen.[5]

Für das KZ-Außenlager Eisenerz wurde auf Bild- und Schriftquellen zurückgegriffen, die durch die Studierenden Janika Döhr, Viktoriya Yeretska und Armin Zepic der TU Graz recherchiert wurden. Ebenso wurden ihre neuen Erkenntnisse zur genauen Verortung des KZ-Außenlagers Eisenerz im Gsollgraben und die räumlichen Ausmaße der einzelnen

---

1
Theune, Claudia: „Bedeutung und Perspektiven einer Archäologie der Moderne", in: *Mitteilungen der Deutschen Gesellschaft für Archäologie des Mittelalters und der Neuzeit* 28 (2015), 11–22, hier 11 f.

2
Eichelberger, Florian: *Methodische Untersuchungen zur Sichtbarkeit von ausgewählten Internierungslagern aus der Zeit 1938–1945 in Wien und Niederösterreich anhand von Luftbildern und ALS Daten*, Master-Arb., Univ. Wien 2019, 28 f.

3
Vgl. Kersting, Thomas / Müller, Anne-Kathrin: „Orte der Zeitgeschichte in der Landesarchäologie Brandenburg", in: *Mitteilungen der Deutschen Gesellschaft des Mittelalters und der Neuzeit* 28 (2015), 165–180, hier 165.

4
Theune: „Bedeutung und Perspektiven einer Archäologie der Moderne", 11 (wie Anm. 1).

5
Vgl. Eichelberger: *Methodische Untersuchungen*, 138–140 (wie Anm. 2).

Lagerbestandteile berücksichtigt.[6] Diese wurden aus dem Blickwinkel der Archäologie neu evaluiert und interpretiert.

Die Einbindung und Analyse von Quellen abseits der archäologischen Quellen[7] – wie Schriftquellen, Bildquellen, Pläne sowie Skizzen – und die Interpretation sowie Verquickung aller vorhandenen Quellenstränge sind heute wissenschaftlicher Standard. Ein Ziel der archäologischen Forschung und damit auch dieses Beitrags soll es sein, nicht nur das „schon Bekannte" zu illustrieren, sondern jenes zu erschließen, was sonst verborgen bleibt.[8]

Zum anderen ist es im Falle des Lagers Gsollgraben vor allem die archäologische Surveytätigkeit, die mit relativ wenig Aufwand ohne Grabungsarbeiten bereits Ergebnisse lieferte. Der Survey umfasste neben der neuerlichen Auswertung von Schriftquellen und Luftbildern auch eine Feldbegehung, die den Verfassern weitere Erkenntnisse brachte.

In den Schriftquellen wurde zudem eine Zweiphasigkeit des Lagers festgestellt. Das in diesem Artikel untersuchte und auf den Luftbildern abgebildete, von Jan Otrębski detailreich beschriebene Lager dürfte die zweite Lagerphase darstellen – das KZ-Außenlager im Gsollgraben.[9] In einer ersten Phase gab es bereits ein Lager an diesem sowie einem weiteren östlich im Gsollgraben gelegenen Standort. Die beiden Lager der ersten Phase wurden ab 1940 bis Ende 1941 von der Firma *TEERAG-ASDAG* betrieben. Die hier zur Zwangsarbeit internierten Wiener Juden wurden zum Straßenbau der Umfahrungsstraße Eisenerz auf den Präbichl herangezogen.[10] Während die Reste des Lagers Gsollgraben später als KZ-Außenlager weitergeführt wurden, ist das Lager „Bründlgschütt" abgetragen worden. Die eindeutige Zuordnung, dass es sich bei dem *TEERAG-ASDAG*-Lager und dem KZ-Außenlager um dasselbe Areal handelt, ist über die Grundstücksnummern möglich. In einem Artikel von Heimo Halbrainer zu Zwangsarbeit und Konzentrationslager in Eisenerz ist ein Dokument der Gemeinde Eisenerz mit einer Lageskizze publiziert.[11] Bei der Skizze handelt

es sich um eine „Ortspolizeiliche Verfügung", die von der Gemeinde Eisenerz am 23. August 1940 beschlossen wurde, um den Bewegungsradius der Häftlinge einzuschränken. Sie ist nicht maßstabsgetreu; jedoch sind die Lage des „Kremplhofs" sowie Grundstücksnummern genauso verzeichnet wie die beiden Lagerareale „Kremplhof" und „Bründlgschütt". Für die Verortung des Lagerareals sind der „Kremplhof" sowie die Grundstücksnummern 134/1, 135 sowie 171 relevant. Diese drei Grundstücke sind sehr groß und wurden lediglich im Bereich der Talsohle, also im Norden abgeteilt. Im Vergleich zu vorliegenden Luftbildern aus der Zeit sowie aktuellem Kartenmaterial mit verorteten Grundstücksdaten, deckt sich die Verortung des Lagers Krempelhof mit der Verortung des Lagerareals des KZ-Außenlagers Eisenerz.

Die Analyse der Berichte und Planskizzen vom Zeitzeugen Jan Otrębski waren auch für die Verfasser der Anfangspunkt der Untersuchung.[12] Aus diesen Unterlagen konnten folgende Lagerelemente herausgefiltert werden, die in weiterer Folge mit den Luftbildern abgeglichen werden konnten und in weiten Teilen mit den

6
Vgl. Döhr, Janika / Yeretska, Viktoriya / Zepic, Armin: „KZ-Außenlager Eisenerz im Gsollgraben" in diesem Buch, insbesondere S. 60–65.

7
Vgl. Mehler, Natascha: „Written Sources in Post-Medieval Archaeology and the Art of Asking the Right Questions", in: Žegklitz, Jaromír (Hg.), *Written and iconographic sources in post-medieval archaeology* (= Studies in post-medieval archaeology 4), Prag 2012, 11–24, hier 19.

8
Vgl. Bernbeck, Reinhard / Pollock, Susan: „Archäologie der Nazi-Zeit. Diskussionen und Themen", in: *Historische Archäologie* 2 (2013), 1–15, hier 4.

9
Details zu den weiteren entdeckten Lagern werden in einem archäologischen Fachartikel publiziert.

10
Lütgenau, Stefan / Schröck, Alexander: *Zwangsarbeit in der österreichischen Bauindustrie. Die Teerag-Asdag AG 1938–1945*, Innsbruck 2001, 84 f.

11
Vgl. Halbrainer, Heimo: „Das totalitäre Regime", in: Anzenberger, Werner / ders. / Rabko, Hans Jürgen (Hg.), *Zwischen den Fronten – Die Region Eisenerz von 1938–1945*, Leoben 2000, 23–33, hier 30. Dieselbe Skizze ist auch auf der Homepage von Mauthausen-Guides - Eisenerz publiziert, online unter: https://www.mauthausen-guides.at/aussenlager/kz-aussenlager-eisenerz [1.6.2021].

12
Vgl. Otrębski, Jan, Jehovas Zeugen, – Archiv Zentraleuropa, Selters (Taunus), Sign. DOK19721018_01, LB OTREBSKI Jan, ZUS OTREBSKI Jan.

neuen Erkenntnissen von Döhr, Yeretska und Zepic übereinstimmen:

1. Die genaue Verortung des Lagers im Gsollgraben sowie die Lage des Lagers in Beziehung zum Forsthaus.
2. Folgende Bestandteile (Bauteile) des Lagers: Lager, Vorlager und Umgebungsbereiche, die ebenfalls mit dem Lager in Verbindung standen.
Lager: 4 Wohnbaracken, Abortanlage, Waschraum, Heizraum, Magazin, Haupttor.
Vorlager: Wachbaracke, Wirtschaftsbaracke, Krematorium, 4 Wachtürme.
Umgebung: Brücken, Forsthaus und Häuser im Gsoll mit den Hausnummern 14 und 15.
3. Ausstattungsdetails des Lagers, wie z. B. dass es sich beim „Krematorium" um eine Grube mit primitiven Rost gehandelt hat.

Im Zuge der Feldbegehung schritten die Verfasser die bereits zuvor identifizierten und verorteten Verdachtsflächen ab. Die wichtigsten Erkenntnisse daraus sind, dass die auf Fotos, welche im Jahr 1999 im Rahmen einer Geländebegehung von Jan Otrębski aufgenommen wurden,[13] erkennbaren Gebäudereste heute oberflächlich nicht mehr vorhanden sind, jedoch konnten die Verfasser mehrere Eintiefungen feststellen, welche einen Hinweis auf Strukturen unter der Oberfläche geben. In einer dieser Eintiefungen waren Betonreste erkennbar. Zudem

konnten Fundamentreste des Forsthauses festgestellt werden. Dadurch gelang eine Verortung des Lagers und des Forsthauses sowie die Bezugspunkte zueinander im Gelände bei der Begehung.

Luftbilder

Einem weiteren Aspekt des Surveys liegen Luftbilder zugrunde, die von der Royal Air Force (RAF) und der U. S. Airforce zwischen 1943–1945[14] erstellt wurden. Bei der Analyse der Bilder kommt der Oral History eine besondere Bedeutung zu, da viele Details des untersuchten Lagers als Alltagsgeschichte keinen Niederschlag in offiziellen Schriftquellen gefunden haben. Auch wenn durch die lange Zeitdauer möglicherweise Erinnerungen verblasst sind oder sich im Laufe der Jahrzehnte geändert haben und Oral History folglich keinen Anspruch auf eine objektive Schilderung erhebt, sind diese subjektiven Erinnerungen eines Menschen, in diesem Fall jene von Jan Otrębski, an eine Situation eine wesentliche Quelle.[15] Viele Details auf den Luftbildern ergeben erst mit dem Hintergrundwissen des Zeitzeugens Sinn.

Die Bilder stammen aus der Sammlung der Allied Central Interpretation Unit (ACIU) bzw. des Joint Air Reconnaissance Intelligence Center (JARIC). Diese Einheiten waren für die Analyse und Auswertung der Luftbilder zuständig, die von einigen mit den Briten alliierten Staaten im Rahmen von Aufklärungsflügen erstellt wurden. Bei den Bildern handelt es sich um Schwarz-Weiß-Senkrechtluftbilder, die im Format 9 × 7 Zoll[16] erstellt wurden. Wesentliche Aspekte der Auswahl von Luftbildern für die Analyse von Lagern sind einerseits ihre Verfügbarkeit und andererseits der doch in weiten Teilen analysierbare Maßstab, genauso wie die Luftbildqualität und die Witterung, da im schlechtesten Fall der zu untersuchende Bereich von Wolken überdeckt ist. Sowohl der Maßstab als auch die Auflösung sind wesentliche Aspekte in Bezug auf die Sichtbarkeit und Interpretierbarkeit von Strukturen auf einem Luftbild. Der Maßstab sollte maximal 1 : 10 000[17] oder größer sein, um

---

13
Vgl. Mauthausen Guides – KZ-Außenlager Eisenerz, online unter: https://www.mauthausen-guides.at/aussenlager/kz-aussenlager-eisenerz [23.5.2021].

14
Vgl. NCAP – The National Collection of Aerial Photography, online unter: https://ncap.org.uk/sites/default/files/NCAP_Brochure_Oesterreich.pdf [7.9.2020].

15
Vgl. Theune, Claudia: *Archäologie an Tatorten des 20. Jahrhunderts*, Darmstadt 2016, 24.

16
Das entspricht 23 × 18 cm.

17
Eine Baracke mit der Länge von 10 m wäre am Bild 1 mm groß, bei einer entsprechenden Auflösung reicht dies um in einer Hochskalierung die Baracken zu identifizieren; vgl. dazu auch Cowley, David C. / Ferguson, Lesley M. / Williams, Allan: „The Aerial Reconnaissance Archives: A Global Aerial Photographic Collection", in: Hanson, William S. / Oltean, Ioana A. (Hg.): *Archaeology from Historical Aerial and Satellite Archives*, New York 2013, 13–30, hier 14.

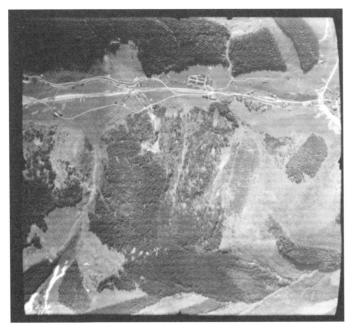

Alliiertes Luftbild vom 11. Mai 1945, Flug-Nr. 39-3878, Bild-Nr. 2047, M ca. 1:7500, aus:
NARA – The National Archives and Records Administration /
USAAF – US Army Air Forces

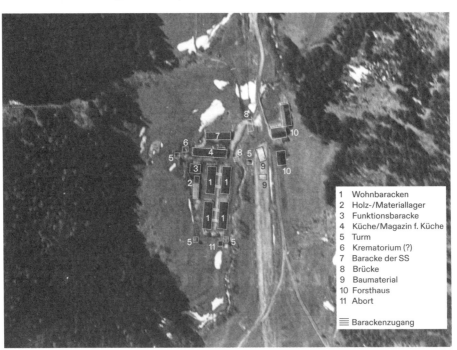

1   Wohnbaracken
2   Holz-/Materiallager
3   Funktionsbaracke
4   Küche/Magazin f. Küche
5   Turm
6   Krematorium (?)
7   Baracke der SS
8   Brücke
9   Baumaterial
10 Forsthaus
11 Abort

≡ Barackenzugang

Umzeichnung und Interpretation eines RAF-Luftbildes des Lagerareals vom
9. April 1945 (Plan nicht genordet), Flug-Nr. 683-1111, Bild-Nr. 3314, Quelle: Luftbilddatenbank
Dr. Carls GmbH / HES – Historic Environment Scotland, NCAP – The National Collection of Aerial
Photography, Umzeichnung: Magdalena Blecha

einzelne Strukturen noch detailliert genug sehen zu können.[18]

Im Fall des Lagers im Gsollgraben lagen zwei Luftbilder zur Analyse vor, welche den Status quo der baulichen Situation des Lagers zum Aufnahmezeitpunkt abbilden. Die Maßstäbe von 1 : 8 500 (Abb. auf S. 62) und 1 : 7 500, wie sie vorliegen, eignen sich sehr gut für eine archäologische Analyse.

Der Unterschied zwischen den beschriebenen Bildern liegt im kleineren Maßstab, welcher eine bessere Analyse der Lagerstruktur erlaubt. Hinsichtlich des KZ-Außenlagers, seines Aufbaus und der sichtbaren Gebäude zeigen sich keine Unterschiede auf beiden Bildern, ebenso gibt es keine Zeichen einer Zerstörung oder Erweiterung.

Bei der Interpretation der beiden vorliegenden Luftbilder bestätigen sich Otrębskis Angaben in den Erinnerungen und Planskizzen sowie die Rekonstruktion von Döhr, Yeretska und Zepic: Das Lager hat einen rasterartigen Aufbau, die zwei westlichsten Baracken stehen etwa 90 Grad gedreht zu den anderen, scheinbar außerhalb des Lagers. Es wurde den natürlichen Geländegegebenheiten angepasst. Direkt nördlich des Bachs ist am Luftbild das L-förmige Forsthaus als markanter Punkt zu erkennen. Direkt südlich des Forsthauses (Nr. 10) ist eine Brücke an einem ausgefahrenen Weg zu sehen, die bis vor das Lagerareal führt. Südöstlich davon findet sich eine weitere kleine Brücke (Nr. 8), die an einem kleinen Weg liegt und direkt am nordwestlichen Wachturm (Nr. 5) vorbeiführt. Dies könnte der Zugang zum Wachturm und ein Fußweg für die Gefangenen gewesen sein.

Südlich davon sind zwei Baracken erkennbar, die mit einem kleinen Abstand zum Lagergelände stehen. Die Westliche dürfte aufgrund ihrer Größe als Wohnbaracke zu bezeichnen sein (Nr. 7), diejenige direkt daneben stellt die größte Baracke dar (Nr. 4); hierbei handelt es sich wohl um eine Wirtschaftsbaracke, die Größe deutet auf eine Küchenbaracke hin, die im Westen einen Anbau aufweist; typischerweise ein Magazin.[19] Ganz im Süden auf Höhe dieser Baracke

zeigt sich ein quadratisches Objekt (Nr. 6), welches am Luftbild nicht genauer interpretiert werden kann.

Südöstlich davon befinden sich entlang der südlichen Lagergrenze zwei Gebäude, von denen das Westliche aufgrund der Lage und Größe als kleine Wirtschaftsbaracke angesehen werden kann (Nr. 3), das Objekt daneben entspricht in Form und Dimension keiner sonst angetroffenen Barackenform; es dürfte sich hierbei wohl um ein Lager in Art einer Halle handeln (Nr. 2). Direkt angrenzend an diese ist eine Struktur erkennbar, die wegen ihrer Form am ehesten als gelagertes Material, eventuell Holz oder Baumaterial, zu interpretieren ist. Nördlich von diesen Baracken und südlich des Gsollbachs finden sich vier Baracken gleicher Dimension (Nr. 1), die in einem Abstand von circa einer Barackenbreite trauf- und stirnseitig in Ost-West-Orientierung stehen. Sie sind das prägende Bildmerkmal und werden aufgrund ihrer Lage, Anzahl und Form als Häftlingsbaracken angesehen. Man erkennt die Zugänge zu den Baracken sowie die Fußwege entlang der Baracken. Ganz im Osten des Lagers findet sich eine kleine Baracke (Nr. 11), die in einem Abstand zu den Wohnbaracken steht und wegen der Größe und des etwas größeren Abstands zu den Baracken als Abort- oder Waschbaracke aufzufassen ist; im Unterschied zu Döhr, Yeretska und Zepic verorten wir diese allerdings außerhalb der Umzäunung.

Die Abort- oder Waschbaracke befand sich nicht außerhalb des Lagers, sondern in einem abgezäunten Bereich. Eine Abzäunung des Sanitärbereichs vom Lager kommt bei Lagern immer wieder vor; in einem Fall, dem OFLAG XVII A in Edelbach gab es in den Baracken extra Nachttoiletten.[20] Für einige Lager ist dies

---

18
Hierbei sollte erwähnt werden, dass eine Vergrößerung der Fotos notwendig ist, um alle Strukturen erkennen zu können.

19
Vgl. Eichelberger: *Methodische Untersuchungen*, 130–134 (wie Anm. 2).

20
Vgl. Pieler, Franz: „Archäologie im ehemaligen OFLAG XVII A Edelbach", in: *Archäologie Österreichs* 27/1 (2016), Wien, 2–13.

durch Pläne, Bildmaterial sowie Zeitzeugen-aussagen dokumentiert.[21]

An der östlichen Lagergrenze sind drei Strukturen erkennbar, die nicht klar interpretiert, aber wahrscheinlich als Schnee- oder Materialhaufen bezeichnet werden können.

Rund um das Lager sind vier Wachtürme auszumachen, die aufgrund der Lage, der Schattenwürfe und ähnlicher Erscheinung als solche interpretiert werden. Daneben findet sich ein wohl umlaufender Graben, der anhand des noch liegenden Schnees und anderer Schattenmerkmale erkennbar ist. Ein Zaun ist am Luftbild nicht auszumachen. Es zeigen sich keine Anzeichen von Beschädigung oder Zerstörung des Lagers.

Bei den Baracken handelt es sich aufgrund ihrer Dimension und der sichtbaren, regelmäßigen traufseitigen Zugänge sehr wahrscheinlich um RAD-Baracken.[22] Wie auch bei vielen anderen interpretierten Lagern der Zeit zeigt sich beim Lager Gsollgraben eine gewisse Strukturierung und die Existenz von sich wiederholenden Elementen, im konkreten Fall der Baracken. Um eine massenhafte Fertigung der Baracken zu ermöglichen, wurde für diese ein hoher Grad an Standardisierung angestrebt.

Ein Vergleich mit anderen Lagern und existierenden Plänen zeigt auch im Aufbau der Lager selbst gewisse Regelmäßigkeiten.[23] Diese gehen wahrscheinlich einerseits auf ihre Zweckmäßigkeit, andererseits auf militärische Empfehlungen der 1930er-Jahre zurück, obwohl ein solcher Lageraufbau bereits 1942 aus Tarngründen kritisiert wurde.[24]

Im Fall des Lagers Gsollgraben findet sich eine Gruppierung der Wohn- und der Funktionsbaracken, welche in der Nähe der Straße bzw. des Tores liegen. Die Abort-Baracke ist durch die kleineren Dimensionen und etwas abgesetzte Lage in direkter Nachbarschaft zu den Wohnbaracken zu identifizieren. Die „SS-Baracken" sind durch ihre Lage außerhalb des Lagergeländes als solche auszumachen. Die Wohnbaracken stechen als Gruppe gleicher Dimension und durch den rasterartigen Aufbau mit gleichen Abständen hervor. Lager, Magazin und andere Funktionsbaracken zeigen sich durch ihre unterschiedliche Größe, Form und ihre Lage im Kontext des Lagers.

Es gibt aber auch deutliche Grenzen der Luftbildauswertung. Einerseits bedingt ihre Anwendung die Existenz von Luftbildern in entsprechender Bildqualität und Auflösung, andererseits war durch die zuvor angesprochene Standardisierung der Baracken z. B. eine Fülle an möglichen Längen und Innenausbauten möglich. Das ermöglichte Funktionen, welche im Luftbild keinen Niederschlag gefunden haben, wie z. B. die Waschbaracke, in welcher auch der Arzt untergebracht war, oder die „SS-Baracke", die eine Küche beinhaltet hat. Genaue Funktionszuschreibungen ergeben sich folglich meist durch die Lage, Form und Größe der Baracke im Kontext des Lagerareals, welche dann durch Zeitzeugenaussagen ergänzt werden. Objekte wie ein provisorisches Krematorium sind im Regelfall aber ohne solche Aussagen oder andere Quellen nur etwa durch einen Vergleich mit anderen Lagern wie z. B. dem Lager Loibl-Süd in Slowenien zu vermuten.[25]

Airborne-Laser-Scan-Daten

Die Untersuchung von ALS-Daten kann eine weitere wichtige Quelle für die Analyse sein, da die aktuelle Nutzung des Lagerareals noch Spuren des Lagers zeigen könnte. Die verwendeten Daten wurden vom Referat Statistik und Geoinformation des Amtes der steirischen

21
Vgl. Lagerplan Kriegsgefangenenlager RHG Kindberg-Leopersdorf: Schein, Alexander: *Kindberg-Aumühl – Industriegeschichte bis zur voestalpine Tubulars*, Kindberg 2015, 244.

22
Vgl. Eichelberger: *Methodische Untersuchungen*, 63–74 (wie Anm. 2).

23
Für eine Detailanalyse von 27 Lagern vgl. ebd., 80–111.

24
Laut Erlass Nr. 4000-50/42g, vgl. Reichsminister Speer: „Barackenaktion", in: *Baulicher Luftschutz* 6,8 (1942), 159–178, hier 176–178.

25
Vgl. Tisler, Janko / Tesier, Christian: *Das Loibl KZ: Die Geschichte des Mauthausen Außenlagers am Loiblpass / Ljubelj*, Wien 2007, 177.

Landesregierung zur Verfügung gestellt. Sie
wurden als Digitales Geländemodell (DGM) im
Format einer dreispaltigen XYZ-Datei (ASCII)
zur Verfügung gestellt und entsprechend den
für eine solche Lagesituation in der Literatur
vorgeschlagenen Algorithmen ausgewertet.[26]
Auf dem bearbeiteten Scan zeigen sich keine
der gesuchten Strukturen der ehemaligen Lager-
gebäude, eine Auswertung des online verfügbaren
DGM mit einer Auflösung von 50 cm zeigte
ebenfalls nicht die gewünschten Strukturen,
auch weil hierbei nicht alle Visualisierungen
verfügbar waren.

26
Vgl. Kokalj, Žiga / Hesse, Ralf:
*Airborne Laser Scanning
Raster Data Visualization:
A Guide to Good Practice,*
Ljubljana 2017, 34 f.

Ausblick

Im Zuge der archäologischen Recherche auf
Basis der im vorliegenden Buch dokumen-
tierten Ausstellung von Janika Döhr, Viktoriya
Yeretska und Armin Zepic hat sich gezeigt, dass
die Zeitzeugenaussagen und Planskizzen von
Jan Otrębski mit den Erkenntnissen aus den
ausgewerteten Luftbildern in Übereinstimmung
gebracht werden konnten. Zudem konnten
aufgrund der detaillierten Beschreibung von
Otrębski die auf den Luftbildern sichtbaren
Elemente interpretiert werden.

Die von den Autoren durchgeführte Feldbegehung zeigt, dass durch weitere archäologische Untersuchungen sowohl in Bezug auf das
Lager als auch auf das Forsthaus archäologisch
relevante Überreste zu erwarten wären. Am Areal
des Forsthauses wurden obertägig Fundamentreste aufgefunden, dadurch konnte die Lage des
Forsthaues in der Natur festgelegt werden.

Im Zuge der Begehung des Lagerareals
zeigte sich, dass Verdachtsflächen ohne großen
Aufwand ausgemacht werden konnten und in
einem Bereich auch Betonelemente, die wohl als
Fundamentreste zu interpretieren sind, festgestellt werden konnten. Es ist also zu erwarten, dass sich unter der heutigen Oberfläche
sowohl archäologische Befunde als auch Funde
erhalten haben.

Die Ausstellung zu den Koralmpartisanen war im Juni 2020 in Deutschlandsberg zu sehen. © Waltraud P. Indrist

Anna Sachsenhofer   Alice Steiner

Die „Kampfgruppe Steiermark" im Bezirk Deutschlandsberg

Unsere Ausgangslage und Quellen

Im Jahr 1944 war die Koralpe, ein österreichischer Gebirgszug an der Grenze zwischen der Steiermark und Kärnten, Schauplatz zahlreicher Aktivitäten unterschiedlicher WiderstandskämpferInnen. Unter ihnen war die Kampfgruppe Steiermark, eine Gruppierung von großteils aus dem russischen Exil heimgekehrten ÖsterreicherInnen. Die Aufarbeitung der damaligen Geschehnisse sowie deren Überlieferung erhielt im öffentlichen Diskurs – abgesehen von der ausführlichen Arbeit des Soziologen Christian Fleck – in der Nachkriegszeit kaum Aufmerksamkeit. Wir machten es uns dennoch zur Aufgabe, die Erforschung und Aufarbeitung der politischen Vorgeschichte und der Beweggründe der Kampfgruppe Steiermark sowie die Funktionsweise des von ihnen aufgebauten Widerstandsnetzwerks anhand der recherchierten Dokumente topografisch zu rekonstruieren.

Basierend auf von Christian Fleck geführten Interviews mit PartisanInnen und ZeitzeugInnen, die in den frühen 1980er-Jahren entstanden, sowie im Rückgriff auf Zeitungsartikel und Polizeiberichte der SS zur Kriegszeit erstellten wir eine Zeitleiste der Aufenthaltsorte im Operationsgebiet der WiderstandskämpferInnen. Durch die primär verbal vermittelten Informationen, den Zeitabstand zu den Geschehnissen sowie die politische Färbung der Medien und der Polizei zur Kriegszeit weisen die gesammelten Daten stellenweise eine gewisse Unschärfe auf. Die topografisch unterlegte Zeitleiste unternimmt dennoch den Versuch, die Geschichte, Ereignisse, Kämpfe und Problemstellungen der Kampfgruppe Steiermark darzustellen. Dabei wurde uns während der Recherchearbeit bewusst, wie sehr sich die Narrative der Ereignisse abhängig von den Erzählenden unterscheiden. WiderstandskämpferInnen und Dokumentation der SS, Erinnerung der lokalen EinwohnerInnen und mediale Inszenierung während und nach der Kriegszeit weisen viele Widersprüche auf. Deshalb entschieden wir uns, diese Widersprüchlichkeit in all ihrer Lückenhaftigkeit und unter Erwähnung aller Perspektiven abzubilden, ohne in jedem Fall eine eindeutige Schlussfolgerung zu ziehen.

Die Zeitleiste bzw. die Ereignisse darin haben wir aus den Quellen folgender Publikationen, Interviews und Zeitzeugenberichte erstellt: Blatnik, Herbert: *Zeitzeugen erinnern sich an die Jahre 1938–1945 in der Südweststeiermark*, Eibiswald 1997; Fleck, Christian: *Koralmpartisanen – Über abweichende Karrieren politisch motivierter Widerstandskämpfer*, Wien / Köln 1986; Wachs, Walter: *Kampfgruppe Steiermark*, Wien 1968; Wild, Alexa: *Schwarze Nebel, weiße Hände. Die Lebensgeschichte des staatenlosen Holzfällers Luca Sekolovnik zwischen Österreich und Slowenien (1925 bis heute)*, Graz 2014; Erinnerungsberichte von Walter Wachs „Die Partisanen der Koralpe" und Anton Sandmann aus der Kampfzeit der österreichischen Partisanengruppe „Steiermark", Dokumentationsarchiv des österreichischen Widerstandes (DÖW), Sign. DÖW 1a.

Wie in der historischen Fachliteratur wurden die in der Zeitleiste genannten Personen teilweise anonymisiert. Lediglich Personen, welche bereits in den erwähnten Publikationen benannt worden sind, werden auch von uns mit ihren Vor- und Nachnamen angeführt.

➡ Die Anfänge der „Kampfgruppe Steiermark"

„Wir haben an Österreich gedacht. Wirklich, ganz ehrlich. Wir wollten ein freies Österreich haben."[1] – Friedrich Tränkler

In den Jahren 1944/45 hielt sich die Kampf-gruppe Steiermark – auch Koralmpartisanen genannt – im slowenisch-steirischen Grenz-gebiet auf, die in Moskau von im sowjetischen Exil lebenden Mitgliedern der Kommunistischen Partei Österreichs (KPÖ) ins Leben gerufen worden war.[2] Zur Gruppe gehörten 24 Kämpfer, die sich freiwillig gemeldet hatten; von ihnen waren 17 Personen gebürtige Österreicher, 16 Männer und eine Frau. Zudem gehörten der Gruppe zwei Spanier, zwei Italiener und drei Russen an, die teilweise bereits militärische Erfahrungen gesammelt hatten.[3] Es meldeten sich auch schon im Partisaneneinsatz stehende ÖsterreicherInnen bei den Parteimitgliedern der KP und ersuchten, in Österreich eingesetzt zu werden.[4] Durch Sabotageakte und Stör-aktionen sollten die KämpferInnen Widerstand gegen das NS-Regime in Österreich leisten. Am 7. August 1944 setzte sich die Gruppe vom slowenischen Črnomelj aus in Richtung der steirischen Saualpe und später der Koralm in Bewegung, nachdem sie mit Flugzeugen aus der Sowjetunion eingeflogen worden war.[5]

1
Fleck, Christian: *Koralm-partisanen – Über abweichende Karrieren politisch motivierter Widerstandskämpfer*, Wien / Köln 1986, 31.

2
Vgl. ebd., 24.

3
Vgl. ebd., 30.

4
Vgl. ebd., 24.

5
Vgl. Wachs, Walter: *Kampfgruppe Steiermark*, Wien 1968.

Wege der Emigration dreier Mitglieder der Koralmpartisanen, © Anna Sachsenhofer, Alice Steiner

Anton Sandmann
© Dokumentationsarchiv des
österreichischen Widerstandes,
Spanienarchiv

Friedrich Tränkler
© Dokumentationsarchiv des
österreichischen Widerstandes,
Spanienarchiv

Walter Wachs
© Dokumentationsarchiv des
österreichischen Widerstandes,
Spanienarchiv

➡ Die Gruppenmitglieder

Zu Beginn nannten sich die KämpferInnen „Gruppe Avantgarde"; erst im Oktober 1944 entstand der Name „Kampfgruppe Steiermark". Sie trugen das rot-weiß-rote Abzeichen der Österreichischen Freiheitsfront. Gegen Ende des Kriegs hielten sich auf der Koralm bis zu 500 Partisanen auf, weshalb die Gruppe auch Koralmpartisanen genannt wurde.[6] Die Vorgeschichte zahlreicher zukünftiger Mitglieder der Kampfgruppe Steiermark beginnt allerdings bereits im Februar 1934, als sie aus politischer Überzeugung gegen den österreichischen Faschismus kämpften. Nach der Niederlage begann für viele eine über zehnjährige Emigrationszeit quer durch Europa.[7] Drei Biografien von Mitgliedern der Kampfgruppe Steiermark zeigen im Folgenden ihre Lebenswege in der Emigration:

[6]
Vgl. Fleck: *Koralmpartisanen*, 30, 76, 153 (wie Anm. 1).

[7]
Vgl. ebd., 49–50.

Anton Sandmann
Geboren am 12. Februar 1912 in Wien.

Bis 1934 war Anton Sandmann Buchbinder in Wien. Seit seiner Kindheit gehörte er sozialdemokratischen Organisationen an. Nach den Februarkämpfen 1934 gelangte er über die Tschechoslowakei in die Sowjetunion. Nach seiner Anfrage, im Spanischen Bürgerkrieg auf republikanischer Seite kämpfen zu können, begann er 1936 eine militärische Ausbildung. Mit dem Schiff gelangte er infolge von Odessa nach Spanien. In Valencia angekommen, begann Anton Sandmann in einem republikanischen Panzerbataillon SpanierInnen auszubilden und beteiligte sich an Kampfhandlungen. Nachdem die Internationalen Brigaden 1939 aus Spanien abgezogen wurden, kamen alle KämpferInnen nach Frankreich. Da Anton Sandmann eine Frau und Tochter in der Sowjetunion hatte, wurde er wieder zurückgeholt. Von Paris über Le Havre ging es mit einem sowjetischen Schiff zurück nach Leningrad. Die nächsten fünf Jahre arbeitete Anton Sandmann in einem Betrieb in Leningrad. Erst Anfang 1944 – als es die Möglichkeit gab, für ein freies Österreich zu kämpfen – entschied sich Anton Sandmann, wieder in den bewaffneten Widerstand zu ziehen.[8]

[8]
Vgl. „Sandmann, Anton", online unter DÖW-Spanienarchiv: https://www.doew.at/erinnern/biographien/spanienarchiv-online/spanienfreiwillige-s/sandmann-anton [14.7.2021]; Fleck: *Koralmpartisanen*, 217–221 (wie Anm. 1).

Friedrich Tränkler
Geboren am 18. Juli 1900 in Wien.

Mit 15 Jahren gehörte er der sozialistischen
Arbeiterjugend Floridsdorf an. 1934 beteiligte
sich Friedrich Tränkler an den Februarkämpfen
auf Seiten des Republikanischen Schutzbundes.
Nach der Niederlage tauchte er in Wien unter.
Durch einen organisierten Transport kam er über
die Tschechoslowakei in die Sowjetunion. In den
folgenden zwei Jahren war Friedrich Tränkler in
verschiedenen Betrieben angestellt. 1936 meldete er sich freiwillig, um im Spanischen Bürgerkrieg zu kämpfen. Über Odessa kam er 1937 in
Spanien an, wo er bis 1938 in den Internationalen
Brigaden kämpfte. Die österreichischen Mitglieder der Internationalen Brigaden, die nach
dem „Anschluss" nicht nach Österreich zurückkehren konnten, wurden in verschiedenen
Lagern in Frankreich interniert, darunter auch
Friedrich Tränkler. Zuletzt war er in einem Lager
in der Wüste in Djelfa (Algerien) interniert. Nach
einem geglückten Versuch, Kontakt zur sowjetischen Botschaft aufzunehmen, konnte er 1944
in die Sowjetunion zurückkehren. 1944 entschied sich Friedrich Tränkler, wieder in den
bewaffneten Widerstand zu ziehen und für ein
freies Österreich zu kämpfen.[9]

9
Vgl. „Tränkler, Friedrich", online
unter DÖW-Spanienarchiv:
https://www.doew.at/erinnern/
biographien/spanienarchiv-
online/spanienfreiwillige-t/
traenkler-friedrich [14.7.2021];
Fleck: *Koralmpartisanen*,
189–216 (wie Anm. 1).

Walter Wachs
Geboren am 2. August 1913 in Wien.

Walter Wachs war Medizinstudent und gehörte
bereits als Schüler dem Verband der sozialistischen Mittelschüler an. Er wurde in Wien
1934/35 aus politischen Gründen – wie dem
Besitz von kommunistischem Propaganda-
material – mehrmals von der Polizei festgenommen und inhaftiert. Im März 1938 meldete er
sich freiwillig, um im Spanischen Bürgerkrieg
zu kämpfen und erreichte über die Schweiz und
Frankreich das Kriegsgebiet in Spanien. Walter
Wachs war Mitglied der XI. Internationalen
Brigade und als Bataillonssanitäter tätig. 1939
wurde er von den französischen Behörden festgenommen und interniert; er wurde zunächst
in den französischen Lagern Saint-Cyprien,
Gurs, Le Vernet, Rivesaltes und danach im Lager
Djelfa (Algerien) inhaftiert. Nach der Befreiung
Algeriens schloss er sich dem britischen Pionier-
korps an und gelangte 1943 über Ägypten
und Persien in die Sowjetunion. In der Sowjetunion schloss er sich schließlich der Gruppe
für den Einsatz in Österreich an.[10]

10
Vgl. „Wachs, Walter", online
unter DÖW-Spanienarchiv:
https://www.doew.at/erinnern/
biographien/spanienarchiv-
online/spanienfreiwillige-w/
wachs-walter [14.7.2021];
Fleck: *Koralmpartisanen*,
222–230 (wie Anm. 1).

➡ Gefecht in Laaken

In der Nacht des 6. März 1945 trafen der Stab der Kampfgruppe Steiermark mit dem 2. Bataillon der Lackov-Einheit und anderen österreichischen und slowenischen Partisanen in der Streusiedlung Laakens ein. Einige BewohnerInnen gewährten den Partisanen Unterschlupf. Die Kämpfer teilten sich auf die verschiedenen Häuser auf.[11] Einzelne Angehörige des Bataillons quartierten sich beim „Liapl" ein. Viele, darunter auch die Kampfgruppe Steiermark, konnten wiederum beim Bauern Maritschnig, vulgo Skorianz-Hof, unterkommen. Dort lagerten die Kämpfer im Bauernhaus, der Tenne oder im Stall. Am nächsten Tag kam es zu einem Gefecht zwischen Partisanen und Angehörigen der Wlassow-Verbände der Waffen-SS.[12]

„Kaum waren wir aus dem Haus und hatten uns im toten Winkel des mörderischen Feuers gesammelt, als eines der Häuser, welches nur aus Holz gebaut war, in Flammen aufging. Die Faschisten hatten es in Brand geschossen."[13] – Walter Wachs

---

11
Vgl. Fleck: *Koralmpartisanen*, 109 (wie Anm. 1).

12
Vgl. Blatnik, Herbert: *Zeitzeugen erinnern sich an die Jahre 1938–1945 in der Südweststeiermark*, Eibiswald 1997, 369 f.

13
Erinnerungsberichte von Walter Wachs „Die Partisanen der Koralpe" und Anton Sandmann aus der Kampfzeit der österreichischen Partisanengruppe „Steiermark", Dokumentationsarchiv des österreichischen Widerstandes (DÖW), Sign. DÖW 1a.

➡ Der Gefechtsausgang

Das Gefecht forderte zwischen elf und 17 Tote (die genaue Anzahl der Opfer ist bis heute nicht ermittelt), welche in einem Massengrab in Peritzen begraben wurden. 1955 wurde die Grabstätte durch ein Partisanendenkmal erweitert. Die Familie Maritschnig wurde separat begraben. Ob das Gefecht von Laaken jemals gerichtlich verfolgt wurde, ist uns nicht bekannt.[14]

„Wir [Anm.: die Partisanen] waren anfänglich der Meinung, dass die Gestalten im Wald unsere Kameraden seien. Einige von uns, die nach unten flüchteten, fielen unter den faschistischen Kugeln. Dann erkannten wir erst, wer dort unten steckte und wussten nun, dass wir nur mehr einen Ausweg hatten."[15] – Walter Wachs

„Zehn Minuten unter uns war nämlich das erste Bataillon der dort operierenden slowenischen Partisanengruppe. Das erste Bataillon hatte aber das Haus rasch verlassen müssen, ohne uns verständigen zu können. Die Faschisten, die keine einheitliche Uniform trugen, und oft so gekleidet waren wie wir, hatten sofort den Wald besetzt und schossen von unten herauf."[16] – Walter Wachs

„Der Feind beschoss uns von zwei Seiten, so meinten wir. Er steckte im Wald oberhalb der Häuser, der den Hang halbkreisförmig umgab. Zu spät kamen wir darauf, dass er auch unterhalb der Häuser im Wald steckte."[17] – Walter Wachs

---

14
Vgl. Fleck: *Koralmpartisanen*, 300 (wie Anm. 1); Blatnik: *Zeitzeugen erinnern sich*, 371 (wie Anm. 12).

15
Wachs: Sign. DÖW 1a (wie Anm. 13).

16
Ebd.

17
Ebd.

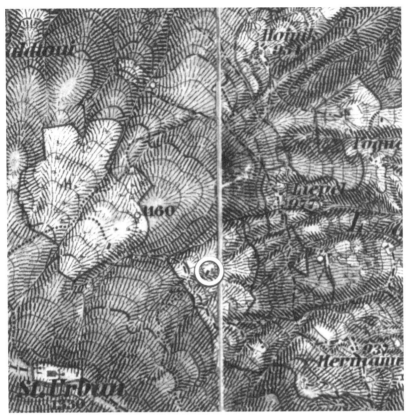

Karte des Gebiets von Laaken (Ausschnitt)

Katasterplan von Laaken (Ausschnitt)

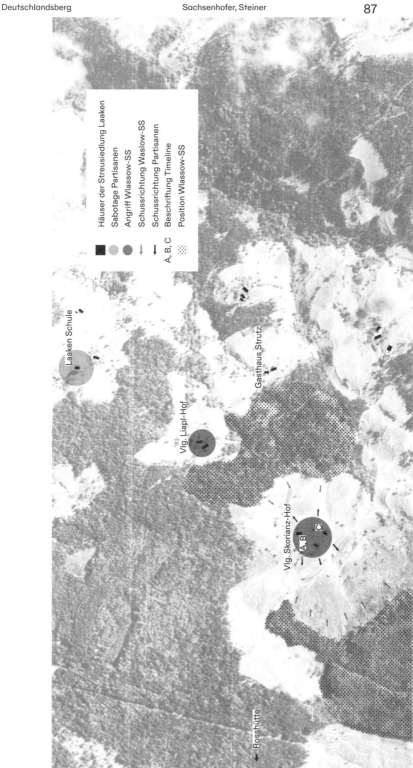

Legende:
- Häuser der Streusiedlung Laaken
- Sabotage Partisanen
- Angriff Wlassow-SS
- Schussrichtung Waslow-SS
- Schussrichtung Partisanen
- A, B, C Beschriftung Timeline
- Position Wlassow-SS

Laaken Schule
Gasthaus Strutz
Vlg. Liapl-Hof
Vlg. Skorianz-Hof
A, B
C
Rosshütte

Gefecht in Laaken; im Hintergrund Luftbild Laaken (Flug-Nr. 422-BS-4291-21, Bild-Nr. 79, 14. September 1945), Quelle: Luftbilddatenbank Dr. Carls GmbH / NARA

⇒ Widerstandsakte

„Ende Dezember hörten wir über Radio Österreich von der Gründung (...) der Österreichischen Freiheitsfront und ihrem Programm. An diesem Tag schleppten unsere Leute eine alte Schreibmaschine und etwas Schreibpapier herbei, die sie bei einer Aktion von einer NS-Dienststelle requiriert hatten. Das ermöglichte die Anfertigung von zehn bis fünfzehn Flugblättern mit gleichem Inhalt, von denen jedes einzelne heruntergetippt werden musste, da es kein Durchschlagpapier gab. Die Flugblätter werden von unseren Leuten bei Erkundungsgängen und Aktionen mitgenommen, bei Bauern zum Weitergeben zurückgelassen oder immer wieder vorgelesen. Das Hauptziel dieser politischen Aufklärungsarbeit war es, unseren Landsleuten begreiflich zu machen, dass wir Österreicher und keine Deutschen waren. Sie sollten deshalb mithelfen, unser Land von der Fremdherrschaft zu befreien."[18] – Walter Wachs

[18]
Wachs: *Kampfgruppe Steiermark*, 24 (wie Anm. 5).

⇒ Die letzten Tage des Kriegs

Ein Teil der Gruppe marschierte am 30. März über Glashütten Richtung Osterwitz. Beim NSDAP-Ortsgruppenleiter Schober requirierten die fünf Partisanen Kleidungsstücke, um nicht aufzufallen. Früh am nächsten Morgen klopften die Kämpfer bei einem anderen Bauernhaus ans Fenster. Die Besitzer des Hauses wiesen darauf hin, dass es in der Gegend nicht sicher sei. Im selben Moment fuhr auch schon eine Streife vor. Ungefähr 20 Mann des Reichsarbeitsdienstes (RAD) umstellten das Haus. Die Partisanen erklärten sich bereit, das Haus zu verlassen, um die beteiligten Personen nicht zu gefährden. Die Männer wurden festgenommen und in das RAD-Lager gebracht. Am 1. April 1945 wurden die fünf Männer von RAD-Angehörigen erschossen.[19]

[19]
Vgl. Fleck: *Koralmpartisanen*, 135–138 (wie Anm. 1).

Oesterreich den Oesterreichern BIBLIOTHEK   24. April 1945

O E S T E R R E I C H E R !   ██████████ 13

                    Seit 1942 besteht die oesterr.Frei-
heitsfront.Sie bilde tsich aus ellen Schichten und
Partoien Oesterreichs,die gewillt sind gegen die
landfremden Unterdruecker zu kaempfen,bis Oesterreich
frei sein wird.Die oesterr.Freiheitsfront kaempft fuer
ein
FR E I E S U N A B H A E N G I G E S D E M O K R A-
T I S C H E S O E S T E R R E I C H !
                    Anfang November 1943 wurde in Moskau
ein Kommunique veroeffebtlicht,indem es unter anderem
heisst:
      " Die Regierungen Grossbritanniens,der Ver.Staaten
        Nordamerikas,der Sowjetunion wuenschen die
        Wiedererrichtung eines freien und unabhaengigen
        Oesterreichs........
        Bei der Schlussabrechnung wird unweigerlich in
        Betracht gezogen werden,wieviel Oesterreich
        selbst zu seiner Befreiung beigetragen hat....."
                    Was das fuer uns Oesterreicher be-
deutet ist nicht zu verkennen.Jeder Oesterreicher der
will,dass seine Heimat wieder von den Pifkes frei
werde,muss alle seine Kraefte einsetzen,damid dies
sobald als moeglich geschehe.Jeder kann in irgend
einer Art am Kampfe gegen die Deutschen beitragen.
Die Arbeiter sabotieren in den Fabriken,die Bauern
entziehen ihre Lebensmittel dem Zugriff der Nazis,
sie verhindern,dass ihre Soehne ins Heer gehen,sie
gehen nicht zum Volkssturm,die Urlauber kehren nicht
mehr zur Truppe zurueck und gehen zu den Freiheits-
kaempfer ueber.
Oesterreicherinnen! Ihr koennt genau so wie die
Maenner viel zur Befreiung Oesterreichs beitragen.
In euren Haenden liegt wichtige Arbeit fuer die
Deutschen,fuehrt sie nicht aus.
Oesterreicher!Helft der oesterr.Freiheitsfront!
Sie kaempft fuer daswas wir alle wollen,fuer ein
freies unabhaengiges demokratisches Oesterreich.

Flugblatt mit Schreibmaschine abgetippt, © Dokumentationsarchiv des
österreichischen Widerstandes, Sign. DÖW 1

RAD-Lager in St. Oswald, Bezirk Deutschlandsberg, 1938,
© commons.wikimedia.org

In Glashütten wurde am Balkon die rot-weiß-rote Fahne
gehisst. © Dokumentationsarchiv des
österreichischen Widerstandes, Foto 00024-4

➡ Übernahme Schwanberg und Deutschlandsberg

Am 7. und 8. Mai 1945 besetzten die Kämpfer der Kampfgruppe Steiermark Schwanberg unter Zustrom zahlreicher Deserteure. Bis auf einen Vorfall zwischen einigen deutschen Soldaten und den Partisanen verlief die Übernahme Schwanbergs ohne Blutvergießen. Truppenteile deutscher Soldaten sowie die Gendarmerie konnten entwaffnet werden. Nach dem offiziellen Kriegsende rückten einige der Gruppenmitglieder am 9. Mai 1945 in Deutschlandsberg ein; am 12. Mai in Stainz.[20]

20
Vgl. Wachs: *Kampfgruppe Steiermark*, 40–42 (wie Anm. 5).

Befreiung von Schwanberg, 8. Mai 1945 durch
Kampfgruppe Steiermark, © Dokumentationsarchiv des
österreichischen Widerstandes, Foto 00023-2

Konvoi der Kampfgruppe Steiermark auf der Fahrt von
Stainz nach Graz, 13. Mai 1945, © Dokumentationsarchiv des
österreichischen Widerstandes, Foto 00024-3

Kampfgruppe Steiermark, 13. Mai 1945; v. l. n. r. Hans Steiner
(Funker), Walter Wachs (Politkommissar), sowjetischer
Verbindungsoffizier, Hans Griebaum, © Dokumentationsarchiv
des österreichischen Widerstandes, Foto 00024-6

Friedrich Tränkler und Walter Wachs, Mitte Mai 1945,
© Dokumentationsarchiv des
österreichischen Widerstandes, Foto 00022-6

Mitglieder der Kampfgruppe Steiermark,
© Dokumentationsarchiv des
österreichischen Widerstandes, Foto 00022-8

92

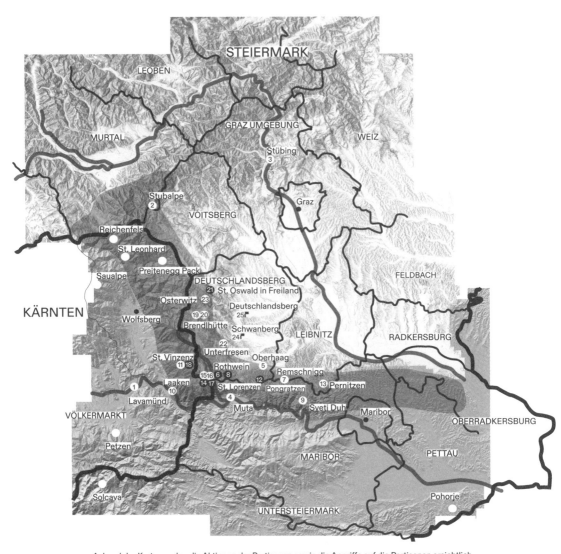

Anhand der Karte werden die Aktionen der Partisanen sowie die Angriffe auf die Partisanen ersichtlich.
Die Ziffern in der Karte finden ihre Entsprechung in der Zeitleiste bei den dazugehörigen Ereignissen.
Collage basierend auf einer Karte von www.geoland.at

➡ Die Anfänge der „Kampfgruppe Steiermark"

Leonardo verletzt sich beim Absprung.

Johanna W. verletzt sich beim Absprung.

5./6.1944

Črnomelj, Slowenien: Rekrutierung der Kerngruppe von
24 KämpferInnen im slowenischen PartisanInnenlager

Shenja erkrankt während des Aufenthalts.

Zwischen Ribnica und Pohorje: Erster Versuch der Überquerung
der Drau ist fehlgeschlagen. Das Gebiet ist von deutschen
Soldaten besetzt.

17.9.1944

Solcava: Überquerung der ehemaligen Grenze zu Österreich

18./19.9.1944 → 1

Überquerung der Drau

Roman wird aufgrund von Nachtblindheit wieder zurückgeschickt.

Karl S. wird verletzt und gefangen genommen.

Branko schließt sich freiwillig der Gruppe an.

Die Zeitleiste entstand aus den Quellen folgender Publikationen, Interviews und Zeitzeugenberichte:
Blatnik, Herbert: *Zeitzeugen erinnern sich an die Jahre 1938–1945 in der Südweststeiermark*,
Eibiswald 1997; Fleck, Christian: *Koralmpartisanen – Über abweichende Karrieren politisch motivierter
Widerstandskämpfer*, Wien-Köln 1986; Wachs, Walter: *Kampfgruppe Steiermark, Monographien
zur Zeitgeschichte*, Wien 1968; Wild, Alexa: *Schwarze Nebel, weiße Hände. Die Lebensgeschichte des
staatenlosen Holzfällers Luca Sekolovnik zwischen Österreich und Slowenien (1925 bis heute)*,
Graz 2014; Interviews Friedrich Tränkler, Anton Sandmann und Walter Wachs jeweils, Sign. DÖW 1.

Zwischen Lippitzbach und St. Nikolai – Ort der Spaltung

*Forsthaus am Kreuzbach
wird zur Anlaufstelle für
Versprengte.*

30.9.1944, Stubalpe → 2

Boris, Anton S., Branko, Franz K., Fritz W.
und Adolf M. spalten sich ab, um
Gleissprengungen durchzuführen.

8.10.1944

Die Gruppe kommt unter Beschuss;
nach Versprengung treffen sie sich beim
ausgemachten Treffpunkt wieder.

→ 3

Die Gruppe erreicht Stübing; Sabotage-
versuch kann nicht durchgeführt werden.

Fritz W. erreicht den ausgemachten Treffpunkt
nicht mehr und bleibt verschollen.

30.10.1944, Muta → 4

Der Versuch, auf dem Weg zurück die Drau
zu überqueren, geht schief. Anton S. und
Franz K. kommen bei dem Versuch, die Drau
zu überqueren, von der Gruppe ab.

5.11.1944, Pernitzen

Boris, Branko und Adolf M. treffen
unerwartet den Rest der Gruppe.

➡ Die Gruppenmitglieder

Karl M. schließt sich freiwillig der Gruppe an.

15./16.11.1944, Oberhaag → 5
Schule wird zerstört.

23.11.1944, Rothwein → 6
Es kommt beim Bauern Puschnik zu einem heftigen Gefecht.

Wassja und Heinrich Z. überleben den Vorfall nicht.

Josef P. und Sepp Sp. (Eintrittszeitpunkt der beiden in die Gruppe unbekannt) werden verletzt und ins PartisanInnen-Lazarett gebracht.

24.11.1944, Remschnigg
Die Gruppe trifft sich nach dem Vorfall wieder.

Gegen vier Uhr nachmittags greifen 600 Mann der Waffen-SS die ungefähr 50 im Bauernhaus Puschnik befindlichen Partisanen an.

4.12.1944 → 7
Angriff einer Polizeipatrouille kann zurückgeschlagen werden.

5.12.1944, St. Lorenzen → 8
Zollhaus wird niedergebrannt.

24.12.1944, Sveti Duh/Kapelle Zum Heiligen Geist → 9
Die Partisanen verbringen Heiligabend gemeinsam mit ortsansässigen Gläubigen in der Kapelle.

Der erkrankte Kommandant Ferdinand K. wird in ein PartisanInnenspital gebracht.

Die Führung wird neu organisiert.

31.12.1944, Lavamünd → 10
Partisanen verüben einen Anschlag auf Eisenbahnschienen.

31.12.1944, St. Vinzenz → 11
Eine Gruppe der Partisanen sprengt ein Sägewerk.

Gehöft Puschnik bei Rothwein, © Herbert Blatnik

Dieses „Marterl" markierte einst die Stelle,
an der der Bauer Maritschnig verstarb. © Herbert Blatnik

Schule in Laaken, aus: Kreisleitung Steiermark des
deutschen Schulvereines Südmark (Hg.):
Südweststeirisches Grenzland, Graz 1937

15.1.1945, Pongratzen → 12

Partisanen können unentdeckt durch gegnerische Postenkette schlüpfen.
Die deutschen Wehrmachtssoldaten nehmen sich selbst unter Beschuss.

1.2.1945

Ferdinand K. kehrt zu seiner Einheit zurück.

4.2.1945, Kitzelsdorf

Bei einem Gefecht werden sieben Partisanen getötet.

10.2.1945, Kleinalpe

Die Kampfgruppe weicht geschlossen aus.

1.3.1945, Pernitzen → 13

Ein Flugzeug wirft Nachschub an Proviant und Waffen ab.

3.3.1945, Laaken → 14

Angriff der Polizei

3./4.3.1945 → 15

In der Schule werden deutsche Wehrmachtssoldaten unter
Beschuss genommen, fünf Polizisten werden gefangen genommen.

4.3.1945 → 16

Eine Patrouille wird aufgemischt.

➡ Gefecht Laaken

7.3.1945 → 17

In Laaken kracht plötzlich eine Granate beim Fenster herein;
diese tötet einen der Widerstandskämpfer.

Die Partisanen rennen sofort aus dem Haus und schießen zurück.

Amerigo wird angeschossen; er bleibt auf der Wiese liegen und stirbt.

Facundo will über ein Fenster flüchten; er wird angeschossen und stirbt.

Die Wlassow-SS-Einheit schießt mit Brandmunition
auf die Dächer der Gebäude; ein Dach beginnt zu brennen.

Der Bauer Maritschnig wird angeschossen und bleibt unter
der Linde oberhalb des Hauses liegen; später wird er von
der Wlassow-SS-Einheit mit einem Gewehrkolben erschlagen.
Ein „Marterl" markierte einst ebendiese Stelle.[21]

21
Blatnik: *Zeitzeugen erinnern sich*,
371 (wie Anm. 13).

➡ Der Gefechtsausgang

Die SS-Leute verstecken sich im Wald und beschießen
die Partisanen von drei Seiten.

Die Partisanen können das Feuer kurz erwidern.

Ein paar Partisanen können sich in einer Mulde verstecken.

Frau Maritschnig stirbt kurz nach dem Krieg.

Maritschnigs Töchter Maria (geb. 1939) und Ottilie (geb. 1942)
werden mit einem Bajonett erstochen.

Karl M. wird durch einen Oberschenkelschuss getroffen,
während er in den Wald flüchten will.

Überlebende fliehen auf die Rosshütte; dort werden Verletzte versorgt.

Die SS-Männer brennen die restlichen Gebäude nieder
und erschießen Verwundete und Zivilisten.

Die Kämpfer steigen nachts wieder ab, um nach Überlebenden zu suchen.

➡ Widerstandsakte

19.3.1945
Ein englisches Flugzeug wirft Militärmaterial, Schokolade und Zigaretten ab.

Sepp und Adolf M. (Eintrittszeitpunkt der
beiden in die Gruppe unbekannt) verlassen
die Gruppe als Kundschafter.

19.3.1945, St. Vinzenz → 18
Sie werden von der ukrainischen SS angegriffen.

Sepp wird erschossen.

19.3.1945
Adolf M. wird verletzt und kann entkommen.

24.3.1945
Adolf M. kommt bei einem Holzarbeiter an,
der bereit ist, ihm zu helfen.

21.3.1945 → 19
Die Kampfgruppe greift die in der
Brendlhütte verschanzten SS-Leute an
und erschießt zehn Mann.

➡ **Die letzten Tage des Kriegs**

28.3.1945 → 20

Der „Kern" der Gruppe erwartet das zweite sowjetische Flugzeug mit Proviant und Munition.

28.3.1945

Walter W., Leo E., Ubald P. und einige neue Mitglieder quartieren sich in der Brendlhütte ein.

Leo E., Ubald P. und Milos machen sich auf den Weg, um aus dem Lazarett Soldaten abzuholen.

Am Weg begegnen sie zwei Slowenen, die sich der Gruppe anschließen.

30.3.1945, St. Oswald → 21

Die fünf Männer werden in einem Bauernhaus von 20 Mann des Reichsarbeitsdienstes festgenommen.

1.4.1945

Die fünf Männer werden ins RAD-Lager gebracht.

Ubald P. wird durch einen Genickschuss ermordet.

Leo E. wird durch einen Genickschuss ermordet.

Milos und die zwei neuen Mitglieder aus Slowenien werden durch Genickschüsse ermordet.

7.4.1945, Remschnigg, Rothwein, Laaken

Adolf M. wird von einem Holzarbeiter zu seiner Einheit zurückgebracht.

Die Gruppe wächst konstant unter ständigem Zustrom von Deserteuren.

13.4.1945, Unterfresen → 22

Johann Aldrian, der dafür bekannt ist, Partisanen denunziert zu haben, wird aus Rache ermordet.

21.4.1945, Osterwitz → 23

Die Partisanen ermorden die Bauern Spary und Schober, die verdächtigt werden, die fünf Partisanen angezeigt zu haben.

➡ Übernahme Schwanberg und Deutschlandsberg

Bis Kriegsende vollziehen die Partisanen weitere Requirierungen und Störaktionen.

7./8.5.1945

Marsch von ungefähr 500 Mann in Richtung Schwanberg

8.5.1945

Offizielles Kriegsende

6:00 Uhr → 24

Schwanberg wird von Partisanen eingenommen.

10:00 Uhr

Bekanntgabe einer provisorischen Steiermärkischen Landesregierung

11:00 Uhr

In Deutschlandsberg wird Dr. Rader, einem Amtstierarzt, die Leitung des neu aufgestellten „Sicherungs- und Ordnungsdienstes" übertragen.

Dr. Rader nimmt Kontakt zu Partisanen der Österreichischen Freiheitsfront im besetzten Schwanberg auf.

15:00 Uhr, Deutschlandsberg

Eine erste Partisanengruppe trifft in Deutschlandsberg ein und hilft bei der Entwaffnung verbliebener ukrainischer SS–Männer.

→ 25

Der Einmarsch der restlichen Einheit verläuft friedlich und ohne Blutvergießen.

18:00 Uhr

Die Nachricht, dass Truppen der Roten Armee im Anmarsch sind, kommt in Deutschlandsberg an.

9.5.1945

Deutschlandsberg wird an die Rote Armee übergeben und von dieser besetzt.

Mai 1945

In Deutschlandsberg übernimmt Dr. Rader die Führung des Landratsamtes.

Karl M., einer der Kämpfer der Kampfgruppe Steiermark, wird zuerst Angestellter in der Bezirkshauptmannschaft und später provisorischer Beamter des Bezirksaufbringungsamtes.

Christian Fleck

Ein Rückblick auf
Koralmpartisanen[1]

In den Jahren 1980 bis 1983 versuchte ich, Näheres über bewaffnete Widerstandskämpfer gegen den Nationalsozialismus in der Weststeiermark herauszufinden. Für die Recherchearbeiten hatte ich finanzielle Unterstützung in Form eines Forschungsauftrags des Wissenschaftsministeriums erhalten, das zu dieser Zeit eine Schwerpunktförderung zur Geschichte der Arbeiterbewegung eingerichtet hatte; Widerstandsforschung wurde als Teilgebiet akzeptiert. Im Mai 1983 lieferte ich den Endbericht ab. Das über 200 Seiten lange Manuskript sandte ich danach an Verlage in Österreich und Deutschland, erntete allerdings zuerst nur Ablehnungen: Einem deutschen Lektor war das Thema „so speziell, dass das Buch nur äußerst schwer zu verkaufen wäre", während österreichische Verlagsmitarbeiter meine Art zu schreiben zu wissenschaftlich fanden. Es dauerte fast drei Jahre, bis das Buch dann 1986 in der von Gerhard Botz herausgegebenen Schriftenreihe „Materialien zur historischen Sozialwissenschaft" unter dem Titel *Koralmpartisanen. Über abweichende Karrieren politisch motivierter Widerstandskämpfer* im Böhlau Verlag in Wien erschien.

Was ich im Folgenden tun will, ist zuerst das Umfeld zu schildern, in dem diese Forschung stattfand und das Buch erschien. Danach gehe ich auf das Echo ein, das das Buch damals fand und werde abschließend die zentralen Thesen und Befunde aus heutiger Sicht diskutieren.

Krieg und Widerstand im Diskurs Nachkriegsösterreichs

35 Jahre sind seit dem Abschluss meiner Recherchen vergangen, die sich mit einer damals rund 40 Jahre in der Vergangenheit liegenden Periode befassten. Die „Kriegsjahre", wie sie im alltäglichen Sprachgebrauch hießen, lagen also damals ungefähr so weit in der Geschichte wie heute die Jahre, in denen ich einen Ausschnitt dieser fernen und doch noch virulenten Vergangenheit untersuchte. In den 1970er-Jahren wurden in Österreich die Jahre der Nazi-Diktatur öffentlich nicht mehr komplett beschwiegen. Subkulturell und in privater Kommunikation waren die Jahre ja immer schon wortreich besprochen worden, wobei

1
Ich danke Gerhard Botz, Peter Gasser-Steiner, Barbara Hönig, Waltraud Kannonier-Finster, Andreas Kranebitter, Brigitte Kukovetz und Meinrad Ziegler für ihre Kommentare zu einer früheren Fassung dieses Beitrags.

Wolfgang Mueller und Manfred Mugrauer beantworteten freundlicherweise Anfragen über mir bislang unzugängliche Quellen und dasselbe tat, dank der Vermittlung von Andreas Kranebitter, auch Katja Kiselewa, Moskau – leider ohne dass Neues aufgetaucht wäre.

diese Aussagen vom legitimen Diskurs in der Regel eher in reaktionäre und autoritäre Richtung abwichen. *Der Landser*, mit „Erlebnisberichten zur Geschichte des Zweiten Weltkrieges", erschien erstmals 1957 und erreichte in den Anfangsjahren eine Druckauflage von rund einer halben Million Stück.[2] Erst 2013 wurde die Publikation wegen ausbleibender Nachfrage eingestellt. Im Gegensatz dazu (und zu ähnlichen anderen Druckwerken wie z. B. der *Deutschen Soldaten-Zeitung*, die ab 1951 wöchentlich erschien und wie die Landser-„Heftln" in allen nicht sowjetisierten Teilen des ehemaligen Großdeutschen Reichs ihr Publikum fand) war die Zahl seriöser Veröffentlichungen über den Widerstand gegen das NS-Regime überschaubar und die Intensität der Forschung darüber gering. Ob meine erste Begegnung mit einem Partisanen in einem Landser-Heft stattfand, kann ich nicht mehr beschwören, später dann interessierte nicht nur ich mich für Guerilleros, Freiheitskämpfer und eben auch Partisanen;[3] als ich entdeckte, dass in meiner näheren Umgebung bei Kriegsende österreichische Partisanen aktiv waren, war meine Neugier geweckt. Doch was ich darüber lesen konnte, war ein durch und durch unvollständiges und unbefriedigendes Bild über jene, die mit der Waffe in der Hand nicht die Heimat verteidigten, sondern die Diktatur bekämpften.

Sieht man von einer kurzen Phase unmittelbar nach der Wiedererrichtung der Republik Österreich ab, in welcher das Ausmaß der Selbstbefreiung der ÖsterreicherInnen vom Joch der Nazi-Diktatur großzügig vergrößert wurde,[4] bediente sich das offizielle Österreich ab Beginn des Kalten Kriegs der Strategie des Nicht-Thematisierens. Diese Praxis wird gerne als kollektive Verdrängung bezeichnet, was mir angesichts der bis ins Detail gehenden Selektivität des Erinnerns/Nichterinnerns begrifflich irreführend erscheint. Illustrieren lässt sich das an exemplarischen Aus- bzw. Eingrenzungen der Nazijahre: Die 1939 durchgeführte Volkszählung (VZ) ist nicht Bestandteil der österreichischen bevölkerungsstatistischen Zeitreihen, die für die Statistik zuständige Behörde springt in ihren Veröffentlichungen von der VZ 1934 zur VZ 1951 weiter. Straftaten wurden während der Zeit, da die österreichischen Gerichte Einrichtungen des Deutschen Reiches waren, dennoch weiterhin nach dem österreichischen Strafgesetzbuch verfolgt und Vorstrafen galten natürlich über den Tag der Kapitulation Großdeutschlands hinaus als solche. Damalige Dienstzeiten wurden für Pensionen eingerechnet, Anfragen von Vertriebenen über Kompensationszahlung für erlittenes Unrecht bzw. entgangene Löhne hingegen abschlägig beschieden, obwohl Gegenteiliges rechtens gewesen wäre. Man könnte die Liste der merkwürdigen Dis-/Kontinuitäten noch ziemlich leicht verlängern; hier genügt es, daran zu erinnern, um den Gegensatz zu den Standarddarstellungen der österreichischen Geschichte des 20. Jahrhunderts markant hervortreten zu lassen. Dort folgte nämlich lange Zeit auf die Darstellung der Geschichte bis 1938 als nächstes Kapitel eines, das im Frühjahr 1945 begann.

Die wenigen Ausnahmen, die die Jahre der Nazi-Diktatur nicht ausklammerten, präsentierten

2
Was angesichts von zumindest sieben bis acht Millionen überlebender Wehrmachtsoldaten doch auf ein relativ geringes Interesse innerhalb dieser Zielgruppe verweist.

3
Stellvertretend für andere: Holzer, Willibald I.: „Am Beispiel der Kampfgruppe Avantgarde / Steiermark (1944–1945). Zu Genese und Gestalt leninistisch-maoistischer Guerilladoktrin und ihrer Realisierungschance in Österreich", in: Botz, Gerhard

(Hg.): *Bewegung und Klasse. Studien zur österreichischen Arbeitergeschichte, 10 Jahre Ludwig Boltzmann Institut für Geschichte der Arbeiterbewegung*, Wien 1978, 377–423.
Einen besonders skurrilen Ausdruck fand die Liebe zur Guerilla in einer Best-of Liste, die von einem Team hoch reputierlicher Sozialwissenschaftler unter dem Titel „Major Advances in the Social Sciences Since 1900" zusammengestellt wurde; dort figuriert als eine von 65 zwischen 1900 und 1965

erzielten „major achievements or breakthroughs" „peasant and guerilla organization and government" des Erfinders / Entdeckers „Mao Tse-tung", der das in einem Langzeitprojekt zwischen 1929 und 1949 zustande gebracht habe. Vgl. Deutsch, Karl W. / Platt, John / Senghaas, Dieter: „Conditions Favoring Major Advances in Social Science", in: *Science* 171,3970 (1971), 450–459, online unter: http://www.jstor.org/stable/1731254 [12.7.2021]. Zur Rezeption und Kritik vgl.:

Deutsch, Karl W. / Markovits, Andrei S. / Platt, John R. (Hg.): *Advances in the social sciences, 1900–1980. What, who, where, how?*, Lanham 1986.

4
Bezeichnenderweise erschien nur der erste Band einer mehrbändig geplanten Dokumentation: o. A.: *Rot-Weiß-Rot Buch. Gerechtigkeit für Österreich. Darstellungen, Dokumente und Nachweise zur Vorgeschichte und Geschichte der Okkupation Österreichs nach amtlichen Quellen*, Bd. 1, Wien 1946.

ein Geschichtsbild, das im Rückblick doch ziemlich verwegen erscheint. Der Journalist und Sachbuchautor Hellmut Andics veröffentlichte 1968 ein umfangreiches Buch *50 Jahre unseres Lebens. Österreichs Schicksal seit 1918*,[5] worin er auch die Jahre 1938 bis 1945 behandelt. Auf den Widerstand gegen die NS-Diktatur geht er relativ ausführlich ein, doch rechnet er dazu neben den Versuchen Otto Habsburgs, von den Alliierten die Errichtung einer militärischen Einheit unter seiner Patronanz genehmigt zu bekommen, ausführlich die Beteiligung Wiener Militärs an der Planung und Ausführung des Hitler-Attentats vom 20. Juli 1944 und schildert wortreich die Rolle der Widerstandsgruppe O5 in den Tagen vor der Wiedererrichtung der Republik.

Einige Jahre davor hatte der damalige Generaldirektor des Staatsarchivs, Leo Mikoletzky, eine *Österreichische Zeitgeschichte. Vom Ende der Monarchie bis zur Gegenwart*[6] veröffentlicht, in der sich zum Thema Widerstand ausführliche Erörterungen des Widerstandsrechts und des Tyrannenmordes in der Bibel und im antiken Rom finden, die vervollständigt werden durch Hinweise auf katholische Nazi-Gegner, die von Gestapospitzeln verraten und hingerichtet wurden. Die Beteiligung von Österreichern an der Planung des Attentats 1944 wird knapp erwähnt und der Autor endet mit der Bemerkung, dass die von den Alliierten in der Moskauer Deklaration von 1943 erhobene Aufforderung zum eigenen Beitrag Österreichs zu seiner Befreiung angesichts des „gesteigerten Terrors gegen jeden Widerstand"[7] illusorisch gewesen wäre.

Diese beiden Bücher illustrieren das historische Wissen und den Reflexionshorizont der ersten zwei Nachkriegsjahrzehnte. Die beiden Autoren – der eine christlich-sozial, der andere später im Leben eher der Sozialdemokratie zuneigend – standen den Nazis ablehnend gegenüber, sodass man nicht wird behaupten können, sie hätten absichtlich andere Widerstandsformen ignoriert. Sie wollten sie nicht erinnern, was besser als alles andere der Umstand belegt, dass ein Name in beiden Werken fehlt: der von Franz Jägerstätter, jenem oberösterreichischen Bauern,

der sich aus Gewissensgründen geweigert hatte, in der Wehrmacht zu dienen und der im August 1943 hingerichtet wurde. Weder Andics noch Mikoletzky (auch nicht in der 3. Auflage von 1969) nahmen Kenntnis von einer Studie über diesen ungewöhnlichen Nazigegner: Gordon C. Zahn, ein US-amerikanischer katholischer Sozialwissenschaftler, der selbst im Zweiten Weltkrieg den Kriegsdienst verweigert hatte, veröffentlichte 1964 eine Biografie Jägerstätters, die 1967 in deutscher Übersetzung bei Styria in Graz herauskam.[8] Die Filmversion in der Regie von Axel Corti, Drehbuch Hellmut Andics und mit Kurt Weinzierl in der Hauptrolle, wurde bemerkenswerterweise erstmals am Nationalfeiertag 1971 im ORF ausgestrahlt.

Sowohl Mikoletzky wie Andics waren nahe genug am Geschehen, um zumindest davon gehört zu haben, dass seit dem Februar 1962 ein „Ministerkomitee für die Herausgabe einer geschichtlichen Darstellung über den Beitrag Österreichs zu seiner Befreiung im Sinne der Moskauer Deklaration" tätig war, das für das 20-Jahre-Jubiläum der Wiedererrichtung der Republik eine Veröffentlichung in Arbeit hatte. Zur Veröffentlichung unter dem geplanten Titel „Österreichische Widerstandsbewegung 1938 bis 1945" kam es nicht, unter anderem auch, weil es wegen des (darzustellenden) Umfangs des von Kommunisten geleisteten Widerstands zu Meinungsverschiedenheiten zwischen den bearbeitenden Historikern und den beauftragenden Politikern gekommen war; Bruno Kreisky goutierte die prominente Berücksichtigung der kommunistischen Antifaschisten nicht.[9]

5
Vgl. Andics, Hellmut: *50 Jahre unseres Lebens. Österreichs Schicksal seit 1918*, Wien 1968. Damaliger Alleineigentümer des Publikationsverlags war Fritz Molden, ein aktiver Widerständler gegen die Nazis.

6
Vgl. Mikoletzky, Leo: *Österreichische Zeitgeschichte. Vom Ende der Monarchie bis zur Gegenwart*, Wien 1962.

7
Ebd., 438.

8
Vgl. Zahn, Gordon C.: *Er folgte seinem Gewissen. Das einsame Zeugnis des Franz Jägerstätter*, Graz 1967.

9
Vgl. Oberkofler, Gerhard: „Das Regierungsprojekt einer Dokumentation über den Beitrag Österreichs zu seiner Befreiung", in: *Mitteilungen der Alfred Klahr Gesellschaft* 10,3 (2003), online unter: http://www.klahrgesellschaft.at/Mitteilungen/Oberkofler_3_03.html [12.7.2021].

Die beiden Themen, für die der Name Jägerstätter auf der einen Seite und der kommunistische Widerstand auf der anderen Seite stehen, formten nicht nur die Forschung, sondern ebenso die populären Darstellungen. Die vielen noch lebenden Wehrmachtsoldaten und deren Familien wollte man durch den Kriegsdienstverweigerer aus St. Radegund in Oberösterreich nicht provozieren und die kommunistischen Opfer der NS-Justiz saßen als Stachel im Fleisch der vergleichsweise inaktiven Sozialdemokraten, deren Stillhalten während der Hitler-Diktatur von mehr als einem ihrer früheren Parteiführer gerechtfertigt wurde. Nicht nur Karl Renner und Adolf Schärf, sondern auch Joseph Buttinger äußerten sich diesbezüglich. Ihre Argumente waren nicht schlecht, aber auch nicht geeignet, einen Heldenmythos zu begründen.[10]

Das Bild wäre zutreffend und doch ein klein wenig unvollständig, verzichtete ich darauf hinzuweisen, dass die Kommunistische Partei Österreichs (KPÖ) – immerhin eine der drei Parteien, die das Gründungsdokument der Zweiten Republik mitunterzeichnete – ihr eigenes Geschichtsprojekt verfolgte, dem allerdings proporzmäßig nur so viel öffentliche Mittel und Raum eingeräumt wurde, wie es den von der KPÖ erreichten Prozenten bei den Wahlen entsprach. Wie wir heute wissen, war die KPÖ während all dieser Jahre eine reiche Partei[11] und hätte aus eigenen Mitteln durchaus ein Institut für die Geschichte (wahlweise: der KPÖ, des Widerstands, der Arbeiterbewegung, […]) finanzieren können, man entschied sich allerdings für einen anderen Weg, den der Wiederbelebung der Volksfront. Nach 1945 segelte diese Taktik unter der Überschrift Patriotismus. „Wir Kommunisten haben für die Freiheit Österreichs einen viel größeren Blutzoll entrichtet als alle anderen Parteien", lautete das Mantra der linken Heimatpartei.[12]

Dank der Anstrengungen von KPÖ-Aktivisten und mit Duldung von ehemaligen Kommunisten, die nun in den Reihen der SPÖ tätig waren, kam es 1963, nach dem Abflauen der heißesten Phase des Kalten Kriegs (für die österreichische Bevölkerung symbolisch verdichtet im Treffen zwischen dem US-Präsidenten John F. Kennedy und dem sowjetischen Partei- und Regierungschef Nikita S. Chruschtschow im Juni 1961 in Wien) und nach dem endgültigen Ausscheiden der KPÖ aus dem Nationalrat (bei den Wahlen im Oktober 1959 verfehlte die KPÖ den Einzug in den Nationalrat, eroberte aber noch drei Sitze im Wiener Landtag und Gemeinderat) zur Gründung eines überparteilichen „Österreichischen Dokumentationsarchiv des Widerstandes (DÖW)",[13] das in späteren Jahren das nationale Attribut von der Institution zum Gegenstand verschob. Was dem „KZ-Verband" zwischen 1945 und 1948 nicht gelungen war, nämlich den Beginn des Kalten Kriegs als „überparteilicher Zusammenschluss der WiderstandskämpferInnen und Opfer des Faschismus"[14] zu überleben, schafften die Archivare des Widerstands Anfang

10
Sowohl Renner wie Schärf wurde noch mehr oder weniger heftig Opportunismus gegenüber den Nazis vorgehalten und der im Exil verbliebene Buttinger mit Missachtung bestraft. Die Sozialistische Partei Österreichs (SPÖ) tat sich sehr lange mit dem Widerstand gegen die Nazis schwer, wie noch eine 1978 veröffentlichte Broschüre der Parteiakademie, Dr.-Karl-Renner-Institut, belegt: Holzer, Willibald I.: *Im Schatten des Faschismus. Der österreichische Widerstand gegen den Nationalsozialismus (1938–1945)*, Wien 1978.

11
Vgl. Graf, Maximilian: „Parteifinanzierung oder Devisenerwirtschaftung? Zu den Wirtschaftsbeziehungen von KPÖ und SED, 1946–1989", in: *Jahrbuch für historische Kommunismusforschung* 21 (2014), 229–47.

12
So der Tenor in Fürnberg, Friedl: *Österreichische Freiheitsbataillone – Österreichische Nation*, Wien 1975; Autorenkollektiv der Historischen Kommission beim ZK der KPÖ unter Leitung von Friedl Fürnberg: *Geschichte der Kommunistischen Partei Österreichs, 1918–1955, Kurzer Abriss*, Wien 1977; Historische Kommission beim Zentralkomitee der KPÖ (Hg.): *Die Kommunistische Partei Österreichs. Beiträge zu ihrer Geschichte und Politik*, Wien 1987; unverändert in der Erklärung der KPÖ zum 75. Jahrestag der Befreiung vom Faschismus vom 24. April 2020, online unter: http://www.kpoe.at/antifaschismus/2020/erklarung-der-kpoe-zum-75-nbsp-jahrestag-der-befreiung-vom-faschismus [12.7.2021].

13
Unter diesem Titel zitiert Oberkofler (wie Anm. 9) das Archiv aus den Papieren von Christian Broda. Als „Österreichisches Dokumentationsarchiv der Widerstandsbewegung" erschienen 1963 erste Publikationen.

14
So die Selbstbeschreibung des Verbandes, online unter: http://www.kz-verband.at/uber-uns/ [8.6.2021].

der 1960er-Jahre: Die Gründer des DÖW etablierten eine die verschiedenen politischen Richtungen einende Sichtweise, von der zu sagen, sie habe ein Narrativ begründet, geradezu modellhaft richtig ist. Plötzlich ging es nicht mehr um politische Parteien, die miteinander im Wettstreit lagen, der bis zum Bürgerkrieg eskalieren konnte, sondern nun kämpften tapfere Nationsangehörige gegen Okkupanten. In dieser Erzählung gab es zwar noch Differenzen der politischen Überzeugungen, doch diese wurden durch das einende Band nationaler Anstrengung fast zum Verschwinden gebracht. Nichts anderes als die Wiederherstellung des doch einst von kaum jemandem geliebten „Rest, der Österreich war", einte die tapferen Männer und Frauen, richtiger: jene, die sich ab den frühen 1960ern ihrer annahmen.[15]

Unterstützt wurde diese (kleinstaatliche Meister-) Erzählung durch die Wahl der Quellen. Anfänglich wurden nämlich vornehmlich die erhalten gebliebenen Dokumente des seine Gegner verfolgenden NS-Staates herangezogen. 1972 begann eine, bis heute nicht abgeschlossene Edition *Widerstand und Verfolgung in [Bundesland]*. Bemerkenswerterweise nahm niemand Anstoß daran, dass in all den dort abgedruckten Dokumenten selten über Handlungen berichtet wird, die als nationaler Widerstand bezeichnet werden könnten. Wenn beispielsweise jemand wegen des Bezahlens von einigen Reichsmark zugunsten der Familie eines inhaftierten Arbeitskollegen verhaftet und verurteilt wurde, dann weil er (oder sie) bezichtigt wurde, der Roten Hilfe Mitgliedsbeiträge entrichtet zu haben. Katholiken, die gegen die Nazi-Euthanasie Aktion T 4 Einwände erhoben, taten das wegen ihrer Auslegung des Dekalogs. „Ostmärker", die BBC oder andere gegnerische Radiosender hörten, taten das aus Verzweiflung, Wissbegier, Resistenz oder was auch immer sonst das Motiv gewesen sein mag – ziemlich sicher aber nicht, um den eigenen Beitrag Österreichs zu seiner Selbstbefreiung zu vergrößern.

Als ich mich also Anfang der 1980er daran machte, herauszufinden, wie es denn um die Partisanen auf der Koralm bestellt gewesen sei und welche Rolle ihnen beim Widerstand gegen die Okkupanten zukam, fügte sich dieser Teil meiner Forschungsabsichten durchaus in das vorherrschende Narrativ ein. Noch dazu, wo der damalige Wissensstand sich nahezu ausschließlich auf eine schmale Broschüre stützte, die von einem führenden Mitglied dieser „Kampfgruppe Steiermark" 1968 veröffentlicht wurde.[16] Der zweite mich leitende Gesichtspunkt bezog sich auf die Divergenz zwischen dem lobenswerten Tun der Widerstandskämpfer und dem Tadel, den sie nach Ansicht der überwiegenden Mehrheit der lokalen Bevölkerung verdienten. Wie könne man das erklärend unter einen Hut bekommen?

Als das Buch *Koralmpartisanen* erschien, standen darin nicht nur Antworten auf die beiden gerade genannten Fragen, sondern einiges mehr, das ich meinte herausgefunden zu haben. Statt das nun hier im Detail anzuführen, will ich die Resonanz, die das Buch bei anderen fand, heranziehen, um festzustellen, welche „Botschaften" angekommen waren und wie die RezipientInnen darauf reagierten.[17]

Einspruch der Zeitzeugen

Am Montag, den 28. April 1986 luden das DÖW und der Böhlau Verlag zu einer Buchpräsentation ins Alte Rathaus in Wien. Zufälligerweise habe ich die Notizen, die ich mir für meinen

15
Ob sich das später änderte, steht hier nicht zur Diskussion.

16
Vgl. Wachs, Walter: *Kampfgruppe Steiermark*, Wien 1968. Ihm folgt Radomír Luža in seiner umfassenden Darstellung *Der Widerstand in Österreich 1938–1945*, Wien 1985, wo der „steirischen Kampfgruppe" knapp mehr als eine Druckseite gewidmet wird. Nur beim Resümee zeigt Luža Selbständigkeit, wenn er schreibt, diese Gruppe führte ihren Kampf „leider nicht als nationalen Kampf der Österreicher um ihre Unabhängigkeit, sondern als eine slowenische Bewegung in Übereinstimmung mit dem slowenischen Oberkommando und den Anordnungen der KPÖ": ebd., 228.

17
Die Rezeption durch das breitere Publikum fand seinen Niederschlag in Form von Verkaufszahlen. Bis September 1987 wurden 600 Stück verkauft. Da der Verlag im November 1987 in Ausgleich ging und später dann verkauft wurde, kann ich keine weiteren Zahlen präsentieren. Nach einigen Jahren war das Buch jedenfalls nicht mehr lieferbar; ob das durch regulären oder außertourlichen Verkauf zustande kam, kann ich nicht beurteilen.

Redebeitrag machte, ebenso aufbewahrt wie Stichworte aus der anschließenden Diskussion. Wissend um die verzerrende Wirkung des Gedächtnisses will ich die Schilderung der Ziele meiner Arbeit unter Rückgriff auf diese Aufzeichnungen beginnen. Zuallererst nannte ich den Anspruch, den Widerspruch zwischen dem Selbstbild der Widerstandskämpfer und dem Fremdbild, wie es in der weststeirischen Lokalkultur tradiert wurde, aufzulösen. Zweitens sollte ein Beitrag zu einer Geschichtsschreibung von unten vorgelegt werden. Drittens wollte ich herausfinden, wie man Partisan wurde und was aus den Partisanen nach Kriegsende wurde.

Schließlich bezog ich mich auf die möglicherweise auftretende Verwunderung darüber, dass ein Soziologe als Zeitgeschichtler dilettierte und nannte das einen doppelten Rechtfertigungsdruck. Den HistorikerInnen wollte ich vorschlagen, die Phase des bloßen Dokumentierens des Widerstands zu beenden und mit systematischen und theoriegeleiteten Analysen zu beginnen. Den SoziologInnen gegenüber meinte ich, mehr Detailtreue für wünschenswert zu halten und mehr Fleisch auf das Skelett soziologischer Begrifflichkeit anzubringen.

Das war recht defensiv formuliert und die Zurückhaltung hatte zwei Gründe: den Veranstalter der Buchpräsentation, das DÖW, und die Anwesenheit der damals noch lebenden sieben ehemaligen Partisanen, die mir in Interviews Auskunft gegeben hatten. Diesen damals schon Mitt-Siebzigern wollte ich nicht zu nahe treten, da ich zwar die Erfolge ihres bewaffneten Kampfes gegen die Nazis geringer als sie veranschlagte, aber keinen Grund hatte, ihre Motive, sich an dieser lebensgefährlichen Aktivität zu beteiligen, in Zweifel zu ziehen. Ich bewunderte sie nicht, aber ich wollte sie nicht über Gebühr attackieren.

In der anschließenden Diskussion ergriff nur einer der anwesenden ehemaligen Partisanen das Wort und ich hatte stark den Eindruck, dass Friedrich Tränkler die (ihm offenbar von den anderen übertragene) Aufgabe, meiner Darstellung zu widersprechen, unangenehm war. Er meinte, dass in meinem Buch die Erfolge

der Gruppe zu gering veranschlagt würden, ich die Angst der Bevölkerung unterschätzt habe und die Rache an den Nazi-Funktionären von Schwanberg hätte verstehen müssen. Mein Urteil über ihre Sache sei zu streng ausgefallen. Expliziter in seiner Kritik an meiner Sichtweise war der ebenfalls anwesende langjährige Leiter des DÖW, Herbert Steiner, der meinte, dass ich den militärischen und politischen Rahmen zu wenig beachtet hätte, dass von deutscher Seite ein strikter Befehl existiert habe, diese Gruppe zu liquidieren, schließlich hätte ich meine Skepsis hinsichtlich der patriotisch-österreichischen Motive des antifaschistischen Widerstands sicherlich überwunden, wenn ich öfters mit den Zeitzeugen geredet hätte.

Rezensionen und ihre Akzente

Die erste Welle der Rezeption eines neu erschienenen Buches sind Rezensionen. Nach meinen möglicherweise nicht vollständigen Aufzeichnungen erschienen zumindest 20 Artikel, in denen auf das Buch hingewiesen wurde; ich beschränke mich hier auf jene Besprechungen, die mehr als das bloße Faktum der Neuerscheinung berichteten. Ein Mitarbeiter des Steiermärkischen Landesarchivs hielt mir Mängel bei meiner Art der Rekonstruktion strittiger Handlungen der Partisanen vor: die „Quellenkritik weicht vom historischen Standpunkt deutlich ab" (womit er wohl sagen wollte: von der Praxis der Quellenkritik der HistorikerInnen). Amüsant fand ich 1987 den Hinweis, ich hätte mich um keine sowjetischen Akten bemüht.[18]

Ein jüngerer Historiker hob in seiner im Ton freundlicheren Besprechung als bemerkenswert hervor, dass die „Partisanenschicksale nach Kriegsende näher beleuchtet werden. Fragen wie jene nach den Integrationsschwierigkeiten exponierter Verfechter eines demokratischen, eigenstaatlichen Österreich in die neu erstandene

18
Desput, J. F., in: *Zeitschrift des Historischen Vereines für Steiermark* 78 (1987), 343–344, hier 343.

Republik und nach der Ursache der Schikanen
[…] bilden […] die Problemkreise, die […]
behandelt werden."[19]

In einer sehr kurzen Besprechung fasste ein
Grazer Zeithistoriker den zentralen Befund
des Buches dahingehend zusammen, dass „die
Rezeptionsgeschichte der Partisanen" stets vom
„Oszillieren zwischen zwei Polen" bestimmt
sei. Dort, wo sich Partisanen gegen eine „ausländische Macht" durchgesetzt hätten, werde
ihre Geschichte „ohne Fehl und Tadel" erzählt,
hingegen würden Partisanen „ausgegrenzt und
marginalisiert", wo die „Propaganda des unter-
gegangenen Unrechtsstaates" eine „Fortführung"
finde. Dieter A. Binder belegt diese Sichtweise mit einer Episode, die im Buch nur eine
Fußnote füllte, wo ich die dem ÖVP-Politiker
Josef Krainer sen. angehängte Bezeichnung
„Partisanen-Seppl" erwähnte.[20]

In den *Mitteilungen des Österreichischen Instituts
für Geschichtsforschung* erwähnt Lothar Höbelt
ebenfalls den sachlich unbedeutenden Hinweis
auf den späteren ÖVP-Landeshauptmann Krainer.
In der insgesamt nicht unfreundlichen Besprechung kommt Höbelt zum Schluss, dass es sich
bei den Koralmpartisanen um „ein schlagendes
Beispiel für den zweifelhaften Wert derartiger
Operationen" gehandelt habe.[21]

Ausländische Rezensenten setzten andere
Schwerpunkte. Ein austro-amerikanischer
Germanist sieht in dem Buch drei Fragen
behandelt: Was war der Beitrag dieser Partisanen
zu Befreiung Österreichs? Was waren die persönlichen Motive und Karrieren der Beteiligten?
Und: „The larger question sets the tenor for the
book: Why were all the participants treated as
outsiders, following ‚deviant careers', even in
postwar Austria? What explains their action and
its failure?"[22]

Otmar Drekonja ist zum einen voll des
Lobes – „[m]uch of the volume reads like a
mesmerizing suspense story"[23] –, spart aber auch
nicht mit anti-soziologischem Ressentiment: „the
jargon-laden sociological abstractions with which
the criteria of ‚deviant political behavior' are
delineated reduce the joy of reading".[24]

In einer Sammelrezension über österreichische
Publikationen zur Sozial- und Zeitgeschichte
der Jahre 1984–88 wirft Elisabeth Dietrich die
Frage auf, „wie hoch die Relevanz der Koralmpartisanen innerhalb des aktiven Widerstandes in
Österreich einzuschätzen" sei, das werde „kaum
angesprochen."[25]

Radomír Luža, der Verfasser einer umfangrei-
chen Studie über den Widerstand in Österreich,
hielt mir zugute, mit allen erreichbaren Beteiligten gesprochen zu haben und alle zugänglichen Dokumente konsultiert zu haben. Ob das
Folgende als Lob oder Tadel gemeint war, ist mir
immer noch nicht ganz klar: „The presentation
is dry and the style sometimes stiff, even if the
tone is often biting. Fleck is very much the analyst
from the outside: there is no effort to infuse the
narrative with drama or emotion. […] Fleck
wrote a case study of the behavior of a small elite
under extreme stress whose growth was directly
related to the setbacks suffered by the Germans
in their military operations. […] He has a keen
eye for the hypocrisy of the Austrian bureaucracy
and for factual mistakes of his fellow historians."[26]

Ambivalent urteilte ein damaliger DDR-
Historiker, der 1965 ein Standardwerk über
Partisanen im Zweiten Weltkrieg veröffentlicht
hatte.[27] Meine Untersuchung befasse sich mit
der unterbliebenen öffentlichen Anerkennung,
die Partisanen im Nachkriegsösterreich erlebten,
und Heinz Kühnrich meint, ich habe das auf

19
Klaus Hödl, in: *Informationen
für Geschichtslehrer zur post-
universitären Fortbildung* 9
(1987), 55–58, hier 55.

20
Binder, Dieter A., in: *Geschichte
und Gegenwart – Vierteljahres-
hefte für Zeitgeschichte, Gesell-
schaftsanalyse und politische
Bildung* 12,1 (1993), 60.

21
Höbelt, Lothar, in: *Mitteilungen
des Instituts für Österreichische
Geschichtsforschung (MIÖG)*
96 (1988), 243–244, hier 244.

22
Drekonja, O. M., in: *Austrian
History Yearbook* 22 (1991),
211–212, hier 211.

23
Ebd., 211.

24
Ebd., 212.

25
Dietrich, Elisabeth, in: *Archiv
für Sozialgeschichte* 29 (1989),
341–384, hier 381.

26
Luža, Radomír, in: *German
Studies Review* 10,1 (1987),
190–191.

27
Vgl. Kühnrich, Heinz: *Der
Partisanenkrieg in Europa
1939–1945*, Berlin-DDR 1965.

den „staatlich verordneten Antisowjetismus" zurückgeführt. Andererseits meint er mir eine „verengte Sichtweise" vorhalten zu müssen: „Der Bd. wendet sich gegen die Diskriminierung der damals Handelnden, sein Vf. kann sich aber von manchen antikommunistischen Klischee-vorstellungen nicht lösen."[28]

Die einzige Rezension, die in einer sozio-logischen Zeitschrift erschien, war rubriziert unter Sozialgeschichte und der Rezensent kam zu folgendem Gesamturteil: „Fleck kombiniert gruppensoziologische und devianztheoretische Ansätze mit Verfahren der ‚oral history' auf transparente Weise und leistet damit auch einen originellen, diskussionswürdigen Beitrag zur Problematik von Theorie und Empirie. Die fast ausschließlich historiographische Literatur zum Widerstand im Dritten Reich wird dadurch ebenso bereichert wie umgekehrt die sozialhis-torisch weitgehend abstinente Diskussion über abweichendes Verhalten."[29]

Die elf Zeilen lange Besprechung blieb die ein-zige von Soziologen (ich unternahm allerdings auch keine Anstrengungen, mein Buch unter SoziologInnen bekannt zu machen).

Neben Besprechungen in wissenschaft-lichen Zeitschriften erschienen auch einige in interessensgebundenen Organen von Parteien, politischen Bewegungen und Weltanschauungen. In der Theoriezeitschrift der KPÖ *Weg und Ziel* erschien im November 1986 eine zweiseitige Rezension des Buches unter der Überschrift „Koralmpartisanen" (und nicht unter der Selbst-bezeichnung der Partisanengruppe!). Josef Baum, damals wissenschaftlicher Angestellter der KPÖ, lobt eingangs meine breite Datengrund-lage, erklärt seinen LeserInnen dann, warum ich Namen anonymisierte[30] und flicht an dieser Stelle ein, dass sein Parteivorsitzender, der in der West-steiermark geborene Franz Muhri, der seit 1943 dort als U-Boot lebte, seinen Namen nicht zu ver-schweigen nötig hat; auf die interessante Frage, warum sich Muhri nicht den Koralmpartisanen angeschlossen habe bzw. warum es diesen nicht gelang, dieses potenzielle Mitglied zu rekrutieren, geht der Rezensent nicht ein. Er erzählt den

LeserInnen aber, dass die Widerstandsgruppe, der Muhri vor dem Eintreffen der Koralmpartisa-nen angehörte, durch einen Spitzel „weitgehend zerschlagen" worden sei. Muhris Leben während der Nazi-Diktatur wird nicht näher erläutert.

Baum meint im Weiteren, die Mitglieder der Kerngruppe der Koralmpartisanen dafür loben zu müssen (und mich als Autor, der diese Analyse verfasste), dass es ihnen gelungen sei, die „groß-teils unpolitischen Deserteure" in die Einheit einzubeziehen (und auch wieder ziehen zu lassen), was Resultat „feinen politischen Gespürs und langer Erfahrung" gewesen wäre. Nach so viel Lob folgt dann doch Kritik an mir. Meine ausführliche Kritik an älteren Darstellungen der Tätigkeit der Koralmpartisanen, die sich im Buch in den Fußnoten findet, erscheint dem Rezen-senten „in einigen Passagen zumindest in einem unsolidarischen Ton" vorgebracht worden zu sein. Der beschränkte Platz erlaube es dem Rezensen-ten nicht, auf diskussionswürdige Teile detailliert einzugehen, weswegen er sich mit zwei Beleh-rungen zufriedengäbe. Erstens gäbe es unter Österreichs Linken einige (also mich), die „sich über die Bedeutung der Frage der österreichi-schen Nation beziehungsweise des Zusammen-hangs von Klassenfragen und nationalen Faktoren im österreichischen Widerstand nicht im klaren"[31] seien. Mein Hinweis auf widerstreitende Ziele: antinazistischer Aufstand versus Rekonstruktion der zerstörten Parteistrukturen sei „konstruiert". Zweitens gehe meine Qualifikation der vorgeb-lich nach (Partisanen-) Gerichtsurteil erfolgten

28
Kühnrich, Heinz, in: *Zeitschrift für Geschichtswissenschaft* 35,2 (1987), 187–188.

29
Jaschke, Hans-Gerd, in: *Sozio-logische Revue* 10,3 (1987), 355.

30
Baum, Josef, in: *Weg und Ziel* 11 (1987), 407–408, hier 407. Wie berechtigt diese bei zeit-geschichtlichen Veröffentlichun-gen eher ungewöhnliche Maß-nahme war, erfuhr einer meiner lokalen Informanten, der ehe-malige Spanienkämpfer Ernst Jöbstl, der nicht an den Aktivi-täten der Koralmpartisanen

beteiligt war. Bei der Suche nach Pseudonymen für die handeln-den Personen hatte ich ihn nicht vor Augen und gab einem der Kämpfer fahrlässige Weise das Pseudonym Ernst. Herr Jöbstl wurde daraufhin von mehreren Personen auf seine angebliche Rolle bei den Koralmpartisanen angesprochen – zumeist nicht in lobender Absicht. Zu Jöbstl vgl.: Landauer, Hans / Hackl, Erich, *Lexikon der österreichischen Spanienkämpfer 1936–1939*, Wien 2008, 127.

31
Baum: *Weg und Ziel*, 407 (wie Anm. 30).

Ermordung dörflicher Nazi-Führer als Resultat eines „fast schon atavistisch zu nennenden Rachebedürfnis" an den „harten Realitäten des Partisanenkriegs vorbei."[32] Auch hier fehlte dem Rezensenten der Raum, um seine Behauptung durch Beweise oder Argumente zu stützen.

Während das Theorieorgan der KPÖ neben Lob auch gehörigen Tadel auszusprechen hatte, sprach das Mitteilungsblatt des KZ-Verbandes, also einer Vorfeldorganisation der KPÖ, im neutralen Ton über das Buch, nur die Überschrift signalisiert die Distanz gegenüber der Sichtweise des Buches, heißt es doch „Sie kämpften für Österreich".[33] Diese Leitidee findet sich auch in der Besprechung, die in den *Mitteilungen des Dokumentationsarchivs des österreichischen Widerstandes* veröffentlicht wurde: „Die, die für die Befreiung Österreichs gekämpft hätten, wurden in der Folgezeit stärker stigmatisiert als die Nationalsozialisten."[34] Genauer wäre es natürlich gewesen, zu differenzieren und zwischen der Stigmatisierung, die ehemalige Koralmpartisanen erfuhren, die in Wien lebten und im Apparat der KPÖ tätig waren, und den weit gravierenderen Folgen, die Verhaftung und monatelange U-Haft für jene hatte, die in der Weststeiermark lebten und denen ihre früheren Kampfgefährten, die eben Erwähnten, die Hilfe versagten. Im Theorieorgan der SPÖ, *Zukunft*, formuliert der Rezensent diesen Punkt sehr genau, ohne in antikommunistische Häme zu verfallen, was einem Ex-Kommunisten 1986 offenbar schon möglich war.[35] Die Erwartung dieses Rezensenten, das Buch würde „viel Zündstoff für die aktuelle politische Debatte über ‚Vergangenheitsbewältigung' liefern",[36] bewahrheitete sich nicht.

Mit Letzterem will ich nun nicht den Eindruck erwecken, ich wäre mit der Resonanz, die mein Buch fand, unzufrieden. Das war und ist durchaus nicht der Fall. Ich hatte Gelegenheit, mehrfach in Rundfunksendungen meine Sichtweise darzulegen, wurde von verschiedenen Einrichtungen der Erwachsenen- und politischen Bildung zu Lesungen und Vorträgen eingeladen und saß im Mai 1987 stundenlang in den legendären Lederfauteuils der Diskussionssendung *Club 2*, um mit Weltkriegsteilnehmern und Widerstandskämpfern die Frage „Widerstand als Pflichterfüllung?" zu debattieren. Ich war zum soziologischen Experten für Partisanen in Mittelgebirgslagen[37] geworden und konnte und sollte autoritativ Auskunft geben. Das schmeichelte mir als damals noch relativ jungem Wissenschaftler.

Lokale Erinnerungen vermischen allerhand

Bei öffentlichen Diskussionen über das Buch wurden vor allem in der Weststeiermark die Tötungen thematisiert, was allerdings sehr oft auf einer Vermischung unterschiedlicher Akteure, Orte und Stränge des Geschehens im ersten Halbjahr 1945 beruhte. Meine Versuche, darauf hinzuweisen, dass in der Gegend verschiedene bewaffnete Gruppen und Einzelne tätig waren und man nicht alle Tötungen den Koralmpartisanen anlasten kann, traf nur selten auf Zustimmung. Weniger als ein Jahr nach dem Erscheinen der *Koralmpartisanen* kam es Anfang 1987 in der *Weststeirischen Rundschau*, einer weit verbreiteten Bezirkszeitung, über mehrere Wochen hinweg zum Abdruck empörter Zuschriften, nachdem eine junge Frau in einem Leserbrief, in dem sie sich über die schlechte Behandlung der slowenischen Minderheit in Kärnten beklagte, en passant erwähnt hatte, dass die „slowenischen Partisanen in Kärnten einen bedeutenden Beitrag im antifaschistischen Widerstandskampf leisteten und wesentlich zur Befreiung und zur Wiederherstellung eines unabhängigen Österreich" beitrugen.[38]

32
Ebd., 408.

33
K. P., in: *Der neue Mahnruf – Zeitschrift für Freiheit, Recht und Demokratie* 39,6 (1986), 10.

34
M. P., in: *Mitteilungen des Dokumentationsarchivs des österreichischen Widerstandes* 15,76 (1986), 8.

35
Vgl. Fr. [Hubert Friesenbichler], in: *Zukunft – Die Diskussionszeitschrift für Politik, Gesellschaft und Kultur* 42,3 (1987), 47.

36
Ebd.

37
Vgl. Ueberschär, Gerd R. / Steinkamp, Peter (Hg.): *Handbuch zum Widerstand gegen Nationalsozialismus und Faschismus in Europa 1933/39 bis 1945*, Berlin 2011, 36.

38
Der erste Leserbrief von Ingeborg Brenner erschien in der Nummer 5 der *Weststeirischen Rundschau* am 31. Januar 1987 und die weiteren in den folgenden Ausgaben bis Mitte März desselben Jahres.

Die folgenden Ausgaben enthielten ausführliche Schilderungen angeblicher Exzesse, Verschleppungen und Morde. Wenige Schreiber nahmen zugunsten der ersten Leserbriefschreiberin Partei.[39] Ich glaube nicht, dass meine Intervention in Form einer ausführlichen Stellungnahme die Neigung zur Fehlattribuierung nachhaltig geschwächt hat. Heftige gewaltsame Konflikte zwischen Einzelnen, Widerstandsgruppen, bewaffneten Einheiten, marodierenden Fahnenflüchtigen, um nur einige Akteure zu benennen, die 1945 in der Weststeiermark nachweislich tätig waren, im Rückblick sachlich angemessen zu bewerten, fällt nicht leicht. Viel einfacher ist es, auf überlieferte Denkschablonen zurückzugreifen, um dem Geschehenen Sinn zu geben. Ich habe allerdings meine Zweifel, ob man das mit dem Slogan, es handle sich um Langzeitfolgen der nationalsozialistischen, antibolschewistischen Propaganda, angemessen erfasst.[40]

HistorikerInnen arbeiten am Narrativ

Nach der Rezeption einer Neuerscheinung in Buchbesprechungen dauert es natürlich länger, bis die Thesen und Befunde in den Veröffentlichungen anderer ein Echo finden. Nicht wirklich überraschend sind diese Verweise in der Regel knapper als die Rezensionen. Die *Koralmpartisanen* tauchen in verschiedenen historischen Werken auf, doch in welchem Kontext wird das Buch zitiert und was erscheint anderen erwähnens- und damit erinnernswert?

In Überblicksdarstellungen zur österreichischen Geschichte finden die Koralmpartisanen gelegentlich knappe Erwähnung.[41] Ernst Bruckmüller erwähnt im Kapitel über die Jahre 1938 bis 1945 auch „Untergrundkämpfer, Partisanen", die „gewaltsamen Widerstand gegen die Nazis übten" und geht dann auf die Kärntner Slowenen näher ein. Nahtlos folgt dann ein weiterer Satz: „Im Gebiet der Koralm war eine mit Fallschirmen abgesetzte österreichische Einheit tätig (,Koralmpartisan'), die aber bei der Zivilbevölkerung kaum ein positives Echo fand."[42] Ernst Hanisch, der im Rahmen einer vielbändigen Österreichischen Geschichte die Jahre 1890 bis 1990 bearbeitete und in *Der lange Schatten des Staates* eine, so der Untertitel, *Österreichische Gesellschaftsgeschichte im 20. Jahrhundert* bieten will, widmet 15 Seiten des abschließenden, vierten Teils seiner Behandlung der „NS-Herrschaft" dem Thema „Die vielen Gesichter des Todes und: Wie das Volk den Nationalsozialismus umjubelte, ertrug, bekämpfte." In Verfolgung des Anspruchs, eine am Begriff der „Politischen Kultur" orientierte Geschichtsschreibung vorzulegen, findet man dort wenige Ereignisse und nur rudimentär eine historische Erzählung, dafür aber explizite Urteile: „Mit unglaublicher Härte prallten die Konflikte beim Partisanenkrieg aufeinander – bis heute. […] In Österreich (mit Ausnahme von Südkärnten und der Südsteiermark) wurde der Nationalsozialismus nur sehr eingeschränkt als fremdes Besatzungsregime empfunden, der Partisanenkrieg trug so immer auch Elemente des

39
Insofern ist Helmut Konrad zuzustimmen, wenn er, mit Bezug auf die *Koralmpartisanen,* zehn Jahre später festhält, dass „especially outside the large cities, they [resistence fighters] were regarded as foreign bodies, as disrupters of the communally held view of things", „Austria on the Path to Western Europe: The Political Culture of the Second Republic", in: *Austrian History Yearbook* 26 (1995), 1–15. doi:10.1017/ S0067237800004215.

40
Fleck, Christian: „Einäugigkeit hilft der Wahrheit nicht", in: *Weststeirische Rundschau,* 7. März 1987, 10. Falsche Zuschreibungen finden sich auch in historischen Veröffentlichungen, z. B. schreibt Walter Brunner unter Benutzung der von dem Steiermärkischen Landesarchiv übergebenen Aufzeichnungen eines ehemaligen Polizeioberst der Luftschutzpolizei Graz über Vorkommnisse, die in keiner der mir bekannten anderen Quellen eine Bestätigung finden: „zwei weibliche

Spione russischer Nationalität … sowie fünf männliche russische Spione [seien] Mitte März 1945 in der Soboth und im Koralmgebiet in zwei Partien von Flugzeugen aus als Sabotagetrupps abgesetzt worden": Brunner, Walter: „Hinrichtungen und Tötungen durch Staatsorgane in der Steiermark 1938 bis 1945", in: *Zeitschrift des Historischen Vereines für Steiermark* 90 (1989), 277–292, hier 287.

41
Vgl. Vocelka, Karl: *Österreichische Geschichte*, 5. akt. Aufl., München 2019. Vocelka ist mit

seinen 130 Seiten Umfang für mehr als 1000 Jahre Österreich nicht dafür zu kritisieren, dass er dem bewaffneten Widerstand gegen die NS-Diktatur gerade einmal zwei Absätze widmet. Dass er dort allen politischen, religiösen und weltanschaulichen Richtungen Widerstandsaktivitäten gutschreibt, kann damit aber nicht erklärt werden.

42
Bruckmüller, Ernst: *Österreichische Geschichte. Von der Urgeschichte bis zur Gegenwart*, Wien 2019, 560.

Bürgerkrieges in sich. […] Wenn die Partisanen einen Gendarmerieposten angriffen, griffen sie eine Institution des Deutschen Reiches an; die getöteten Gendarmeriewachtmeister indes waren häufig Österreicher, ein entführter und getöteter schwerinvalider Ortsbauernführer ebenfalls. […] Die Härten des Partisanendaseins, das System der Spitzel und V-Leute löste ‚atavistische Rachebedürfnisse' (Christian Fleck) aus, Fememorde und ähnliches, was wiederum die Lokalgesellschaft teilweise gegen die Partisanen aufbrachte."[43]

Zumindest kann ich mich dazu beglückwünschen, ein Markenzeichen etabliert zu haben. Die Bezeichnung Koralmpartisanen für die von mir untersuchten Widerständler wurde erst von mir in die Literatur eingeführt. Von einem der führenden österreichischen Historiker wird sie gleich auch noch als topografische Kennzeichnung übernommen, während der andere sie beiseitelässt, mich dafür durch namentliche Nennung exponiert. Das ist mehr als mir die institutionalisierten steirischen Landeshistoriker einzuräumen gewillt waren. In den Überblickswerken von Alfred Ableitinger, Dieter A. Binder, Joseph F. Desput und Stefan Karner kommen die

Koralmpartisanen nicht vor.[44] In dieser Hinsicht besteht Konsens der Landes- mit den KPÖ-Historikern, die sich, wenn es um die Koralmpartisanen geht, lieber an die heroisierende Darstellung ihres langjährigen Apparatschiks halten, als Befunde meines Buches zu rezipieren.[45]

LokalhistorikerInnen, gleich ob professionelle oder HobbyforscherInnen, nutzten mein Buch im Rahmen ihres meist in der Tradition der Oral-History-Bewegung erfolgenden Grabens nach der historischen Wahrheit.[46] Ich erwähne nur die umfangreiche Sammlung von Zeitzeugen-Aussagen, die wir Herbert Blatnik zu verdanken haben, und die Lebensgeschichte eines staatenlosen Holzfällers, die Alexa Wild aufgezeichnet und recherchiert hat.[47] In einigen Details korrigieren diese Veröffentlichungen die Schilderungen in meinem Buch, bedeutsamer ist, dass beide Bücher bemerkenswerte Ergänzungen und Erweiterungen bieten. Die Verhältnisse in der Südweststeiermark waren im letzten Jahr der Nazi-Herrschaft und in den Anfängen der Zweiten Republik noch verworrener, als ich die Situation geschildert habe. Ähnliches lässt sich über die Veröffentlichungen sagen, die sich mit von den West-Alliierten unterstützten

---

43
Hanisch, Ernst: *Der lange Schatten des Staates. Österreichische Gesellschaftsgeschichte im 20. Jahrhundert*, Wien 1994, 392–394. Hanisch verweist stets sehr pauschal auf Literatur, sodass unklar bleibt, auf welche Quellen er sich jeweils stützt. Ich vermute, dass sich keine der konkreteren Schilderungen auf die Koralmpartisanen beziehen, obwohl das Buch angeführt wird. Das mir zugeschriebene Zitat ist nicht annotiert.

44
Vgl. Ableitinger, Alfred / Binder, Dieter A. (Hg.): *Steiermark. Die Überwindung der Peripherie*, Wien 2002; Desput, Joseph F. (Hg.): *Vom Bundesland zur Europäischen Region. Die Steiermark von 1945 bis heute*, Graz 2004; Karner, Stefan: *Die Steiermark im 20. Jahrhundert: Politik, Wirtschaft, Gesellschaft,*

Kultur, Graz 2000 (auf S. 244 werden „die Koralmpartisanen und die ‚Kampfgruppe Steiermark'" genannt); die durchgesehene Neuauflage von 2005, nunmehr bei Leykam, blieb in diesem Punkt unverändert). Ableitinger, Alfred (Hg.): *Bundesland und Reichsgau. Demokratie, „Ständestaat" und NS-Herrschaft in der Steiermark 1918 bis 1945* (= Geschichte der Steiermark 9/I), Wien 2015 enthält Beiträge zum Widerstand in der Steiermark, die w. u. noch besprochen werden. Die Beiträge zur Politik von Ableitinger und politischen Kultur von Binder enthalten keine Hinweise auf bewaffneten Widerstand.

45
Vgl. Weinert, Willi: „1938–1945", in: Historische Kommission beim Zentralkomitee der KPÖ (Hg.): *Die Kommunistische*

Partei Österreichs. Beiträge zu ihrer Geschichte und Politik, Wien 1987, 312. Apparatschik, weil Walter Wachs nach seiner Tätigkeit in der FÖJ (Freie Österreichische Jugend nannte sich die Jugendorganisation der KPÖ) zum Finanzreferenten der KPÖ avancierte.

46
Sven Lindqvist wurde mit seinem 1978 veröffentlichten Buch *Gräv där du står* (dt. Grabe, wo du stehst: Handbuch zur Erforschung der eigenen Geschichte, Bonn 1989) bekannt und beeinflusste verschiedene Initiativen wie z. B. die Geschichtswerkstätten. Vgl. dazu seinen knappen Rückblick: Lindqvist, Sven: „Dig where you stand movement", in: Coghlan, David / Brydon-Miller, Mary (Hg.): *The SAGE encyclopedia of action research*, Los Angeles u. a. 2014, 265–266, dx.doi.org/10.4135/9781446294406.n112.

47
Blatnik, Herbert: *Zeitzeugen erinnern sich an die Jahre 1938–1945 in der Südweststeiermark*, Eibiswald 1997, 2. Aufl., 2000; Wild, Alexa: *Schwarze Nebel, weiße Hände. Die unfassbare Lebensgeschichte des staatenlosen Holzfällers Luca Sekolovnik zwischen Österreich und Slowenien (1925 bis heute)*, Graz 2014.

Bezugnahmen auf die *Koralmpartisanen* auch bei Brunner: „Hinrichtungen und Tötungen", 277–292 (wie Anm. 40) und Tscherne, Werner: „Schicksalsschwere Tage. Aus der Zeit des Widerstandes und des Wiedererstehens Österreich im Bezirk Deutschlandsberg", in: *Zeitschrift des Historischen Vereines für Steiermark*, 94 (2003), 357–375.

Fallschirmspringern befassen. Peter Pirker hat die britischen Aktivitäten der Special Operations Executive (SOE) sehr detailliert rekonstruiert und Florian Traussnig hat jüngst Ähnliches mit Bezug auf amerikanische Versuche, den Widerstand gegen die Nazis zu fördern, getan.[48] Aus diesen Studien geht hervor, dass die Alliierten sich schon während des Kriegs ziemlich argwöhnisch gegenseitig beobachteten und die jugoslawischen Partisanen keine Bedenken hatten, einen hinter den Linien agierenden britischen Soldaten zu töten und sein Verschwinden den Deutschen in die Schuhe zu schieben.

Zu erwarten wäre gewesen, dass die sich mit der Erforschung des (antinazistischen) Widerstands beschäftigenden HistorikerInnen am intensivsten mit meinem Buch auseinandersetzen, die Behauptungen auf ihre Plausibilität prüfen und die Befunde ergänzen und perspektivisch relativieren.

Zwei Jahre nach Erscheinen der *Koralmpartisanen* veröffentlichten österreichische Historiker und Sozialwissenschaftler einen Sammelband zur NS-Herrschaft in Österreich. In zwei thematisch einschlägigen Beiträgen wird mein Buch zitiert, um etwas zu belegen, was ich gerade nicht behauptet habe: Weder habe ich über „beträchtliche Beeinträchtigung steirischer […] Industriebetriebe" durch die Partisanen geschrieben, noch führte ich den Misserfolg der Partisanen darauf zurück, dass „die NS-Propaganda mit ihren antibolschewistischen Feindbildern noch stark wirksam war".[49]

Auch in den folgenden Jahren begnügten sich WiderstandsforscherInnen damit, auf das Buch zu verweisen, wenn in ihren Überblicksdarstellungen bewaffneter Widerstand behandelt wird. Der gerade zitierte Wolfgang Neugebauer wiederholte das Stereotyp der angeblich unter weststeirischen Bauern so erfolgreichen Nazi-Propaganda mindestens noch zwei Mal wortgleich. Er fügte neue Ungenauigkeiten hinzu, die kommunistischen Verharmlosungen und Übertreibungen mehr Glauben schenken als meinen Recherchen. So wird die überlebenswichtige Abhängigkeit von der slowenischen Partisaneneinheit Lackov Odred zur „Hilfe bei der Herstellung von Flugblättern" verniedlicht und die dominante Rolle der Roten Armee überschrieben durch die nur schlecht belegte Episode eines angeblichen Fallschirmabwurfs von Nachschub durch die Briten. Es überrascht einen dann schon nicht mehr, wenn es über das erfolgreiche Ende heißt „zu Kriegsende, am 8. Mai 1945, befreiten die Koralmpartisanen Schwanberg und Deutschlandsberg".[50] Im Unterschied zu einem Fußballspiel, bei dem man auch noch in der Nachspielzeit ein reguläres Tor erzielen kann, ist eine Befreiung einen Tag, nachdem die Wehrmachtspitze die Kapitulationsurkunde unterzeichnet hatte, für eine Truppe, die stets sehr gut über den Stand der Dinge informiert war, keine Ruhm begründende Aktion.[51]

48
Vgl. Pirker, Peter: „Partisanen und Agenten. Geschichtsmythen um die SOE-Mission Clowder", in: *Zeitgeschichte*, 38,1 (2011), 21–38; Pirker, Peter: *Subversion deutscher Herrschaft. Der britische Kriegsgeheimdienst SOE und Österreich*, Göttingen 2012; Traussnig, Florian: *Militärischer Widerstand von außen. Österreicher in US-Armee und Kriegsgeheimdienst im Zweiten Weltkrieg*, Köln 2016.

49
Karner, Stefan: „„… Des Reiches Südmark'. Kärnten und

Steiermark im ‚Dritten Reich' 1938–1945", 457–486 (leicht modifiziertes Zitat auf S. 483) und Neugebauer, Wolfgang: „Widerstand und Opposition", 537–552 (Zitat von S. 546), beide in: Tálos, Emmerich / Hanisch, Ernst / Neugebauer, Wolfgang (Hg.): *NS-Herrschaft in Österreich 1938–1945*, Wien 1988.

50
Neugebauer, Wolfgang: *Der österreichische Widerstand 1938–1945*, Wien 2008, 179; die ausführlichere Darstellung in der überarbeiteten und erweiterten Fassung 2015, 241.

Die Erklärung mit der NS-Propaganda findet sich auch in Neugebauer, Wolfgang: „Widerstand in der Steiermark", in: Halbrainer, Heimo / Lamprecht, Gerald / Mindler, Ursula (Hg.): *NS-Herrschaft in der Steiermark, Positionen und Diskurse*, Wien 2012, 299–316, hier 310, und in Neugebauer, Wolfgang: „Mit der Waffe in der Hand … PartisanInnen in Österreich 1938–1945", in: Dreidemy, Lucile / Hufschmied, Richard / Meisinger, Agnes / Molden, Berthold / Pfister, Eugen / Prager, Katharina / Röhrlich, Elisabeth / Wenninger,

Florian / Wirth, Maria (Hg): *Bananen, Cola, Zeitgeschichte: Oliver Rathkolb und das lange 20. Jahrhundert*, Bd. 1, Wien 2015, 386–387.

51
Es soll nicht bestritten werden, dass es in den Tagen rund um den 8. Mai 1945 in der Weststeiermark zu bewaffneten Auseinandersetzungen zwischen verschiedenen Gruppen kam, der Ausdruck „Befreiung" ist dafür aber denkbar unpassend und legitimatorisch.

Der von mir aufgedeckte Skandal eines Staatsapparats, in dem Exponenten der vorherigen Diktaturen über antinazistische Widerständler zu Gericht saßen, fand damals bei den Verwaltern des österreichischen Widerstand-Narratives kein geneigtes Ohr. Eine polizeiliche oder gerichtliche Verfolgung von Handlungen, die unter Normalbedingungen strafrechtlich zu behandeln wären, war durch die Befreiungsamnestie dann untersagt, wenn die Handelnden mit ihrem Tun die Unabhängigkeit Österreichs wiederherstellen wollten. Neugebauer schrieb 2012 ziemlich verniedlichend: „Gegen einzelne Koralmpartisanen gab es nach Kriegsende – letztlich eingestellte – Gerichtsverfahren wegen angeblicher Übergriffe."[52] Beide Qualifikationen (angebliche Übergriffe und letztliche Einstellung) gehen in die Irre. Es waren keine „Übergriffe", sondern Tötung(shandlung)en. Doch selbst solche fielen unter die Amnestie und hätten daher zu nichts führen dürfen, was dann „letztlich" wieder rückgängig gemacht wurde. Allerdings hätte es unterstützender Zeugenaussagen bedurft, was die kommunistischen „Offiziere" der Koralmpartisanen verweigerten.

Auch der 2019 dann doch noch erschienene Steiermark-Band der DÖW-Reihe *Widerstand und Verfolgung* spinnt die mittlerweile schon gut etablierte Erzählung des nationalen Widerstands gegen die deutschen Okkupanten fort.[53] In der sehr detaillierten Darstellung der „Kampfgruppe Steiermark (Koralmpartisanen)" werden die Eckdaten und Fehlschläge genannt. Die Erzählung folgt dem Muster, wonach eine weitblickende Partei, nämlich die KPÖ, frühzeitig zum Widerstand aufgerufen habe (weswegen aus einem Manifest der KPÖ, das diese im Juni 1944 in Moskau „erarbeitete", zitiert wird) und erfolgreich Propaganda für Österreichs Befreiung betrieben habe (weswegen ein Flugblatt der Koralmpartisanen „Österreich den Österreichern" abgedruckt wird, das angeblich im Februar 1945 verteilt wurde). Die KPÖ-Erklärung kann allerdings nicht Grund für die Zusammenstellung der Kampfgruppe gewesen sein, da die Sowjetorgane schon früher beschlossen hatten, eine bewaffnete Einheit nach Österreich zu entsenden. Nur in von der KPÖ stammenden Darstellungen gibt es einen Hinweis auf Flugblätter, was den Schluss nahelegt, dass von den Koralmpartisanen wenige verteilt wurden oder die verteilten Exemplare keine Resonanz fanden. Auch dieser *Widerstand-und-Verfolgung*-Band besteht zu neun Zehntel aus dem Abdruck von Dokumenten. Die Herausgeber greifen dabei auf die Dokumente zurück, die 1946 im Auftrag der Bundesregierung gesammelt wurden, um das *Rot-Weiß-Rot-Buch* zu füllen. Die fragwürdige Qualität dieser Schilderungen ist unter Fachleuten unbestritten.[54] Daneben gibt es die Eigendokumente der Widerständler, im vorliegenden Fall also die erwähnten Flugblätter, das erhalten gebliebene inoffizielle Tagebuch eines Mitglieds der Gründungsmannschaft sowie Oral-History-Interviewauszüge und den Wiederabdruck von Erinnerungsartikeln aus der Presse. Erfreulicherweise berücksichtigen die Bearbeiter auch Akten eines der Nachkriegsprozesse gegen zwei ehemalige Koralmpartisanen. Die patriotische Grenzziehung wird strikt eingehalten, sodass weder Dokumente aus slowenischen bzw. jugoslawischen Archiven noch Erinnerungen jener slowenischen Partisanen aufgenommen wurden, deren Hilfe das Überleben der Kampfgruppe zuzuschreiben war.

52
Neugebauer: „Widerstand in der Steiermark", 310 (wie Anm. 50). Ähnlich die Darstellung bei Halbrainer: „Widerstand und Opposition in der Steiermark 1938 bis 1945", in: Ableitinger (Hg.): *Bundesland und Reichsgau*, 493–513 (wie Anm. 44).

53
Vgl. Halbrainer, Heimo: „Einleitung", in: Dokumentationsarchiv des österreichischen Widerstandes (Hg.): *Widerstand und Verfolgung in der Steiermark. ArbeiterInnenbewegung und PartisanInnen 1938–1945*, Graz 2019, 11–56.

54
Vgl. Nachbaur, Ulrich: *Österreich als Opfer Hitlerdeutschlands: Das Rot-Weiß-Rot Buch 1946 und die unveröffentlichten Vorarlberger Beiträge* (= Quellen zur Geschichte Vorarlbergs N.F. 11), Regensburg 2009, http://apps.vorarlberg.at/vorarlberg/pdf/qnf11nachbaur-rot-weiss-ro.pdf [12.7.2021].

Feldforschung im Grenzland

Im Wintersemester 1987 begann ich gemeinsam mit der Volkskundlerin Elisabeth Katschnig-Fasch eine Lehrveranstaltung, in deren Rahmen wir Feldforschung im steirisch-slowenisch-kärntnerischen Grenzgebiet machen wollten. Das Dorf Laaken war nach dem Ersten Weltkrieg geteilt worden und der größere Teil der Gebäude und BewohnerInnen lag jenseits der Grenze in Slowenien, der kleinere Teil war anfangs noch eine eigene österreichische Gemeinde, die Volksschule wurde 1931 vom Deutschen Schulverein Südmark errichtet, der auch im restlichen Grenzgebiet die deutsche Flagge hochhielt und die gemischtsprachige Bevölkerung zu germanisieren trachtete. In Laaken war es im März 1945 zu einem der schwersten Kämpfe zwischen den Koralmpartisanen und slowenischen Partisaneneinheiten auf der einen Seite und der SS und den Polizeieinheiten auf deutscher Seite gekommen, bei dem Partisanen und ZivilistInnen getötet wurden. Von dem Dorf war in den 1980er-Jahren nur noch ein Gasthaus übrig und einige verstreute Gehöfte. Im Vorfeld hatte Elisabeth Katschnig-Fasch Kontakt mit einem Kollegen in Ljubljana aufgenommen und mit ihm vereinbart, dass er sich uns anschließen sollte. Da damals ein Grenzübertritt vor Ort unmöglich war, fuhr Jurij Fikfak mit dem Auto über Spielfeld-Straß nach Österreich. An der Grenze wurde er überraschenderweise befragt, was ihn nach Österreich führe und er gab bereitwillig Auskunft. Als wir aus Graz Anreisenden an einem Herbstvormittag in Laaken eintrafen, erwarte uns schon der aus Soboth dorthin geeilte Gendarm, begleitet von einem Dorfbewohner, der die Funktion des Ortsvorstehers ausübte. Aufgeregt wurden wir befragt, was wir denn hier wollten. Die wahrheitsgemäße Antwort, wir wollten mit Studierenden das Leben an der Grenze untersuchen, stieß auf Unglauben und Misstrauen. Die geplante wissenschaftliche Kooperation über die Grenze hinweg wurde daraufhin abgeblasen.

Wenige Tage später lud die Staatspolizei Elisabeth und mich zu einem Gespräch ein.

Dabei wurde uns langsam klar, was unserer Wahrnehmung entgangen war: Die Staatspolizei hielt unser Vorhaben für ein akkordiertes Vorgehen mit einer damals in Radkersburg sich bildenden Gruppe von Aktivisten, die danach strebten, die slowenischen Wurzeln ihrer Familien zu entdecken. Nach Ansicht der Polizisten und wohl auch mancher steirischer Politiker war das ein staatsgefährdendes Unterfangen. Unser beider Erklärung, wir hätten keine Absprachen mit diesem Kulturverein getroffen, wurde uns offenkundig nicht geglaubt.

Ich hätte diese Episode wohl längst vergessen, wenn ich nicht einige Jahre später von Wolfgang Gombocz, einem der Initiatoren dieses Vereins, zur Rede gestellt worden wäre, was mir denn eingefallen sei, ihn und seine Freunde bei der Polizei anzuschwärzen. Gombocz hatte einen Antrag auf Akteneinsicht gestellt und ein mehrseitiges Dokument übermittelt erhalten, dessen Schwärzungen zu entschlüsseln nicht allzu schwierig war: „Seit Herbst 1987 bis dato [Januar 1989] führen Angehörige der Universität Graz (Professoren und Studenten) im steirischen Grenzraum im Zusammenhang mit der slowenischen Minderheit Erhebungen durch. Die Dorfbewohner werden über ihre Herkunft, ihre Kontakte zum slowenischen Nachbarn, ob wirtschaftliche Bindungen nach Slowenien bestehen und ob in der Dorfgemeinschaft untereinander Slowenisch gesprochen wird, befragt.

Im erwähnten Zeitraum waren im Raum Laaken, Gemeinde Soboth, Bezirk Deutschlandsberg [geschwärzt, vermutlich: Dr. Elisabeth Katschnig-Fasch und Dr. Christian Fleck gemeinsam mit] bis zu 12 Studenten unterwegs. Begleitet wurden die Interviewer [geschwärzt, vermutlich: von Dr. Jurij Fikfak von der Universität Ljubljana]. Der Bürgermeister von Soboth, [Name geschwärzt], hat aufgrund mehrerer Beschwerden der Dorfbewohner von Laaken über die Arbeitsweise und Fragestellung der Interviewer mit der Projektleiterin [Name geschwärzt] gesprochen. Bei diesem Gespräch, bei dem zwei weitere

Gemeindefunktionäre anwesend waren, dementierte [Name geschwärzt] jeden Zusammenhang ihrer Dorfuntersuchungen mit Erhebungen der slowenischen Minderheit in der Steiermark."[55] Es ist unnötig zu betonen, dass es für unser Lehrprojekt natürlich keinen Auftraggeber gab und die Forschungsabsichten in dem Polizeidokument grob verzeichnet wiedergegeben wurden. Ich war weniger hartnäckig als Wolfgang Gombocz, erhielt aber vom Bundesministerium für Inneres eine summarische Auskunft über die meine Person betreffenden „staatspolizeilichen Vormerkungen". Unter anderem hielt die Staatspolizei fest: „Im gleichen Jahr [1989] traten Sie als Verfasser des Buches „Die Koralmpartisanen" in Erscheinung. 1989 führten Sie im Grenzgebiet Unternehmungen [handschriftlich korrigiert auf: Untersuchungen] über slowenisch sprechende Bewohner durch."[56] Die Aufregung legte sich dann und am Ende der Feldforschung legten die Studierenden eine Veröffentlichung über das Dorf an der Grenze vor.[57]

Evaluation, post festum

Als ich an den *Koralmpartisanen* arbeitete, war ich seit 1980 Universitätsassistent und als solcher nach damaliger Rechtslage regelmäßig genötigt, meinen Dienstvertrag verlängert zu bekommen. Spätestens nach zehn Jahren Assistentenzeit musste man die Habilitation erworben haben oder die Universität verlassen. Ich erinnere mich, dass ich mich bei meinem damaligen

Vorgesetzten erkundigte, ob er sich vorstellen könnte, dieses Buch als Habilitationsarbeit zu akzeptieren. Er winkte ab und erklärte mir, dass ich mich damit vielleicht bei Historikern habilitieren könnte, nicht aber „bei uns".[58] Die damaligen Evaluationskriterien waren weitaus diffuser als in späteren Jahren, aber welche Ergebnisse hätte eine Evaluation gehabt, wenn man heutige Kriterien anwendet? Weithin beliebt sind Zitationszahlen, also die Messung, wie häufig eine wissenschaftliche Veröffentlichung von anderen zitiert wird. Aus der vorherstehenden Schilderung könnte man den Eindruck gewinnen, diese Zahlen müssten respektabel ausfallen, was allerdings nicht der Fall ist.[59]

Eine jüngere Erweiterung der Evaluationsmaßstäbe nennt sich „social impact" und versucht zu erfassen, welchen – im weitesten Sinn – Nutzen ein Wissenschaftler erzielt. Das reicht von Patenten über Präsenz in alten oder neuen Medien bis zu Kontakten mit NutzerInnen und BürgerInnen sowie Anerkennungen beliebiger anderer Art. Dafür haben sich noch keine Maßzahlen etabliert und ich will die Aufzählung des social impact, den ich möglicherweise mit den *Koralmpartisanen* erzielte, nicht unnötig in die Länge ziehen. Müsste ich heute vor eine Kommission treten und ihr meinen social impact beweisen, würde ich anführen, dass mich einer von neun Juroren der Kulturredaktion der *Kleinen Zeitung* für das Buch des Jahres 1986 auf Platz 3 seiner Liste setzte. Und ich würde dieser Kommission nicht auf die Nase binden, dass derselbe Juror mein Buch für seinen nächsten Roman als Quelle heranzog.[60]

Und heute?

Das bisher Geschilderte sollte trotz des zuletzt Gesagten deutlich werden lassen, dass ich mich über zu geringe Aufmerksamkeit für das Buch *Koralmpartisanen* nicht beklagen kann. Trotzdem scheint mir im Rückblick, dass ich in den folgenden Punkten erfolglos blieb. Meine akribische Rekonstruktion, die wie beschrieben von nachfolgenden ForscherInnen nicht revidiert wurde, bot keinen Anlass für andere

---

55
Kopie freundlicherweise von Wolfgang Gombocz dem Autor zur Verfügung gestellt.

56
Republik Österreich, Bundesministerium für Inneres, Schreiben vom 29. April 1991 an den Autor. Das Angebot auf Akteneinsicht nahm ich nicht wahr.

57
Vgl. Moser, Johannes (Hg.): *Blatten. Ein Dorf an der Grenze*, Kuckuck, Sonderband 2, Graz 1992.

58
Es würde zu weit führen, hier darzulegen, warum dieser Professor auch noch andere Gründe hatte, meine Universitätskarriere vorzeitig beenden zu wollen.

59
Web of Knowledge: 5; Google Scholar: 13 Zitationen.

60
Die Besten-Liste erschien am 5. Dezember 1986 in der *Kleinen Zeitung*, der Juror war Gerald Szyszkowitz, dessen Roman *Puntigam oder Die Kunst des Vergessens* zwei Jahre danach in Wien bei Zsolnay erschien.

WiderstandsforscherInnen, eine analoge Skepsis gegenüber Selbstdarstellungen von ZeitzeugInnen walten zu lassen. Das gilt insbesondere für all jene, die die Beschönigungen und Aufbauschungen des kommunistischen Widerstands sowohl durch ZeitzeugInnen wie ParteihistorikerInnen unwidersprochen hinnehmen und wiederholen.

Die Differenzierung des Begriffs politischer Widerstand, die zu der Zeit, als ich an den *Koralmpartisanen* schrieb, diskutiert wurde,[61] fand kein Echo in nachfolgenden Arbeiten. Vor allem kam es nicht zu einer Verabschiedung der freizügigen Zuschreibung patriotischer Motive an historische Akteure oder zur Infragestellung solcher Motivlagen bei jenen, die sie sich rückblickend selbst zu eigen machten. Die soziologische Binsenweisheit, dass Motive selten handlungsbegründend, sondern vielmehr rückblickend handlungsrechtfertigend formuliert werden, war und ist HistorikerInnen nicht zumutbar.[62]

Weniger soziologisch kann man denselben Gedanken auch in den Termini österreichischer Selbstvergewisserung ausdrücken: Es gibt, wäre dann zu formulieren, gute Gründe anzunehmen, dass der überwiegende Teil des Widerstands gegen die NS-Diktatur aus Gründen persönlicher Überzeugungen, Zugehörigkeit zu mit den Nazis rivalisierenden politischen oder weltanschaulichen Milieus erfolgte. Ein spezifisch „österreichischer" Beitrag zur Befreiung von der Nazi-Diktatur, wie er von der Moskauer Deklaration gefordert wurde, fand kaum statt und wo er stattfand oder rückblickend konstruiert wurde,

hatte er kaum Auswirkungen auf das Geschehen – Österreich wurde befreit und wieder errichtet, weil das die Alliierten mit ihren Armeen und in diplomatischen Verhandlungen durchsetzten. In jüngeren Überblicksdarstellungen der Geschichte Österreichs im 20. Jahrhundert findet diese Sichtweise mittlerweile stillschweigend Anerkennung. So widmet Peter Berger in seinem Überblick zur österreichischen Geschichte im Abschnitt über die Jahre 1938 bis 1945 nur wenige Sätze dem Widerstand.[63]

Was ich während der Recherchen und dem Schreiben des Buches nicht ahnen konnte, war, dass die Kolonne der sich mit der Vergangenheit kritisch Auseinandersetzenden weiterzog und sich die zeithistorische Forschung neuen Themen zuwandte: Das während des Wahlkampfes um das Amt des Bundespräsidenten zutage getretene Verschweigen seiner tiefen Verstrickung in die Aktivitäten der Deutschen Wehrmacht am Balkan führte ab dem Frühjahr 1986 zu einer heftigen politischen Debatte rund um Kurt Waldheim, an deren Ende er zum Bundespräsidenten gewählt wurde, es aber über sich ergehen lassen musste, dass eine Historikerkommission ihn als jemanden hinstellte, der über seine Kriegsjahre nicht wahrheitsgemäß Auskunft gegeben habe.[64]

Das international starke Echo auf die Waldheim-Affäre veranlasste viele österreichische ZeithistorikerInnen, sich stärker für die Wehrmacht zu interessieren, was dann durch die vom Hamburger Institut für Sozialforschung unabhängig vom Fall Waldheim initiierte Wehrmachtausstellung einen zusätzlichen Schub erhielt.[65] Kaum

61
Vgl. Botz, Gerhard: „Methoden- und Theorieprobleme der modernen Widerstandsforschung", in: Konrad, Helmut / Neugebauer, Wolfgang (Hg.): *Arbeiterbewegung – Faschismus – Nationalbewusstsein. Festschrift zum 20-jährigen Bestand des Dokumentationsarchivs des österreichischen Widerstandes und zum 60. Geburtstag von Herbert Steiner*, Wien 1983, 137–152.

62
Zu ergänzen wäre, dass sich in den 1980er-Jahren unter HistorikerInnen eine Neuorientierung abzuzeichnen begann, die dazu führte, dass die Sozialwissenschaften an Attraktivität verloren und die Kulturwissenschaften in den Vordergrund traten. Über Varianten historischer Sozialwissenschaft bilanzierend: Botz, Gerhard / Fleck, Christian / Müller, Albert / Thaller, Manfred (Hg.): „Qualität und Quantität". Zur Praxis der Methoden der Historischen Sozialwissenschaft,

Frankfurt 1988. Unter SozialwissenschaftlerInnen war das Interesse an einer mikrosoziologisch informierten historischen Soziologie noch nie stark vertreten gewesen. Zu Letzterem vgl. Kapitel 9 von Abrams, Philip: *Historical sociology*, Ithaca / New York 1993; ein Buch, das mir, als ich an den *Koralmpartisanen* arbeitete, noch nicht zur Verfügung stand.

63
Vgl. Berger, Peter: *Kurze Geschichte Österreichs im 20. Jahrhundert*, Wien 2007.

64
Vgl. Botz, Gerhard / Sprengnagel, Gerald (Hg.): *Kontroversen um Österreichs Zeitgeschichte*, 2. erweit. Aufl., Frankfurt 2008; Beckermann, Ruth: *Waldheims Walzer*, AT 2018 (Dokumentarfilm).

65
Vgl. Heer, Hannes (Hg.): *Vernichtungskrieg. Verbrechen der Wehrmacht 1941 bis 1944*, Ausst.-Kat., Hamburg (Hamburger Institut für Sozialforschung) 1996.

war das sozusagen abgehakt, poppte ein neues Thema auf, als die herrenlosen Konten Schweizer Banken Schlagzeilen machten und alsbald auch in Österreich die Frage aufgeworfen wurde, wie es denn hier um die Restitution der vor allem Juden und Jüdinnen gestohlenen Werte stünde. Die daraufhin eingesetzte Historikerkommission bündelte die Forschungsanstrengungen und legte mit ihrem vielbändigen Abschlussbericht bemerkenswert detaillierte Forschungen vor.[66]

Die Überwindung der traditionellen geschichtswissenschaftlichen Periodisierungen, die in diesem Fall augenscheinlich angebracht war, trug dazu bei, dass die „Unschuld" der zweiten Republik, die im Narrativ vom ersten Opfer der Angriffspolitik Hitlers zum Ausdruck kam, nicht mehr länger andere Perspektiven an den Rand drängte.[67] Im Vergleich mit dieser Art historischer Großforschungsprojekte konnte ein Ein-Mann-Unternehmen, das noch dazu eine Art Eintagsfliege war, da ich diesem Thema keine weiteren Veröffentlichungen widmete, nicht konkurrieren. Die Proportionen waren aber nicht nur auf der Seite der Forschenden massiv disproportional, auch die Zahl der Opfer der Arisierung war um ein Vielfaches größer als die im Zusammenhang mit dem bewaffneten Widerstand zu irgendeinem Zeitpunkt zu Schaden Gekommenen.

66
Vgl. Historikerkommission der Republik Österreich: *Vermögensentzug während der NS-Zeit sowie Rückstellungen und Entschädigungen seit 1945 in Österreich*, Wien 2003–2004 (insg. 32 Bände).

67
Davor schon Knight, Robert (Hg.): *„Ich bin dafür, die Sache in die Länge zu ziehen". Die Wortprotokolle der österreichischen Bundesregierung von 1945 bis 1952 über die Entschädigung der Juden*, Frankfurt 1988.

Die Ausstellung zur Österreichischen Freiheitsfront war im Juni / Juli 2020 in Leoben zu sehen. © Waltraud P. Indrist

Flora Flucher   Matthias Hölbling   Katharina Url

Die Österreichische Freiheitsfront Leoben-Donawitz

1942

Im Sommer 1942 fand am Häuselberg in Leoben ein Treffen von Gegnern des NS-Regimes statt, um den Aufbau einer Widerstandsgruppe in der Obersteiermark zu besprechen. Daran nahmen unter anderen der Schlosser Sepp Filz, der Funktionär des Kommunistischen Jugendverbands Anton Wagner, der Internatsleiter der Werkschule Donawitz Max Muchitsch, der Uhrmacher Ferdinand Andrejowitsch und der Gewerkschaftssekretär Simon Trevisani teil. Die Teilnehmer begannen ein Netzwerk von Widerstandszellen und Hilfsgruppen im Kreis Leoben aufzubauen, dem KommunistInnen, SozialistInnen, GewerkschafterInnen und andere angehörten und führten erste Spendenaktionen für slowenische PartisanInnen durch.[1]

1943

Nachdem im März 1943 zahlreiche Mitglieder der slowenischen PartisanInnen in Jesnice von der Gestapo festgenommen wurden und erste Verhaftungen auch im Raum Leoben einsetzten, flohen Sepp Filz und Anton Wagner nach Slowenien. Bei einem mehrmonatigen Aufenthalt beim Pokljuka-Bataillon lernten sie Strategien des bewaffneten Widerstands kennen, welche sie später in der Obersteiermark anwendeten. Nach ihrer Rückkehr nach Leoben wurde in der ersten Novemberwoche 1943 in der Flaschenschenke[2] der Familie Edlinger das „Landeskomitee der österreichischen Freiheitsfront für Steiermark und Kärnten" von Teilnehmenden aus Leoben, Judenburg, Graz, Kärnten und Wien gegründet. Noch im selben Jahr erweiterte die Partisanengruppe ihr Netzwerk an Stützpunkten, welches von Almen und Bergen über Täler der Gebirgsgruppen bis in die Städte des Gebiets der Eisenstraße reichte. Lebensmittel und Kleidung wurden bereits vor den ersten militärischen Aktionen auf möglichst viele dieser Stützpunkte verteilt.[3]

1
Vgl. Anzenberger, Werner / Ehetreiber, Christian / Halbrainer, Heimo (Hg.): Die Eisenstraße 1938–1945. NS-Terror – Widerstand – Neues Erinnern, Graz 2013.

2
Eine Flaschenschenke war ein Gastronomiebetrieb, in dem der Verkauf von Bier ausschließlich in Form von Flaschen gestattet war.

3
Vgl. Anzenberger / Ehetreiber / Halbrainer (Hg.): Die Eisenstraße (wie Anm. 1).

Sepp Filz, aus:
CLIO-Sammlung Max Muchitsch

Anton Wagner, aus:
CLIO-Sammlung Max Muchitsch

Flaschenschenke der Familie Edlinger,
aus: CLIO-Sammlung Max Muchitsch

Max Muchitsch, aus:
CLIO-Sammlung Max Muchitsch

Ort der Gleissprengung mitten in Leoben, aus: CLIO-Sammlung Max Muchitsch

1944

Ziel der Partisanen war die „Errichtung eines freien, unabhängigen, demokratischen Österreichs, das mit allen Völkern in Freundschaft zu leben gewillt ist, jeden Rassen- und Nationalhass bekämpft sowie Religions- und Meinungsfreiheit sichert".[4] Im Frühjahr 1944 führten die Partisanen mehrere Gleissprengungen, Sabotageaktionen und Überfälle durch. Im Juli 1944 verübte die Österreichische Freiheitsfront Leoben-Donawitz (ÖFF) eine Gleissprengung mitten in der Stadt Leoben unmittelbar neben einer Polizeibaracke. Diese Aktion verdeutlichte, dass auch im Leobener Stadtgebiet militanter Widerstand gegen das NS-Regime stattgefunden hat. Ab diesem Zeitpunkt hatte die Partisanengruppe alle Mühe, der Verfolgung durch die Gestapo zu entkommen.[5]

1945

Die ÖFF plante, „sofort nach dem bevorstehenden Zusammenbruch der Naziherrschaft das Leben neu zu organisieren, ein Chaos zu vermeiden, die hungernde Bevölkerung zu versorgen und die Wirtschaft wieder in Gang zu bringen."[6] So gelang es der Ortsgruppe Leoben-Donawitz bei Kriegsende am 8. Mai 1945, in das Donawitzer Werk der Alpine Montangesellschaft einzudringen, um eine geplante Zerstörung der Industrieanlagen durch die Nationalsozialisten zu verhindern. Noch am selben Tag bildeten die nicht nationalsozialistisch ausgerichteten Parteien in Leoben bei einer Besprechung einen „DreierAusschuss", in dem die Sozialisten durch Gottfried Heindler, die Christlich-Sozialen durch Alois Sormann und die Kommunistische Partei Österreichs (KPÖ) durch Sepp Filz vertreten waren, und übernahmen vorübergehend die Leitung des Bezirkes Leoben.[7]

4
Halbrainer, Heimo: *Sepp Filz und seine Zeit. Ein Donawitzer Arbeiter auf der Walz, im Widerstand und beim Wiederaufbau*, Dipl.-Arb., Univ. Graz 1993, 144.

5
Vgl. Anzenberger / Ehetreiber / Halbrainer (Hg.): *Die Eisenstraße* (wie Anm. 1).

6
Halbrainer: *Sepp Filz und seine Zeit*, 158 (wie Anm. 4).

7
Vgl. Anzenberger / Ehetreiber / Halbrainer (Hg.): *Die Eisenstraße*, 126 (wie Anm. 1).

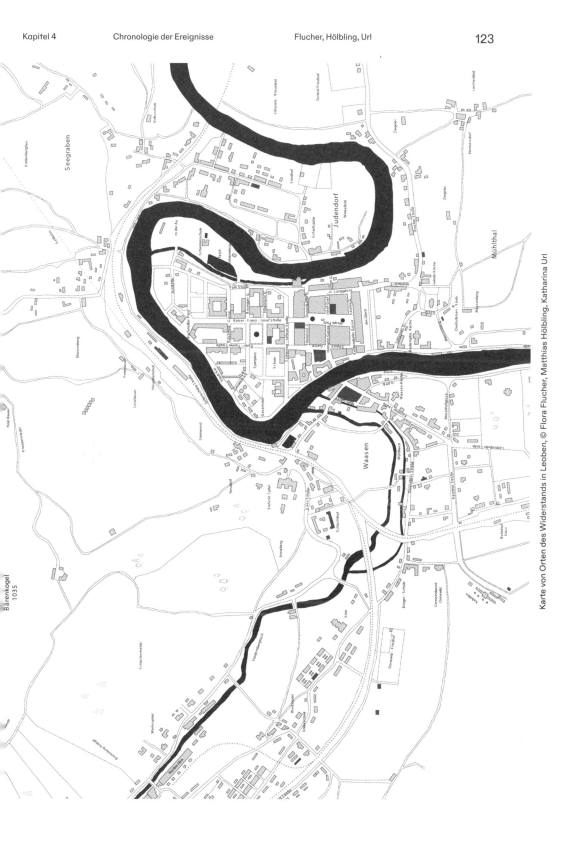

Karte von Orten des Widerstands in Leoben, © Flora Flucher, Matthias Hölbling, Katharina Url

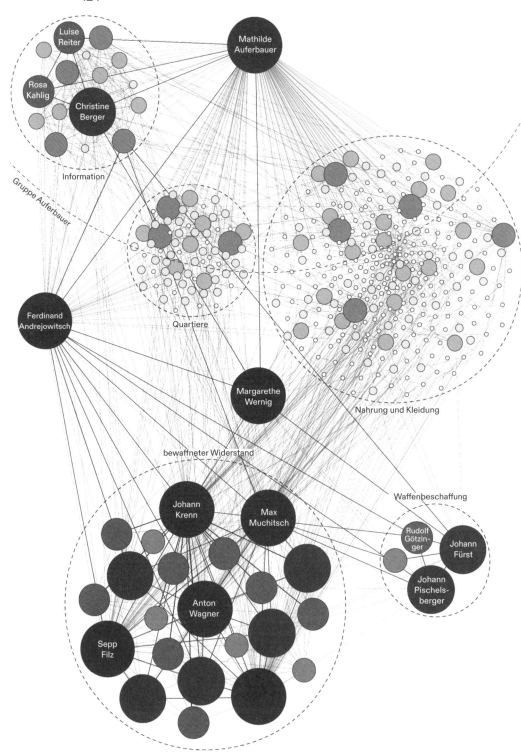

Luise Reiter

Rosa Kahlig

Christine Berger

Mathilde Auferbauer

Information

Gruppe Auferbauer

Quartiere

Ferdinand Andrejowitsch

Margarethe Wernig

Nahrung und Kleidung

bewaffneter Widerstand

Waffenbeschaffung

Johann Krenn

Max Muchitsch

Rudolf Götzinger

Johann Fürst

Anton Wagner

Johann Pischelsberger

Sepp Filz

Netzwerk des Widerstands der ÖFF, © Flora Flucher, Matthias Hölbling, Katharina Url

Orte des Widerstands in Leoben

Unter der austrofaschistischen Diktatur Dollfuß wurde der österreichische Nationalrat – und mit ihm die Demokratie – demontiert und somit der Weg für den „Anschluss" an das Deutsche Reich geebnet. Die von Industrie geprägten Städte entlang der Eisenstraße in der Steiermark waren mit der deutschen Rüstungsindustrie eng verwoben. Ein Großteil der Bevölkerung begrüßte die Eingliederung Österreichs in das Deutsche Reich. Die Partisanengruppe ÖFF hingegen setzte sich zum Ziel, den „Kampf mit allen zur Verfügung stehenden Mitteln einschließlich Waffengebrauchs gegen die faschistischen Okkupanten"[8] zu führen. Dieser Kampf konnte nur durch die Unterstützung eines breiten Hilfsnetzwerkes geführt werden, welches eine Reichweite über die gesamte Obersteiermark hatte.

Auch mitten im Leobener Stadtgebiet riskierten viele Menschen ihr Leben, indem sie die Partisanen mit Lebensmitteln, Kleidung und Unterkünften sowie mit amtsinternen Informationen versorgten. Die abgebildete Karte – basierend auf einem Katasterplan aus dem Jahr 1930 – zeigt Orte des Widerstands, die auf Grundlage des aktuellen Forschungsstands von uns rekonstruiert werden konnten.[9]

Das Netzwerk der Österreichischen Freiheitsfront

Das abgebildete Soziogramm zeigt die Verbindungen zwischen den einzelnen AkteurInnen des antifaschistischen Widerstands. Hierbei wird die Komplexität und Tragweite des Netzwerks an UnterstützerInnen deutlich, das den Kampf der Partisanen erst ermöglichte. Neben der Versorgung mit Nahrung und Kleidung war die Beschaffung und Weitergabe von amtsinternen Informationen ein essenzieller Faktor für das Bestehen der Partisanengruppe. Dreh- und Angelpunkt der Kommunikation war das Uhrengeschäft von Ferdinand Andrejowitsch. Weitere zentrale Schlüsselfiguren des Hilfsnetzwerks waren Margarethe Wernig sowie Mathilde Auferbauer, der es gelang, eine Gruppe von Frauen zu organisieren, die die Partisanen unterstützte.

8
Halbrainer: *Sepp Filz und seine Zeit*, 152 f. (wie Anm. 4).

9
Wir danken an dieser Stelle Herrn Dipl.-Ing., Dr. Alfred Joham für das Zur-Verfügung-Stellen des historischen Kartenmaterials und die tatkräftige Unterstützung bei der Recherche.

Die Gruppe Auferbauer

Mathilde Auferbauer zählte während des
Zweiten Weltkriegs zu den aktivsten Frauen des
Hilfsnetzwerks der ÖFF in Leoben. Im September 1943 organisierte sie eine Gruppe von über
100 Frauen, welche Quartiere in der Umgebung
Leoben bereitstellten, Lebensmittel, Kleidung
und Waffen sammelten, Flugblätter und Programmhefte verteilten und einen organisierten
Nachrichtendienst aufbauten. Nach ihrer Verhaftung und Deportation in das KZ Ravensbrück
konnte Auferbauer im April 1945 durch eine
Rettungsaktion des Schwedischen Roten Kreuzes
aus dem Konzentrationslager befreit werden.[10]
Im Herbst 2020 wurde für Mathilde Auferbauer
vom Grazer Verein für Gedenkkultur in der
Franz Josef-Straße 14 in Leoben ein „Stolperstein"
zum Gedenken verlegt.

Foto von Mathilde Auferbauer auf einer
Amtsbescheinigung, aus:
Steiermärkisches Landesarchiv Graz

10
Vgl. Anzenberger / Ehetreiber /
Halbrainer (Hg.): *Die Eisen-
straße*, 93 (wie Anm. 1).

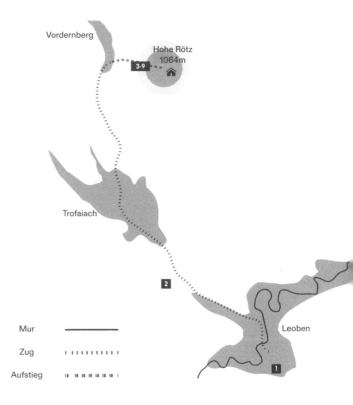

„Ich organisierte im September 1943 eine illegale Frauengruppe und suchte einige heraus,
die ich für besondere Aufträge verwenden konnte. Unsere erste Aufgabe war es,
Quartiere in der Umgebung von Leoben zu schaffen, um auf diese Art die Partisanengruppe,
welche sich inzwischen gebildet hatte, zu unterstützen."

„Als es draußen auf dem Lande schon gefährlich wurde, da in allen Wäldern die sogenannte Landwacht ständig Streife machte, stellten wir in der Stadt selbst eine Reihe von Quartieren zur Verfügung. Wir sammelten große Mengen Lebensmittel, Kleider und Schuhe und schickten alles unseren kämpfenden Genossen in den Wäldern (...)."

„Im März 1944 lag in den Bergen noch viel Schnee. Der Sturm hatte schwere Verwehungen verursacht. Mir wurde gemeldet, dass auf der ‚Hohen Rötz' vier Leute wären, die nichts mehr zu essen hatten. Ich packte zusammen mit der Genossin Paulitsch die Rucksäcke mit den gesammelten Lebensmitteln voll und fuhr mit ihr nach Vordernberg, von wo wir in die Berge aufstiegen."

„Mühselig mussten wir uns gegen den tiefen Schnee vorarbeiten. Dabei wussten wir aber nicht genau, wo die Hütte lag. Stundenlang suchten wir in der weißen Einöd (...)."

„Wir kamen plötzlich zu drei tief verschneiten Almhütten und klopften an die erste an.
(...) aber es meldete sich niemand."

„Da setzten wir uns ganz verzweifelt in den Schnee und wussten nicht recht, was wir nun beginnen sollten."

„Endlich beschlossen wir, noch ein Stück weiterzugehen und beim nächsten Bauern zu fragen, ob er etwas von unseren Kameraden wisse."

„Wir kamen zu einem Bauernhaus, und der Bauer sah uns zuerst mißtrauisch an und zeigte dann aber vertraulich die Richtung der drei Hütten, von wo wir hergekommen waren."

„Wir gingen nun mit hängenden Köpfen zurück und wagten uns nicht neue Hoffnungen zu machen. Doch sie waren wirklich da und wir fielen uns um den Hals."

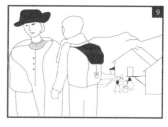

„Unsere Genossen hatten wieder zu essen, und wir waren froh, unsere Aufgabe erfüllt zuhaben."

„(...) Ende Juni 1944 fiel ich dann der Gestapo in die Hände und wurde in
das Frauenkonzentrationslager Ravensbrück gebracht."

Textstellen aus dem Bericht von Mathilde Auferbauer aus Leoben betreffend ihrer Mitwirkung bei den Partisanen.
aus: Dokumentationsarchiv des österreichischen Widerstands, Sign. DÖW 901.
Illustrationen anhand dieser Quelle nachgestellt, © Flora Flucher, Matthias Hölbling, Katharina Url

Verschlüsselte Kommunikation in Leoben

Für die Unterstützung der Partisanengruppe ÖFF war auch ein funktionierendes Informationsnetzwerk unentbehrlich, denn Informationen konnten das Überleben vieler Menschen des Widerstands sichern. Ein Ort der Informationsweitergabe in Leoben war das Uhrengeschäft von Ferdinand Andrejowitsch, der Mitglied der Partisanengruppe war und als Uhrmachermeister in seinem Geschäft im „Durchbruch" in Leoben arbeitete.

Andrejowitsch kommunizierte durch die Uhren in der Auslage seines Geschäfts einen Code, bei dem die Kombination gewisser Uhrzeiten und einzelner Uhren in seinem Schaufenster spezifische Bedeutungen besaß, wodurch die unauffällig an seinem Geschäft vorbeikommenden Mitglieder der Partisanengruppe informiert oder gewarnt werden konnten.[11]

Wie dies vonstatten ging, berichtet der aus der Obersteiermark stammende Spanienkämpfer Josef Martin Presterl in seinem historischen Roman *Im Schatten des Hochschwab*:

„Dutzende Uhren tickten in diesem kleinen Laden. Ferdinand Andrejowitsch hatte eben seine Lupe aus der Hand gelegt und trat mit Anton Wagner an das innere Auslagenfenster heran. ,Siehst du den großen schwarzen Wecker in der Mitte? […] auf den musst du schauen, wenn du vorbeigehst. Er wird dir die Zeit anzeigen, wann du den Sepp treffen kannst. […] Jeder, mit dem ich zusammenkommen muss, hat eine Uhr in der Auslage. Wir machen nur den Ort aus, die Zeit teile ich ihm durch die Uhr mit. Auf diese Weise kann niemand darauf vergessen. […] Aber auch andere Mitteilungen können die Eingeweihten von meinen Uhren ablesen. Ob unmittelbare Gefahr droht oder ob Flugblätter abzuholen sind.'"[12]

11
Vgl. ebd.

12
Presterl, Josef Martin:
Im Schatten des Hochschwab,
Graz 2010, 84–89.

Uhrengeschäft Andrejowitsch, © Flora Flucher, Matthias Hölbling, Katharina Url

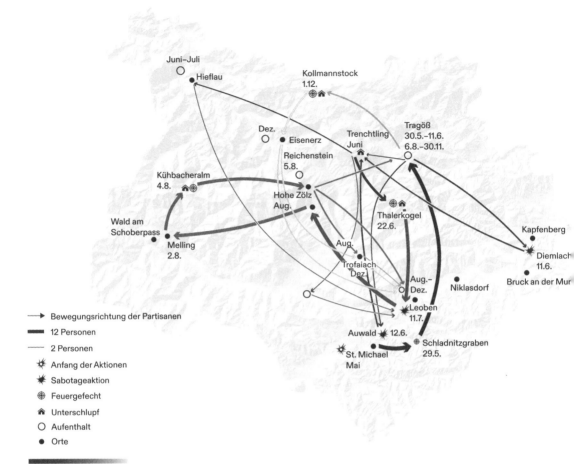

Juni–Juli
○ ● Hieflau

Kollmannstock
1.12.
⊕ ⌂

Dez.
○ ● Eisenerz

Reichenstein
5.8.
○

Trenchtling
Juni
⌂

Tragöß
30.5.–11.6.
6.8.–30.11.
○

Kühbacheralm
4.8.
⌂⊕

Hohe Zölz
Aug.
●

⊕⌂
Thalerkogel
22.6.

Kapfenberg
●

Wald am
Schoberpass
●

Melling
2.8.

Aug.
●

Trofaiach
Dez.
○

Aug.–
Dez.
○

● Niklasdorf

Diemlach
11.6.

Bruck an der Mur

● Leoben
11.7.

Auwald ✳ 12.6.

St. Michael
Mai
✳

⊕ Schladnitzgraben
29.5.

→ Bewegungsrichtung der Partisanen
▬ 12 Personen
— 2 Personen
✳ Anfang der Aktionen
✳ Sabotageaktion
⊕ Feuergefecht
⌂ Unterschlupf
○ Aufenthalt
● Orte

Mai–Dezember

Karte Aktionsräume, © Flora Flucher, Matthias Hölbling, Katharina Url

Kollmannstock,
aus: CLIO-Sammlung Max Muchitsch

Blockhütte am Thalerkogel,
aus: CLIO-Sammlung Max Muchitsch

Aktionsraum der Partisanengruppe ÖFF 1944

Schusswechsel beim Kollmannstock

„Ab September gingen die Partisanen daran, sich auf das Überwintern vorzubereiten. [...] Sepp Filz hatte einen Platz für eine der Gruppen gefunden, der Max Muchitsch, Heinrich Kohnhauser, Anton Wagner und Franz Lipp angehörten. ‚Es war ein großes Felsloch unter einer Felswand im Kollmannstock. Im Inneren des Bunkers errichteten wir eine Feuerstelle und knapp daneben zimmerten wir uns aus schwächeren Baumstämmen eine Pritsche zurecht.‘ Obwohl die Partisanen bemüht waren, alle Spuren im Schnee zu verwischen, wurden sie entdeckt. ‚Auf einmal kracht ein Revolverschuss. Na ja, kann niemand anderer sein, das müssen die Nazis sein. Ich habe meine Pistole genommen und habe gleich einmal vom Bunker hinausgeschossen.‘ Da man sich bewusst war, in einer Falle zu sitzen [...], beschlossen sie, auszubrechen. Heina (Heinrich Kohnhauser), der als letzter sprang, traf nicht mehr am Sammelplatz ein.“[13]

13
Halbrainer: *Sepp Filz und seine Zeit*, 152–154 (wie Anm. 4).

Feuergefecht am Thalerkogel

„‚Alarm! Eine starke Streife! Mindestens zehn Mann – macht euch zum Kampf fertig, Genossen!‘ [...] Fast im selben Moment zerriss ein Schuss die morgendliche Stille. [...] Fredl (Silvester Heider), der ungefähr dreißig Meter von der schützenden Blockhütte entfernt war, stürzte plötzlich kopfüber den kleinen Abhang herunter und blieb regungslos liegen. [...] Durch unser konzentriertes Feuer auf den Hügel rundum hatten wir die Angreifer doch in volle Deckung gezwungen, nur vereinzelt blitzten von oben Schüsse auf. Ich wollte sie obendrein noch mit einer Kriegslist täuschen und rief daher laut, so dass sie es hören mussten: ‚Dritter Zug! Handgranaten heraus!‘ Die Wirkung war selbst für mich überraschend! Überall hörten wir das Unterholz knacken und zerbrechen, als ob ein Rudel Hirsche zu Tal springen würde. [...] ‚Genossen‘, sagte ich, kaum meine Tränen verbergen könnend, ‚Fredl ist gefallen! Er fiel für unsere Heimat – getreu seinem Partisaneneid! Wir werden ihn nie vergessen! Tod dem Faschismus! Freiheit dem Volk!‘“[14]

14
Muchitsch, Max: *Die Rote Stafette. Vom Triglav zum Hochschwab*, Wien 1985, 344–348.

Repression

Aufgrund der vorherrschenden Grundstimmung in der Bevölkerung sowie der Repressionsmaschinerie der Gestapo waren Menschen in Österreich, die Widerstand gegen das NS-Regime leisteten, ständiger Lebensgefahr ausgesetzt. Um die Partisanengruppe Österreichische Freiheitsfront Leoben-Donawitz zu bekämpfen, wurde am 20. November 1942 der Grazer „Kommunistenreferent" der Gestapo, Johann Stelzl, als Leiter in die Gestapo-Außenstelle Leoben beordert. In den darauffolgenden Monaten setzten groß angelegte Verhaftungswellen gegen Mitglieder der Partisanengruppe sowie das Hilfsnetzwerk ein. Hierbei wurden über 500 Menschen von der Gestapo festgenommen und unter Folter verhört.[15]

Möglich waren derartig große Verhaftungswellen letztlich auch durch das Denunziantentum. Über 70 Prozent aller Verfahren nach dem Kriegsverbrecher-Gesetz und mehr als 20 Prozent aller Volksgerichtsverfahren nach 1945 wurden in der Steiermark wegen einer Denunziation geführt. Mehr als die Hälfte der DenunziantInnen waren NachbarInnen, ArbeitskollegInnen oder Verwandte.[16]

„Welche grausigen Zustände unter der Leitung Stelzls bei der Gestapo Leoben herrschten, geht aus der Aussage des Zeugen Edmund Platzeriani hervor. Im November 1944 wurde der Häftling Michelitsch in den Keller geführt, worauf man von dort die ganze Nacht und den ganzen folgenden Tag ein furchtbares Brüllen hörte. Er kam nie mehr aus dem Keller."[17]

Nach dem Ende des Kriegs musste sich Johann Stelzl vor dem Landesgericht für Strafsachen in Graz für seine Taten verantworten. Nach der Vernehmung zahlreicher Opfer Stelzls wurde er wegen der seit Herbst 1942 durchgeführten Misshandlungen in 48 Fällen – hauptsächlich zum Zwecke der Erpressung von Geständnissen – vom Volksgericht zum Tode verurteilt und schließlich am 10. September 1947 in Graz hingerichtet.[18]

15
Vgl. Anzenberger / Ehetreiber / Halbrainer (Hg.): Die Eisenstraße (wie Anm. 1).

16
Vgl. ebd.

17
O. A.: „Der Angeklagte unterschrieb KZ-Begleitschreiben", in: Neue Zeit, 15. März 1947, 3.

18
Vgl. Strafsache gegen Johann Stelzl / Graz (ehem. Gestapo-Beamter): Protokoll der Hauptverhandlung, 11.–19. März 1947, Dokumentationsarchiv des österreichischen Widerstands, Sign. DÖW 13.158.

Man hat mich dann auf einen Stuhl gelegt und mich mit

Ochsenziemern so lange geschlagen, bis ich ohnmächtig geworden bin.

Als ich wieder zu mir gekommen bin, bin ich in einer Mansarde mit noch

2 anderen zusammen gelegten.

Zeugenaussage von Rudolf Heider aus Trofaiach vor dem Bezirksgericht Leoben
betreffend Misshandlungen durch die Gestapo Graz, © Dokumentationsarchiv des
österreichischen Widerstandes, Sign. DÖW 13.158

Angeklagter:

Mit Haider Rudolf habe ich nur zu tun gehabt, als ich

seinen Bruder identifizieren wollte. Später habe ich mit ihm nichts

mehr zu tun gehabt, der Zeuge sagt wahrscheinlich bewusst falsch aus.

Aussage des Angeklagten Josef Stelzl (ehem. Gestapo-Beamter) vor dem Bezirksgericht Leoben
betreffend Misshandlungen, © Dokumentationsarchiv des
österreichischen Widerstandes, Sign. DÖW 13.158

ich sie natürlich gekannt). Ich wurde dann gefragt, wo ich meine Ver-

letzung habe und wurde ich an diesem Tage nur dort geschlagen,

wo ich die Verletzung gehabt habe, und zwar mit einem Kabel oder einem

Ochsenziemer, auch der Angeklagte Stelzl hat mich geschlagen und habe

ich geschrien wie ein kleiner Junge. Stelzl sagte "du Schwein, wir wissen

Zeugenaussage von Rudolf Heider aus Trofaiach vor dem Bezirksgericht Leoben
betreffend Misshandlungen durch die Gestapo Graz, © Dokumentationsarchiv des
österreichischen Widerstandes, Sign. DÖW 13.158

Hilde Burger: Diese Frau kenne ich sehr gut. Sie ist auch schon vor 1938

          mehrmals angefallen. Wenn wir uns auf der Gasse getroffen haben,

          haben wir uns stets gegrüsst, haben uns unterhalten und waren

          auch hie und da auf ein Glas Bier. Nach meiner Rückkehr aus der

          Untersteiermark war Hilde Burger schon in Haft, oder wurde

          unmittelbar darauf verhaftet, genau weiss ich es nicht mehr —

          Ich habe eine Vernehmung abgelehnt, weil ich mich befangen ge-

          fühlt habe und weiss ich nicht, wer sie dann vernommen hat. Da

Johann Stelzls Aussage in der Strafsache gegen Johann Stelzl / Graz (ehem. Gestapo-Beamter),
Protokoll der Hauptverhandlung, 11. bis 19. März 1947, © Dokumentationsarchiv des
österreichischen Widerstandes, Sign. DÖW 13.158

134

Zeichnung von Johann Stelzl, aus:
Steiermärkisches Landesarchiv Graz

Prozessaufnahme von Johann Stelzl, aus:
Steiermärkisches Landesarchiv Graz

„Ich arbeite nur für den Friedhof"

Stelzl schwer belastet — Wöchentlich 20 bis 40 Häftlinge ins KZ

In der Freitagverhandlung des Stelzl-Prozesses wurde die Zeugeneinvernahme fortgesetzt. Der ehemalige Gefängnisbeamte Franz H o p f g a r t n e r sagte aus, daß im Polizeigefängnis die Wunden der von der Gestapo gefolterten Häftlinge gereinigt und verbunden wurden. Er war Zeuge wie Gestapobeamte, unter ihnen auch Stelzl, politische Häftlinge mit Peitschen, an deren Spitzen Bleiknöpfe angebracht waren, in den drei „Verhörzellen" im Keller bewußtlos prügelten, die Häftlinge seien in ihrem Blute röchelnd in der Zelle liegen gelassen worden. Noch nach einigen Tagen waren die Geschlagenen nicht zu erkennen und oft sah man nicht einmal die Augen. Der Zeuge wurde im April 1942 von Stelzl verhaftet, der ihm ein fertiges Protokoll zur Unterschrift vorlegte, da bekannt war, daß er immer Sozialist gewesen sei. Hopfgartner schilderte sodann, wie von Stelzl täglich bestimmt wurde, welche Häftlinge kein Essen bekamen, um sie „gefügig" zu machen, oft sei eine „Drei-Tage-Kur" befohlen worden, nach der die Gefangenen zum Verhör geführt wurden. Es war auch üblich, sie auf dem bloßen Steinboden schlafen zu lassen.

Aus der schriftlichen Aussage der Paula G ä r t n e r über den Tod ihres Mannes Heinrich geht hervor, daß er einige Tage nach seiner Verhaftung bewußtlos geprügelt wurde, kurz darauf wurde er nochmals „verhört" und ist von dieser Vernehmung nicht mehr zu seinen Kameraden in die Zelle zurückgekommen. Später habe sie die Nachricht erhalten, daß er sich selbst erhängt hätte. Wie jedoch ein Kroate aussagte, sei Gärtner während des Verhöres an den erlittenen Schlägen gestorben und dann von der Gestapo aufgehängt worden, um Selbstmord vorzutäuschen. Die Frau durfte die Leiche ihres Mannes nur durch ein Glasfenster im Sarg sehen und bemerkte, daß die ganze Stirn voll Blut und blauer Striemen war. Stelzl leugnete auch diesmal und meinte, die Todesursache müsse aus dem Totenbeschauschein hervorgehen (!) (Gelächter im Zuhörerraum).

Zeitungsausschnitt aus Arbeiterwille, 15. März 1947, 3, aus: ANNO, Österreichische Nationalbibliothek

Das Namensverzeichnis zeigt eine Auflistung der bislang bekannten Personen – basierend auf dem Namensregister des Historikers Heimo Halbrainer – aus dem Bezirk Leoben, die Widerstand gegen das NS-Regime geleistet haben und diesem zum Opfer gefallen sind:

Abegg, Fritz	Haiden, Richard	Mastnak, Franz	Schreiber, Rudolf
Abegg, Werner	Hartl, Hubert	Mayer, Karl	Sekeresch, Johann
Aglusewitsch, Karl	Hasenbacher, Heinrich	Michelitsch, Christian	Sibetschnig, Franz
Almer, Eduard	Heider, Silvester	Michelli, Martin	Sip, Johann
Auer, Franz	Hodinka, Martin	Miklavcin, August	Soukup, Alexander
Auer, Leander	Hofer, Kalman	Mlekusch, Konrad	Soyka, Karl
Auer, Ludwig	Horvath, Josef	Offner, Johann	Stelzl, Anton
Bach, Anton	Horvath, Martin	Panzirsch, Michael	Stranegger, Franz
Bacher, August	Hösch, Andreas	Papst, Mathias	Stuhl, Johann
Bachler, Johann	Huber, Florian	Pech, Johann	Stuhl, Othmar
Berger, Christine	Jäger, Hermann	Peny, Franz	Trattner, Pantaleon
Berger, Heinrich	Jäger, Ida	Petru, Bruno	Trbovšek, Štefan
Binder, Hubert	Jäger, Johann	Pichler, Rudolf	Treboutz, Josef
Blank, Karl	Jauk, Johann	Pichler, Siegfried	Treffler, Rudolf
Brandl, Bonavent	Judmaier, Viktor	Piffrader, Willibald	Tremetsberger, Anton
Brandstetter, Johann	Kantner, Franz	Pischelsberger, Hermann	Trevisani, Simon
Bretterbauer, Amalia	Kapaunig, Ernst	Polanka, Andreas	Truppe, Franz
Cas, Josef	Kapper, Peter	Pöltl, Josef	Tschoggl, Franz
Cebaus, Roman	Klosternig, Johann	Preitler, Johann	Tschoggl, Rudolf
Czaszar, Johann	Kneißl, Alois	Rainer, Engelbert	Unterberger, Fritz
Czaszar, Josef	Kohnhauser, Heinrich	Rainer, Hubert	Vaupotic, Paul
Dick, Johann	Kolenz, Karl	Rainer, Margarethe	Vogl, Johann
Dreschnig, Franz	Koller, Friedrich	Reich, Emmerich	Wagner, Maria
Edlinger, Klement	Komatz, Franz	Reininger, Friedrich	Wagner, Richard
Egger, Erich	König, Johann	Reisner, Karl	Wallner, Richard
Eglauer, Mathias	Krainer, Friedrich	Reiter, Markus	Weichselbaum, Franz
Ehmann, Maria	Krainer, Rudolf	Resetaritz, Franz	Weiß, Ignaz
Erlacher, Maria	Krall, Klara	Ritzinger, Johann	Weyer, Franz
Erlacher, Max	Krall, Ludwig	Rogy, Peter	Wieland, Johann
Fischer, Georg	Krenn, Johann	Rothmann, Johann	Wilding, Josefa
Fleiß, Martin	Kröll, Josef	Ruschitzka, Ferdinand	Wilding, Peter
Freudenthaler, Johann	Ledermüller, Rudolf	Rutte, Antonia	Winzig, Georg
Fuchslueger, Robert	Leinweber, Johann	Rutter, Maximilian	Wolfger, Wilhelm
Götzinger, Richard	Leiß, Ignaz	Sablatnig, Johann	Wurm, Eduard
Goldmann, Franz	Letonja, Wilhelm	Sattler, Johann	Ziegler, Margarethe
Gordon, Leo	Lindmoser, Franz	Sausneg, Robert	Zoidl, Katharina
Gorianz, Franz	Lobenwein, Franz	Scharf, Franz	
Grazer, Ludwig	Loidl, Johann	Schippisch, Josef	
Greiner, Johann	Loidl, Werner	Schloffer, Johann	
Gruber, Hermann	Lovrecki, Maria	Schlögl, Johann	
Gutenbrunner, Alois	Maier, Gottfried	Schoppitsch, Johann	

ACHTUNG
BANDENGEBIET
NUR IM GELEIT FAHREN

Warnhinweis im Partisanengebiet, der in der Untersteiermark zu sehen war.
© Dokumentationsarchiv des österreichischen Widerstandes, Foto-00646

Heimo Halbrainer

„Schwimmen im Volk wie ein Fisch im Wasser" oder die Österreichische Freiheitsfront und ihre Bodenorganisation in der Obersteiermark

Wer den Suchbegriff „Partisanenkampf" in Online-Lexika eingibt, wird auf den Begriff „Partisan" verwiesen: „ein bewaffneter Kämpfer, der nicht zu den regulären Streitkräften eines Staates gehört". Diese Partisanen führen – so heißt es dort weiter – „Kampfhandlungen in einem Gebiet durch, in dem eine andere reguläre Gewalt (Armee oder Polizei des eigenen oder eines fremden Staates oder zivile Verwaltung) offiziell den Herrschaftsanspruch erhebt. […] Zu ihren Kampfmethoden zählen Sabotage, Spionage, Angriffe auf kleinere militärische Verbände des Feindes und Bekämpfung von Kollaborateuren. Sie operieren meistens aus der Deckung einer Zivilbevölkerung heraus, binden reguläre Truppen und sind nur schwer greifbar, insbesondere aufgrund ihrer oft genauen Ortskenntnis und der Möglichkeit, in der Bevölkerung unterzutauchen."[1]

Diese „Waffe der Schwachen" gegen einen militärisch überlegenen Gegner kann aber nur dann erfolgreich sein, wenn diese die Unterstützung der Bevölkerung hat, mit der sie die gleichen politischen Ziele teilt und die die Partisanen freiwillig mit Nahrungsmitteln, Informationen und Quartier versorgt. Ist das der Fall, dann können die Partisanen – wie das Mao Tse-tung 1938 einmal formuliert hat – „im Volk schwimmen wie ein Fisch im Wasser". Die Bevölkerung des Operationsgebiets sei dann auch „Aug und Ohr der Truppe" und der „Nebel für die Feinde".[2] Diese Form des Partisanenkampfs führte im 20. Jahrhundert als nationaler Befreiungs- und letztlich sozialistischer Revolutionskampf, wie in China und Vietnam oder ab 1941 in Jugoslawien, zum Erfolg. Aber auch im 1938 an das Deutsche Reich „angeschlossenen" Österreich wurde die Konzeption eines Partisanenkampfes seitens der Kommunistischen Partei Österreichs (KPÖ) beispielsweise in der Obersteiermark im Rahmen der Österreichischen Freiheitsfront (ÖFF) ab

---

1
https://de.wikipedia.org/wiki/
Partisan. Zu Partisanen- und
Guerillakampf gibt es eine
Vielzahl an Literatur. Exemp-
larisch sei hier genannt:
Schickel, Joachim: *Guerilleros,
Partisanen. Theorie und Praxis*,
München 1970.

2
Tse-tung, Mao: „Über den
verlängerten Krieg", in: ders.:
*Theorie des Guerillakrieges
oder Strategie der Dritten Welt*,
Reinbek 1966, 133–201.

1943 praktiziert, wobei allerdings hier die Erfolge im Vergleich zu Jugoslawien, Griechenland oder Italien sehr bescheiden waren.

Vorgeschichte und Voraussetzungen

Nachdem in immer mehr Ländern Europas der Faschismus auf dem Vormarsch war, änderte die Kommunistische Internationale bei ihrem VII. Weltkongress 1935 die Strategie im Kampf gegen den Faschismus dahingehend, dass die einzelnen kommunistischen Parteien – also auch die seit 1933 illegale KPÖ – ein möglichst breites antifaschistisches Bündnis über die Arbeitereinheitsfront hinaus schaffen sollten. In Österreich bedeutete dies vor dem Hintergrund der Gefahr des „Anschlusses" an das national-sozialistische Deutsche Reich, dass die KPÖ ihre sozialrevolutionären Parolen wie „Diktatur des Proletariats" oder „Kampf für ein Sowjetöster-reich" zurückstellte. Stattdessen trat sie ab 1937 entsprechend ihrer Auffassung, dass Österreich eine von Deutschland verschiedene Nation ist, dafür ein, dass der Kampf um ein unabhängiges Österreich und die nationale Selbständigkeit gemeinsam mit einer breiten Volksfront aller anti-faschistischen, demokratischen und fortschritt-lichen Kräfte erfolgen müsse, weshalb Brücken zu den politischen Gegnern geschlagen wurden. Unmittelbar nach dem Rücktritt von Bundes-kanzler Kurt Schuschnigg am 12. März 1938 und dem „Anschluss" an das nationalsozialistische Deutschland rief daher die KPÖ mit der Parole „Rot-Weiß-Rot bis in den Tod" zum aktiven Widerstand für die Wiederherstellung der öster-reichischen Unabhängigkeit auf. In der Resolu-tion „Der Kampf um die Befreiung Österreichs von der Fremdherrschaft" formulierte die KPÖ schließlich im August 1938 die Hauptaufgaben, die vor „dem österreichischen Volke, der öster-reichischen Arbeiterschaft, der Kommunistischen Partei Österreichs stehen", folgendermaßen: „a) Kampf gegen die Fremdherrschaft und für die Selbstverwaltung des österreichischen Volkes: Organisation des passiven und aktiven Wider-standes [...] b) Kampf für die demokratischen

Rechte des Volkes als der wesentlichste Bestand-teil eines erfolgreichen Kampfes gegen die Fremdherrschaft und für die nationale Selbst-bestimmung [...] c) Kampf gegen die wirtschaft-liche Ausplünderung des Landes [...] d) Kampf gegen die Kriegspolitik des deutschen Faschis-mus [...] e) Kampf gegen die Kulturbarbarei und den Antisemitismus [...]."[3] Diesen Aufrufen entsprechend leistete die KPÖ ab Frühjahr 1938 einen zentral organisierten Widerstand in Öster-reich respektive in der Steiermark.

In und um Leoben – dem späteren Kampfgebiet der ÖFF – gab es seit dem 19. Jahrhundert eine starke linke, teils linksradikale Tradition, die sich bis heute in Wahlergebnissen in den Industrie-gemeinden des Bezirks ablesen lässt.[4] Neben einer langen Widerstandsgeschichte gegen soziale Ungerechtigkeiten gab es im Gebiet um Leoben-Donawitz sowohl zur Zeit des Austrofaschismus (1933 bis 1938) als auch nach dem „Anschluss" 1938 weitverzweigte kommunistische Zellen, die regelmäßig aufgedeckt wurden.[5] Genauso regelmäßig entstanden aber immer wieder neue Organisationen, die ab Sommer 1941 – dem Beginn des Kriegs gegen die Sowjetunion – teil-weise dazu übergingen, Anschläge auf die für das NS-Regime wichtige Infrastruktur zu verüben. Parallel zur qualitativen, aber auch quantitativen Steigerung des Widerstands ab 1941 kam es auch zu einer Verbreiterung der Widerstandsbasis über

3
Resolution des Zentralkomitees (ZK) der KPÖ, Anfang August 1938 in einer Tarnbroschüre: Alt, Fritz: Schmücke dein Heim, o. O., 1938, 7 f. Diese Resolution wie auch die bislang genannten Aufrufe finden sich in: Kommu-nistische Partei Österreichs (Hg.): Die KPÖ im Kampf für Unabhängigkeit, Demokratie und sozialistische Perspektive, Wien 1978.

4
So hatte die Revolutionäre Gewerkschaftsopposition in der Ersten Republik im Hüttenwerk Donawitz teilweise die Mehr-heit hinter sich, wie auch die KPÖ in der Zweiten Republik bis Mitte der 1950er-Jahre die

Betriebsratsmehrheit stellte. In den Gemeinden Trofaiach, Eisenerz oder Leoben erringt die KPÖ bis heute bei Ge-meinderatswahlen 20 und mehr Prozent und stellt zudem auch immer wieder den/die Vizebürgermeisterln.

5
Vgl. Halbrainer, Heimo: „So was wie in Leoben ist seit der Eingliederung der Ostmark im Gau Steiermark noch nicht vorgekommen.' – Widerstand und Opposition entlang der Eisenstraße", in: Anzenberger, Werner / Ehetreiber, Christian / ders. (Hg.): Die Eisenstraße 1938–1945. NS-Terror – Widerstand – Neues Erinnern, Graz 2013, 91–122.

die kommunistischen Zellen im Bezirk hinaus. So knüpften die Mitglieder der Donawitzer Zellen Kontakte zu slowenischen Fremdarbeitern, die ihrerseits wiederum Verbindungen zu der Osvobodilna Fronta, der slowenischen Befreiungsfront, nach Jesenice und Ravne hatten. Mit ihnen vereinbarten die für diese Kontakte zuständigen Leobener Kommunisten Sepp Filz und Anton Wagner, dass alles, was in Donawitz für die Unterstützung des slowenischen Partisanenkampfs gesammelt wurde (Geld, Decken, Medikamente und anderes mehr), nach Jesenice gebracht werde.[6]

Neben der Vorbildwirkung des slowenischen Widerstands – dem Gefühl, dass sich hier erstmals ernsthafter Widerstand gegen den Nationalsozialismus nur rund 100 Kilometer entfernt regte – waren für den Aufschwung des Widerstands in der Region um Leoben zudem außenpolitische Ereignisse wichtig. Denn als die deutsche Wehrmacht nach Jahren der Siege an allen Fronten 1943 erste Rückschläge (Stalingrad) einstecken musste, war das – wie der obersteirische Partisan Max Muchitsch meinte – für „alle Antifaschisten und Kriegsgegner" die „lange herbeigesehnte Wende".[7] Zudem bekam der Widerstand mit der Moskauer Deklaration der Alliierten vom 30. Oktober 1943, in der die Wiedererrichtung Österreichs genauso proklamiert wurde, wie Österreich daran erinnert wurde, „daß es für die Teilnahme am Kriege an der Seite Hitler-Deutschlands eine Verantwortung trägt, der es nicht entrinnen kann, und daß anlässlich

der endgültigen Abrechnung Bedachtnahme darauf, wieviel es selbst zu seiner Befreiung beigetragen haben wird, unvermeidlich sein wird",[8] ein völlig neues Gewicht. Denn nun war das Kampfziel, das die KPÖ im März 1938 formuliert hatte, dass „durch seine eigene Kraft und durch die Hilfe der Weltfront des Friedens [...] ein freies, unabhängiges Österreich wiedererstehen"[9] werde, ein von den Alliierten anerkanntes, ja geradezu gefordertes politisches Anliegen.

Die Österreichische Freiheitsfront in den obersteirischen Bergen

Bereits am 22. Oktober 1942 hatte die KPÖ über den Moskauer Exilsender „Freies Österreich" entsprechend ihrer Politik einer Volksfront aller antifaschistischen und demokratischen Kräfte zur Bildung einer Österreichischen Freiheitsfront aufgerufen.[10] In dem Aufruf, der mit den Worten „Österreich den Österreichern! Auf zum Volkskampf gegen Hitler und seinen Krieg und für ein freies und unabhängiges Österreich!"[11] endete, wurde von einer angeblich bereits stattgefundenen Gründungskonferenz der Österreichischen Freiheitsfront berichtet, bei der Vertreter verschiedenster politischer Richtungen und sozialer Schichten aus allen Bundesländern – etwa ein steirischer Bauer, ein Tiroler Pfarrer, ein Wiener Metallarbeiter, ein Lehrer aus Salzburg und ein Professor aus Wien – teilgenommen haben sollten.[12] Im Aufruf hieß es unter anderem: „Die Österreichische Freiheitsfront wird von allen Österreichern gebildet, die sich in Gruppen zu

6
Vgl. Pavlin, Mile: „Die Vorgeschichte der Partisanengruppe Leoben-Donawitz", in: *Vestnik Koroskih Partizanov* 22,1–2 (1988), 23–28.

7
Muchitsch, Max: *Die Partisanengruppe Leoben-Donawitz* (= Monographien zur Zeitgeschichte, Schriftenreihe des Dokumentationsarchivs des österreichischen Widerstandes), Wien / Frankfurt am Main / Zürich 1966, 16.

8
„Moskauer Deklaration vom 30. Oktober 1943". Anlässlich des zehnten Jahrestags der Unterzeichnung der Moskauer Deklaration gab Bundeskanzler Julius Raab im Parlament eine „Erklärung der Bundesregierung" ab, in der er die Deklaration verlas. Stenographisches Protokoll, 19. Sitzung des Nationalrates der Republik Österreich, VII. Gesetzgebungsperiode, 30. Oktober 1953, 595–618, hier 595 f.

9
Vgl. Aufruf der KPÖ: „Volk von Österreich! An alle Völker Europas und der Welt!", in: Dokumentationsarchiv des österreichischen Widerstandes (Hg.): „Anschluß" 1938. Eine Dokumentation, Wien 1988, 351.

10
Vgl. Aufruf zur Bildung der Freiheitsfront im Sender „Freies Österreich" am 22. und 23. Oktober 1942, abgedruckt in: Kommunistische Partei Österreichs: *Die KPÖ im Kampf für Unabhängigkeit*, 133–138 (wie Anm. 3).

11
Ebd.

12
Auszüge aus den (angeblichen) Diskussionsreden auf der Konferenz wurden in einer im März 1943 in Moskau herausgegebenen Broschüre veröffentlicht, die einen „Überblick über den Stand der nationalen Freiheits- und Unabhängigkeitsbewegung in Österreich" geben sollte. Vgl. o. A.: *Für ein freies unabhängiges Österreich*, Moskau 1943, 20–28.

Kampfausschüssen zusammenschließen, um den aktiven Widerstand zu organisieren. […] Teilnahme an der Freiheitsfront bedeutet für den Arbeiter: Organisierung von illegalen Betriebsgruppen, gegen das Antreibersystem, für bessere Löhne aufzutreten, planmäßig zu sabotieren. Teilnahme an der Freiheitsfront bedeutet für den Bauern: Das ganze Dorf muss zusammenhalten gegen die landfremden Nazi-Bonzen. Bildet Dorfgemeinschaften, lasst eure Söhne nicht an die Front gehen, schließt euch zusammen um den Pfarrer, der eure Sache vertritt, und um alle, die euer Vertrauen haben. Teilnahme an der Freiheitsfront bedeutet für den Soldaten: Sucht in der Wehrmacht Kontakt mit euren Landsleuten, drückt euch von der Front, seid klug und haltet nicht den Schädel hin für die Nazi-Preußen. Benützt jede Gelegenheit, die Hitler-Armee zu verlassen. Bleibt in der Heimat oder gebt euch der Roten Armee gefangen."[13]

War dieser Bericht über die Gründung der Österreichischen Freiheitsfront noch dem Wunschdenken der im Moskauer Exil befindlichen Führung der KPÖ entsprungen, so sollte genau ein Jahr später tatsächlich die Österreichische Freiheitsfront in den obersteirischen Bergen gegründet werden. Der Grundstein dazu wurde aber schon 1942 in Leoben gelegt.[14] Kommunisten, die bislang von der Gestapo nicht entdeckt worden waren bzw. die sich aus der illegalen Tätigkeit zurückgezogen hatten, sammelten sich um den Schlosser Sepp Filz, den Uhrmacher Ferdinand Andrejowitsch, den Kriegsversehrten Max Muchitsch, den gerade erst aus der Haft entlassenen Funktionär des Kommunistischen Jugendverbandes Anton Wagner und den ehemaligen Gewerkschaftssekretär Simon Trevisani und bildeten eine neue Leitung der KPÖ.[15] Sie bauten das durch die vorangegangenen Verhaftungswellen zerschlagene Netz von Widerstandszellen erneut auf und schufen ab Herbst 1943 zudem „Hilfsgruppen" über die engen Parteigrenzen hinweg. Dieser Aufbau von weiteren Unterstützungsgruppen erfolgte vor allem deshalb, da immer mehr Kommunisten in die Illegalität abtauchen mussten, da im März

1943 zunächst in Jesenice zahlreiche Mitglieder der slowenischen Befreiungsfront festgenommen wurden. In der Folge kam es auch in Leoben zu ersten Verhaftungen von Verbindungsleuten zur Befreiungsfront, was dazu führte, dass Anfang April 1943 Filz, Wagner und mehrere Slowenen, um einer drohenden Verhaftung zu entgehen, nach Slowenien flohen. Nach mehrmonatigem Aufenthalt bei den slowenischen Partisanen im Pokljuka-Bataillon kehrten Filz und Wagner im Sommer 1943 nach Leoben zurück und schritten gemeinsam mit den kommunistischen Widerstandszellen an den Aufbau einer breiteren organisatorischen Basis für einen Partisanenkampf in den obersteirischen Bergen.

Die Bodenorganisation – die „Augen und Ohren" der ÖFF

Um – entsprechend dem Bild – letztlich „wie ein Fisch im Wasser schwimmen" zu können, musste mit der Rückkehr der beiden aus Slowenien die Basis für einen Partisanenwiderstand in und um Leoben verbreitet und eine von den Partisanen später so genannte Bodenorganisation geschaffen werden, die sie mit Nachrichten und Lebensmitteln versorgte sowie ihnen Quartier gab. Diese Bodenorganisation bestand aus mehreren, auf unterschiedliche Weise mit den Partisanen verbundenen Gruppen, die unterschiedliche Aufgaben hatten, die es den militanten Kämpfern erst ermöglichten, über 20 Monate

13
Aufruf zur Bildung der Freiheitsfront, abgedruckt in: Kommunistische Partei Österreichs: Die KPÖ im Kampf für Unabhängigkeit, 136 f. (wie Anm. 3).

14
Vgl. dazu: Anzenberger, Werner: „Partisanen: Militärischer Widerstand an der Eisenstraße", in: Anzenberger / Ehetreiber / Halbrainer (Hg.): Die Eisenstraße 1938–1945, 123–169 (wie Anm. 5); Halbrainer, Heimo: Sepp Filz. Walz – Widerstand – Wiederaufbau, Graz 2021; Muchitsch, Max: Die Rote Stafette. Vom Triglav zum Hochschwab, Wien 1985.

15
Vgl. dazu u. a. die Berichte von Anton Wagner, Sepp Filz und Max Muchitsch im Buch: Dokumentationsarchiv des österreichischen Widerstandes (Hg.): Widerstand und Verfolgung in der Steiermark. ArbeiterInnenbewegung und PartisanInnen 1938–1945, bearb. von Elisabeth Holzinger, Manfred Mugrauer und Wolfgang Neugebauer, mit einer Einleit. von Heimo Halbrainer, Graz 2019, 506–519.

weitgehend unentdeckt in der Region zwischen Bruck, Tragöß, Eisenerz, Hieflau, St. Michael und Leoben aktiv zu sein.

Der Aufbau dieser Bodenorganisation erfolgte auf vielfältige Weise – zum einen durch die Partisanen selbst und zum anderen durch jene bei Verhaftungswellen zuvor unentdeckt gebliebenen bzw. neu entstandenen kommunistischen Netzwerke. So errichteten Filz und Wagner nach ihrer Rückkehr aus Slowenien Stützpunkte und Anlaufstellen im Tragößer Tal, rund um Eisenerz, Vordernberg, Trofaiach, im Gesäuse und im Liesingtal. Das waren zumeist abgelegene Bauernhöfe, wo der Besitzer oder der am Hof beschäftigte Landarbeiter sie unterstützte, indem sie sie bei sich nächtigen ließen oder sie mit Lebensmitteln versorgten.

In den im Herbst 1943 von Filz und Wagner geschaffenen Rückzugsorten, den Almhütten im Gesäuse, im Sulzkar bei Hieflau oder in der Krumpen oder der Zölz, fanden regelmäßig Besprechungen zwischen den illegal Lebenden und den politischen Leitern in Leoben statt, wo über den Aufbau der Partisanenorganisation, aber auch des Hinterlands diskutiert wurde. Bei einem dieser Treffen wurden im September 1943 nach dem Abschluss zahlreicher Vorbereitungen folgende auch den weiteren Aufbau der unterschiedlichen Unterstützungsgruppen betreffende Beschlüsse gefasst: „1. Umbenennung der ÖUB (Österreichische Unabhängigkeits-Bewegung) in ÖFF; 2. Schaffung des Aktionskomitees für den Bezirk Leoben; 3. weiterer Ausbau der Bodenorganisation der Partisanen im Bezirk und in Obersteiermark; Ausbau und straffere Verbindung zur Mittel-, Untersteiermark und Kärnten; 4. Schaffung und Bewaffnung von militanten Kampfgruppen, die zu gegebenem Zeitpunkt mit bewaffneten Aktionen beginnen müssen."[16]

Mit der Umbenennung der kurz zuvor erst ins Leben gerufenen Österreichischen Unabhängigkeits-Bewegung in Österreichische Freiheitsfront wurde auch eine politische Organisation ähnlich der slowenischen Osvobodilna Fronta geschaffen, die die Kämpfer unterstützen und vor allem im logistischen Bereich entlasten sollte.

Um die lokale Bevölkerung über ihre Ziele zu informieren, verfassten und verbreiteten die Partisanen das Programm der Österreichischen Freiheitsfront, indem sie unter anderem zum „Kampf mit allen uns zur Verfügung stehenden Mitteln einschließlich Waffengebrauchs gegen die faschistischen Okkupanten und ihre österreichischen Helfershelfer" aufriefen und für die „Errichtung eines freien, unabhängigen, demokratischen Österreichs, das mit allen Völkern in Freundschaft zu leben gewillt ist, jeden Rassen- und Nationalhass bekämpft sowie Religions- und Meinungsfreiheit sichert", eintraten. Zudem forderten sie die „Enteignung der Schwerindustrie, des Großgrundbesitzes sowie der faschistischen Institutionen, deren Verstaatlichung bzw. Aufteilung".[17]

Damit löste die ÖFF die KPÖ als zentrale Widerstandsorganisation in der Region ab, wobei die führenden Köpfe der in den Bergen lebenden Partisanen sowie die in den obersteirischen Industriestädten lebenden Mitglieder der ÖFF Kommunisten waren. Diese – vor allem die Leiter der KPÖ in Leoben – knüpften für den weiteren Ausbau der ÖFF Kontakte zu kommunistischen Widerstandsgruppen nach Kapfenberg, Bruck, Judenburg, Graz, Villach, Steyr, Linz, Wels und Wien.[18] Der Auf- und Ausbau des lokalen UnterstützerInnennetzwerks im Bezirk lag wiederum teilweise in den Händen von Kommunistinnen, vielfach den Freundinnen oder Verlobten der Partisanen bzw. deren

16
Muchitsch, Max: „Partisanen in der Obersteiermark", in: Historische Kommission beim ZK der KPÖ (Hg.): *Aus der Vergangenheit der KPÖ. Aufzeichnungen und Erinnerungen zur Geschichte der Partei,* Wien 1961, 99–103, hier 102.

17
Zit. n. der Anklageschrift des Oberreichskriegsanwalts gegen Franz Haslinger und Johann Fürst, 2. Januar 1945, abgedruckt in: Dokumentationsarchiv des österreichischen Widerstandes (Hg.): *Widerstand und Verfolgung in der Steiermark,* 487–498, hier 491 (wie Anm. 15).

18
Vgl. Filz, Sepp: *Der Widerstand in der Obersteiermark,* Manuskript, Dokumentationsarchiv des österreichischen Widerstandes, Sign. DÖW 896; Muchitsch: *Die Rote Stafette,* 197–202 (wie Anm. 14).

Verwandten, die die in den Bergen lebenden Partisanen – und ab Herbst 1943 wurden es rasch mehr – mit Lebensmitteln, Kleidern und Schuhen versorgten oder Kuriergänge zwischen den einzelnen Gruppen erledigten.[19] Führend war hierbei Mathilde Auferbauer[20] tätig, die dazu in einem Bericht festhielt: „Ich organisierte im September 1943 eine illegale Frauengruppe und suchte einige heraus, die ich für besondere Aufträge verwenden konnte. Unsere erste Aufgabe war es, Quartiere in der Umgebung von Leoben zu schaffen, um auf diese Art die Partisanengruppe, welche sich inzwischen gebildet hatte, zu unterstützen. Als es draußen auf dem Lande schon gefährlich wurde, da in allen Wäldern die sogenannte Landwacht ständig Streifen machte, stellten wir in der Stadt selbst eine Reihe von Quartieren zur Verfügung. Wir sammelten große Mengen Lebensmittel, Kleider und Schuhe und schickten alles unseren kämpfenden Genossen in den Wäldern. […] Im September 1943 hatten wir schon 110 Frauen erfasst."[21]

Die illegal Lebenden wurden aber von den Frauen nicht nur mit Quartieren und Lebensmitteln versorgt, sondern auch mit für sie wichtigen Informationen. Die Partisanen konnten dabei auf Verbindungen zurückgreifen, die bis ins Wehrbezirkskommando von Leoben, ins Landratsamt, ins Stadtamt, ins Fernmeldeamt und ins Heeresbauamt reichten. Dabei konnten die vielfach kriegsdienstverpflichteten Frauen in den Ämtern wichtige Nachrichten für die ÖFF sammeln. Christl Berger, die Verlobte des Partisanen Anton Wagner, arbeitete etwa im Adressenmeldeamt der Stadtgemeinde, wo sie – wie sie berichtete – „wertvolle Arbeit leisten [konnte], weil ich durch meine Stellung an sämtliche Karteikarten herankommen konnte und die Gestapo sich immer an

mich wenden musste, wenn sie die Wohnadresse eines von ihr Verfolgten erfahren wollte".[22] Auch knüpften die Frauen, die in der ÖFF mitwirkten, Kontakte zu Soldaten, die auf Heimaturlaub waren, und überredeten sie, nicht mehr einzurücken und sich stattdessen der ÖFF anzuschließen. Über Kontakte zu Wehrmachtsangehörigen und Sekretärinnen des Lerchenfelder Militärlagers in Leoben gelang es der ÖFF auch, aus dem Lager Waffen (Gewehre, Maschinenpistolen, Eierhandgranaten, Sprengstoff und Munition) zu besorgen, die wiederum bei Bauern in der Umgebung deponiert und teilweise an die einzelnen Kämpfer verteilt wurden.

Neben diesen politischen (kommunistische Widerstandsorganisationen) und „familiären" (Freundinnen, Verlobte, Verwandte) Netzwerken knüpften sowohl die in den Bergen lebenden Partisanen als auch die in den Dörfern und Städten lebenden UnterstützerInnen Verbindungen zu Männern und Frauen im Bezirk, die sie teilweise schon seit vielen Jahren als GegnerInnen des Nationalsozialismus kannten. Dabei war nicht eine „linke" Parteizugehörigkeit relevant, sondern die patriotisch motivierte Bereitschaft zum Widerstand gegen den Nationalsozialismus oder wie Max Muchitsch einmal festhielt: „Alle Nazigegner, die ihre Heimat liebten und Österreicher, nicht ‚Ostmärker' sein wollten, waren uns als Kampfgefährten willkommen – egal, welche politische Richtung sie ansonsten vertraten."[23]

Dieses Einbeziehen von anderen GegnerInnen des Nationalsozialismus über das engere politische Lager hinaus und damit erst die Schaffung eines „sicheren Hinterlandes", wo sich gegebenenfalls auch eine größere Anzahl von

19 Zu den Widerstandsleistungen der Frauen in der Region vgl. Muchitsch: *Die Rote Stafette*, 274–280 (wie Anm. 14); Dorfer, Brigitte: *Frauen im Dritten Reich. Arbeit, Ideologie, Widerstand: Widerstandsformen erwerbstätiger Frauen im Gebiet Leoben-Donawitz*, Dipl.-Arb., Univ. Graz 1988.

20 Vgl. Halbrainer, Heimo: „Karl und Mathilde Auferbauer – Ein Stück vergessener Leobener Widerstands- und Verlagsgeschichte", in: *Mitteilungen der Alfred-Klahr-Gesellschaft* 27,1 (2020), 19–24.

21 Auferbauer, Mathilde: *Frauenarbeit in Obersteiermark*, Manuskript, Dokumentationsarchiv des österreichischen Widerstandes, Sign. DÖW 901.

22 Wagner, Christl: „Bersch", in: Muchitsch: *Die Rote Stafette*, 354–358 (wie Anm. 14).

23 Muchitsch: *Die Partisanengruppe Leoben-Donawitz*, 22 (wie Anm. 7).

Personen für einige Zeit der Verfolgung entziehen konnten, war daher sowohl der Versuch, die Volksfrontstrategie hier in den Bergen rund um Leoben-Donawitz anzuwenden als auch der erste Schritt einer auf die obersteirische Situation angewandten Umsetzung der in Slowenien „erlernten" Partisanenstrategie und -taktik. Die weiteren „Lehren" waren die Ausnutzung der eigenen Initiative und somit die Überraschung des Gegners, eine hohe Mobilität, d. h. nach den Aktionen sofortiger Wechsel des Operationsgebietes, scheinbare Allgegenwart durch gleichzeitige Durchführung von verschiedenen Aktionen an mehreren Orten, keine bewaffneten Auseinandersetzungen mit überlegenen Gegnern aus eigenem Antrieb sowie strikteste Geheimhaltung und Disziplin. Dass es der ÖFF in und um Leoben gelang, über die Parteigrenzen hinaus eine Basis zu schaffen, zeigt die sehr inhomogene politische Struktur des politischen „Hinterlandes", das von kommunistischen und sozialistischen Arbeitern und Hausfrauen über katholische Bauern und Keuschler und von Gast- und Hüttenwirten bis hin zu einer Adeligen auf der Hohen Rötz reichte, oder wie es in einem Funkbericht an den KPÖ-Funktionär Franz Honner im November 1944 hieß: „Die politische Richtung war kommunistisch und monarchistisch".[24]

Ab Mai 1944 verübten die Partisanen in der Obersteiermark Anschläge auf Militärtransporte und überfielen – auch um das Versorgungsproblem für die Bodenorganisation zu lösen – ihnen als Nationalsozialisten bekannte Bauern und Förster, bei denen sie Lebensmittel und anderes mehr requirierten. Gleichzeitig produzierten sie in Hieflau im Gasthaus Loidl, wo sich ein Abziehapparat befand, Flugblätter, in denen sie die Soldaten, Arbeiter und Bauern aufriefen, sich dem Widerstand anzuschließen oder zumindest Teil der Bodenorganisation zu werden. So hieß es etwa in einem Flugblatt an die Bauern: „Bauern und Arbeiter sollen weiter ihre Habe und ihr Leben für Hitlers verlorenen Krieg opfern! Schluß damit! Der Bauer muss wieder frei sein. Das wird nur durch den gemeinsamen Unabhängigkeitskampf des österreichischen Volkes erreicht. Fort mit Hitler! / Die Freiheitskämpfer (Partisanen) sind eure Brüder; daher ist ihr Kampf auch euer Kampf! / Du Bauer gib dem Freiheitskämpfer Unterkunft und Nahrung! / Es lebe der Freiheitskampf des österreichischen Volkes!"[25]

Die militanten Anschläge der ÖFF auf Eisenbahnanlagen in Kapfenberg, Leoben und St. Michael sowie die Überfälle auf lokale Nationalsozialisten führten zu massiven Verfolgungsmaßnahmen seitens der Gestapo unter Führung des von Graz nach Leoben versetzten Chefs des Kommunistenreferats Johann Stelzl.[26] Zudem gab es bei Gefechten mit den nationalsozialistischen Verfolgern die ersten Toten auf Seiten der Partisanen. Nachdem im August 1944 zudem zwei Partisanen verhaftet worden waren, führte das in der Folge nicht nur zur Verfolgung der Partisanen in den Bergen, sondern auch zur Aufdeckung fast des gesamten Netzwerks von UnterstützerInnen. Hunderte Angehörige der Bodenorganisation wurden in Konzentrationslager verschleppt, andere vom Volksgerichtshof wegen Vorbereitung zum Hochverrat angeklagt und verurteilt. Mindestens 40 UnterstützerInnen haben die Haftanstalten bzw. Konzentrationslager nicht überlebt.[27] Für die in den Bergen lebenden Partisanen bedeutete dieser Schlag gegen die Bodenorganisation, dass sie bis kurz vor Kriegsende vom „sicheren" Hinterland, den UnterstützerInnen, abgeschnitten waren und sich in kleinen Gruppen in die unwegsamen Berge zurückziehen mussten. Unentdeckt gebliebene

---

24
Bericht über die Partisanen bei Leoben, aufgenommen am 18. November 1944, Dokumentationsarchiv des österreichischen Widerstandes, Sign. DÖW 847.

25
Eine Abschrift des Flugblattes findet sich im Volksgerichtsakt gegen Josef Bauer, Akten-Nr. 10 J 288/44: Urteil gegen Josef Bauer u. a. vom 17. November 1944, abgedruckt in: Dokumentationsarchiv des österreichischen Widerstandes (Hg.): Widerstand und Verfolgung in der Steiermark, 436–438, hier 437 f. (wie Anm. 15).

26
Einen Überblick über die Anschläge gibt die Chronik des Gendarmeriepostenkommandos Leoben zwischen 29. Mai und 2. August 1944. Kopie der Chronik in Dokumentationsarchiv des österreichischen Widerstandes, Sign. DÖW 13.114.

27
Vgl. Halbrainer, Heimo: *Archiv der Namen. Ein papierenes Denkmal der NS-Opfer aus dem Bezirk Leoben*, Graz 2013, 10–52.

Mitglieder der Bodenorganisation unterstützten sie über den Winter, ehe die Partisanen im Frühjahr 1945 Verbindungen zu Oppositionellen aller politischen Lager suchten und Aufrufe verbreiteten, in denen sie die Bevölkerung aufforderten, den nationalsozialistischen Führern nicht mehr zu folgen, zu desertieren und sich dem Widerstand anzuschließen.[28]

Am 8. Mai 1945 übernahmen die Partisanen der ÖFF in Leoben, Eisenerz, Radmer und Hieflau die Macht. Dadurch konnte nicht nur die Umsetzung des sogenannten „Nero-Plans" – die Sprengung der Industrieanlagen – verhindert werden, sie kamen, indem sie den nationalsozialistischen Werkschutz entwaffneten, auch in den Besitz von Waffen, die sie den Arbeitern und

Unterstützern der Partisanen gaben, die nun für die Sicherheit im Bezirk verantwortlich waren. Die ÖFF schuf in der Folge als oberstes Gremium in allen Gemeinden des Bezirks Leoben einen aus Mitgliedern der drei demokratischen Parteien KPÖ, SPÖ und ÖVP gebildeten Dreierausschuss der ÖFF, der in allen Betrieben und Behörden des Bezirks bis Ende Juli 1945 die maßgebende Kraft im Bezirk war. Die Österreichische Freiheitsfront gab zudem eine Tageszeitung, das *Obersteirische Tagblatt* heraus, organisierte den Wiederaufbau, war für die Wiederinbetriebnahme der Alpine-Betriebe, der Eisenbahn usw. verantwortlich und besorgte die erste Phase der Entnazifizierung, ehe sie von den Briten am 4. August 1945 aufgelöst wurde.[29]

28
Vgl. Flugblatt der ÖFF-Gruppe Eisenerz, April/Mai 1945, abgedruckt in: Dokumentationsarchiv des österreichischen Widerstandes (Hg.): *Widerstand und Verfolgung in der Steiermark*, 524 f. (wie Anm. 15).

29
Halbrainer, Heimo: „„Im Freiheitskomitee ist nicht gefragt worden, welcher Parteirichtung der einzelne angehört' – Die Volksfrontkonzeption in der Praxis am Beispiel der Österreichischen Freiheitsfront in Leoben 1945", in: Kuretsidis-Haider, Claudia / Mugrauer, Manfred (Hg.): *Geschichtsschreibung als herrschaftskritische Aufgabe. Beiträge zur ArbeiterInnenbewegung, Justizgeschichte und österreichischen Geschichte im 20. Jahrhundert. Festschrift für Hans Hautmann zum 70. Geburtstag*, Innsbruck / Wien / Bozen 2013, 181–198.

Die Ausstellung zur SS-Kaserne Graz-Wetzelsdorf war im Juli 2020 in Graz im Museum für Geschichte (Sackstraße 16) zu sehen. © Waltraud P. Indrist

Lisa-Marie Dorfleitner   Max Frühwirt   Milan Sušić

Graz: SS-Kaserne Wetzelsdorf

Die Ereignisse zwischen 5. Februar 1945 und 18. April 1945[1]

Im Frühjahr 1945 näherte sich der Zweite Weltkrieg seinem Ende. Am 5. Februar des Jahres erreichte die steirische Gauleitung der NSDAP in Graz – über den Generalstaatsanwalt in Linz – ein als „Geheim!" klassifiziertes Schreiben des Reichsministers für Justiz. Beigelegt waren die „Richtlinien für die Räumung von Justizvollzugsanstalten im Rahmen der Freimachung bedrohter Reichsgebiete."[2] Um den Befehl einer solchen „Räumung" umzusetzen, entschieden der steirische NS-Gauleiter Siegfried Uiberreither und der Gestapo-Kriminalkommissar Adolf Herz, zahlreiche Inhaftierte aus dem Landesgericht Graz und dem Gefangenenhaus am Paulustor in der SS-Kaserne Wetzelsdorf zu erschießen; sie hatten dafür bewusst einen Ort gewählt, der außerhalb ihres eigentlichen Verantwortungsbereichs lag.[3] Der überlebende Häftling Candidus Cortolezis berichtet in einer Zeugenaussage, dass vom Gestapo-Kriminalkommissar Herz im Gefangenenhaus eine Liste[4] verlesen wurde, auf der die zum Transport dorthin vorgesehenen Inhaftierten aufgelistet waren.

Die Gefangenen wurden anschließend in Ketten gelegt und misshandelt. Am 2. April 1945 begannen die ersten Transporte der Gefangenen in die SS-Kaserne.[5] Im Laufe der folgenden Tage wurden an die 200 Menschen nach Wetzelsdorf überstellt. Hier wurden sie schließlich von einem Hinrichtungskommando in Bombenkratern auf dem Sportplatz des Kasernengeländes erschossen. Für einige Gefangene hatte der Kommandeur der Sicherheitspolizei und des Sicherheitsdienstes der Steiermark einen Haftentlassungsauftrag ausgestellt.[6] Sie wurden freigelassen und überlebten dadurch diese sogenannten Endphaseverbrechen des Zweiten Weltkriegs. Dass den ausführenden Organen bei der Entscheidung über die Art der „Räumung" der Justizvollzugsanstalten ein eigener Ermessensspielraum eingeräumt wurde, ist explizit in der Richtlinie formuliert: „Die einzelnen Räumungsmaßnahmen selbst müssen wegen der erforderlichen Kenntnis der örtlichen Verhältnisse und der notwendigen Zusammenarbeit mit den örtlichen Verwaltungs- und Parteidienststellen weitestgehend der persönlichen Initiative den beteiligten Generalstaatsanwälten überlassen werden. Diese Richtlinien können nur Fingerzeige geben."[7] Nach den Erschießungen hatten die NS-Schergen großes Interesse, ihre Verbrechen vor den anrückenden Alliierten rasch zu vertuschen.

1
Zu Beginn bedanken wir uns herzlich bei Dr.[in] Nicole-Melanie Goll und Dr. Georg Hoffmann vom Forschungsprojekt „Tatort Graz-Wetzelsdorf 1945, Geschichte. Gedächtnis. Gedenken", Wiener Wiesenthal Institut für Holocaust-Studien. Sie haben uns freundlicherweise zahlreiche Dokumente aus ihren Recherchen zur Verfügung gestellt und uns auch bei all unseren Fragen außerordentlich hilfreich unterstützt.

2
Vgl. Schreiben des Reichsministers der Justiz vom 5. Februar 1945 an den Generalstaatsanwalt in Linz mit der Beilage: „Richtlinien für die Räumung von Justizvollzugsanstalten im Rahmen der Freimachung bedrohter Reichsgebiete", aus: Dokumentationsarchiv des österreichischen Widerstandes, Sign. DÖW 4996/1, DÖW 4996/2, DÖW 4996/3.

3
Vgl. den Beitrag von Nicole-Melanie Goll und Georg Hoffmann in diesem Buch, S. 163–169.

4
Vgl. Anm. 19.

5
Vgl. etwa den abgebildeten „Übernahmeschein Josef Logar" der Überstellung von Josef Logar am 7. April 1945 aus der Untersuchungshaftanstalt am Landesgericht Graz in die SS-Kaserne. Aus: Dokumentationsarchiv des österreichischen Widerstandes, Sign. DÖW 51399.

6
Vgl. Binder, Dieter A. / Hoffmann, Georg / Sommer, Ulrike / Uhl, Heidemarie: 41 Tage. Kriegsende 1945 – Verdichtung der Gewalt, Wien 2016, 96–98.

7
Beilage des Schreibens vom Reichsminister der Justiz vom 5. Februar 1945 an den Generalstaatsanwalt in Linz (wie Anm. 2): „Richtlinien für die Räumung von Justizvollzugsanstalten im Rahmen der Freimachung bedrohter Reichsgebiete", aus: Dokumentationsarchiv des österreichischen Widerstandes, Sign. DÖW 4996/3.

Graz, Karte von 1943, aus: Archiv Stadtvermessungsamt Graz

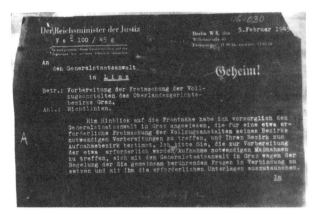

Schreiben des Reichsministers der Justiz an den Generalstaatsanwalt in Linz, mit der Anlage „Richtlinien für die Räumung von Justizvollzugsanstalten im Rahmen der Freimachung bedrohter Reichsgebiete", © Dokumentationsarchiv des österreichischen Widerstandes, Sign. DÖW 4996/1

Die handschriftliche Notiz links unten im Dokument zeigt, dass die „Richtlinie für die Räumung von Justizvollzugsanstalten im Rahmen der Freimachung bedrohter Reichsgebiete" nach Graz zur dortigen Umsetzung weitergeleitet wurde. © Dokumentationsarchiv des österreichischen Widerstandes, Sign. DÖW 4996/2

Sterbeurkunde Fritz Marsch, © Dokumentationsarchiv des österreichischen Widerstandes, Sign. DÖW 13154

Übernahmeschein Josef Logar, © Dokumentationsarchiv des österreichischen Widerstandes, Sign. DÖW 51399

Geheim!

Richtlinien für die Räumung von Justizvollzugsanstalten im Rahmen der Freimachung bedrohter Reichsgebiete.

Die Räumung der Justizvollzugsanstalten feindbedrohter Gebiete betrifft neben den Generalstaatsanwälten der freizumachenden Gebiete ebenso sehr auch die Generalstaatsanwälte der Aufnahme und Durchgangsgebiete, sofern sich nicht die Freimachung auf Verlegungen innerhalb eines Oberlandesgerichts beschränken kann. Die reibungslose Durchführung der Räumungsmaßnahmen ist daher von der engen Zusammenarbeit der beteiligten Generalstaatsanwälte abhängig, die sich umgehend miteinander wegen der zu treffenden Maßnahmen in Verbindung setzen und die für ihre Maßnahmen erforderlichen Unterlagen wechselseitig austauschen müssen. Die einzelnen Räumungsmaßnahmen selbst müssen wegen der erforderlichen Kenntnis der örtlichen Verhältnisse und der notwendigen Zusammenarbeit mit den örtlichen Verwaltungs- und Parteidienststellen weitgehendst der persönlichen Initiative den beteiligten Generalstaatsanwälten überlassen werden. Diese Richtlinien können nur Fingerzeige geben.

I. Freimachungsgebiet.

1. Allgemeine Organisationsfragen.

Die Freimachung feindbedrohter Gebiete liegt in den Händen der Reichsverteidigungskommissare. Sie bedienen sich hierbei der nachgeordneten Verwaltungs- und Parteidienststellen (Landrat, Oberbürgermeister, Kreisleiter). Der Generalstaatsanwalt des Freimachungsgebietes und die von ihm mit der Freimachung der Vollzugsanstalten örtlich Beauftragten haben umgehend mit dem zuständigen Reichsverteidigungskommissar und dessen nachgeordneten örtlichen Dienststellen Fühlung aufzunehmen und diese laufend aufrecht zu erhalten. Sie haben mit ihnen gemeinsam die für die Räumung der Vollzugsanstalten notwendigen Maßnahmen festzulegen und ihre rechtzeitige Durchführung sicherzustellen.

2. Umfang der Freimachung.

Der Umfang der Freimachung hängt im wesentlichen von der Größe des Bezirks, der Verlagerungsmöglichkeiten in diesem und der Entwicklung der Lage ab. Es sind alle Möglichkeiten zu berücksichtigen.

3. Gegenstand der Freimachung.

Die Freimachung hat sich nicht nur auf die Gefangenen, sondern auch auf das Aktenmaterial und die Bestände der Anstalten, sowie alle sonstigen wesentlichen Sachwerte zu erstrecken.

4. Zeitfolge der Freimachung.

Die Freimachung ordnet sich in die allgemeine Freimachung ein. Eine möglichst frühzeitige Freimachung der Vollzugsanstalten ist im Hinblick auf ihren besonderen Charakter und die Gefährlichkeit des Zurückbleibens von Gefangenen anzustreben. Die Freimachung von Sachwerten muß spätestens mit der Freimachung von den Gefangenen durchgeführt werden. Die einzelnen Freimachungsmaßnahmen sind so auf einander abzustellen, daß sie organisch ineinandergreifen.

5. Transportmittel.

Die Zuweisung der erforderlichen Transportmittel ist bei dem Reichsverteidigungskommissar bezw. dessen örtlichen Dienststellen zu beantragen und zwar auch, soweit eigene Fahrzeuge benutzt werden sollen. Die Anforderung der Transportmittel hat sodann unter Hinweis auf die erfolgte Zuweisung bei den zuständigen örtl. Stellen, z.B. Güterbahnhöfen, Fahrbereitschaftsleitern usw., zu erfolgen. Der Transportraum wird im allgemeinen nur in sehr beschränktem Umfange zugewiesen werden können, weshalb die Rückführung der Gefangenen vielfach im Fußmarsch wird durchgeführt werden müssen.

6. Kräfte der Zurückführung.

Für die Durchführung der Freimachung werden im allgemeinen nur die vorhandenen Aufsichtskräfte und das sonstige Personal der Anstalten zur Verfügung stehen. Es ist sicherzustellen, daß sie nicht von anderen Stellen zu anderen Zwecken abgezogen werden. Das Begleitpersonal von Gefangenentransporten hat in den Aufnahmeanstalten zu verbleiben.

7. Generalfreimachungsplan.

Von dem Generalstaatsanwalt des Freimachungsgebietes sind unter Berücksichtigung der getroffenen Vereinbarungen Verantwortliche für die

4996/3

Luftbild vom Februar 1945, aus: Forschungsprojekt „Belgierkaserne"
(Nicole-Melanie Goll, Georg Hoffmann), Quelle: National Archives and
Records Administration (NARA), RG 373

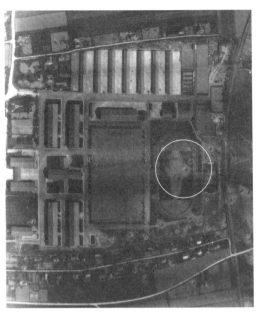

Auf dem Luftbild vom 8. April 1945 sind sechs Bombenkrater deutlich
zu sehen. Luftbild 8. April 1945, Graz (Flug-Nr. 680-0194, Bild-Nr. 4094,
8.4.1945), Quelle: Luftbilddatenbank Dr. Carls GmbH / HES –
Historic Environment Scotland /NCAP

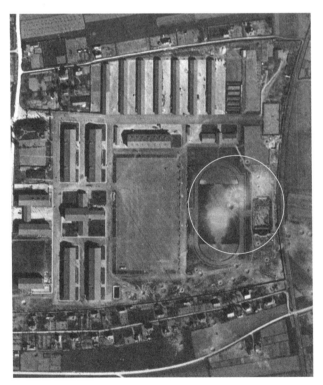

Luftbild vom Mai 1945:
Die Bombenkrater sind wieder verschlossen worden. Die Schatten der Krater bzw. der
Rillen vom Verscharren sind noch erkennbar. Aus: Forschungsprojekt „Belgierkaserne"
(Nicole-Melanie Goll, Georg Hoffmann), Quelle: National Archives and
Records Administration (NARA), RG 373

Luftbilder der Aliierten von der SS-Kaserne Wetzelsdorf – die Erschießungen zwischen dem 2. und 18. April 1945

Am 2. April 1945 haben die Transporte der Gefangenen vom Landesgericht Graz und dem Gefangenenhaus am Paulustor in die SS-Kaserne Wetzelsdorf begonnen. Tags darauf, am Abend des 3. April, wurden die ersten Inhaftierten von den in der Kaserne stationierten SS-Angehörigen erschossen; weitere Erschießungen erfolgten am 7. und 18. April. Die Erschießungen fanden der „Effizienz" halber in Bombenkratern auf dem Sportplatzgelände der SS-Kaserne statt, wo die Leichen zunächst verscharrt wurden.

Aufgrund von Verdacht erregenden Verwesungsgerüchen sind Ende April – auf Befehl des SS-Kasernenkommandanten Wilhelm Schweitzer – drei der sechs Bombenkrater auf dem Gelände der SS-Kaserne Wetzelsdorf wieder geöffnet worden. Die darin befindlichen Leichen wurden zum abgelegenen Feliferhof in Graz überstellt, um sie dort – in der Hoffnung weniger Aufmerksamkeit zu erregen – erneut zu vergraben.[8] Das hier abgebildete Luftbild der Alliierten vom Mai 1945 zeigt die bereits wieder verschlossenen Bombenkrater auf dem Gelände der SS-Kaserne Wetzelsdorf.

8
Vgl. Binder / Hoffmann /
Sommer / Uhl: *41 Tage*, 96–98
(wie Anm. 6).

Exhumierung der Opfer
am Feliferhof

Der Feliferhof in Graz gehörte zum Gelände
der SS-Kaserne Wetzelsdorf und wurde als
Militärschießplatz genutzt. Unmittelbar nach
Kriegsende meldete sich der Augenzeuge Karl
Burg, der den Transport der Leichen vom Kasernengelände zum Feliferhof gesehen haben wollte,
und berichtete über die Vorgänge. Eine öster-
reichisch-sowjetische Kommission öffnete daraufhin am 18. Mai das Massengrab am Feliferhof.
142 Leichname wurden darin gefunden. Darunter
befanden sich auch zwei Frauen. Ihre Leichen
wurden nach einer Obduktion am 27. Mai 1945
auf dem Zentralfriedhof in Graz beerdigt. Heute
erinnert dort ein Denkmal an die Opfer.[9] Drei
weitere Krater sind allerdings seither verschlossen
geblieben. Darin werden noch etwa 70 weitere
Leichen vermutet.[10]

[9]
Vgl. ebd.
[10]
Vgl. ebd.

Exhumierung der Leichen am Feliferhof, Graz, 1945,
aus: The National Archives, Kew, Sign. Waroffice 310/157

Denkmal am Zentralfriedhof Graz in der Fassung 1967,
gestaltet von August Raidl, © August Raidl

Porträt Adolf Herz, aus: The National Archives, Kew

Niederschrift der Aussage von Edith Jeschke am 14. Januar 1946, aus: Forschungsprojekt „Belgierkaserne" (Nicole-Melanie Goll, Georg Hoffmann), Quelle: NARA, RG 153, Bx. 69, F. 5-160

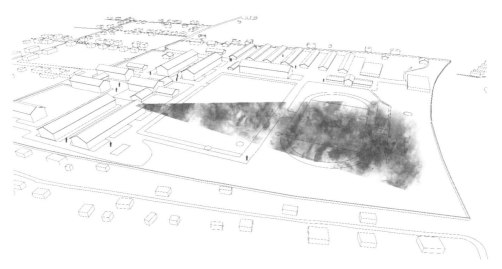

Darstellung des Sichtfelds von Edith Jeske aus den Baracken, © Lisa-Marie Dorfleitner, Max Frühwirt, Milan Sušić

Zeugenaussagen rund um die Ereignisse im Gestapo-Gefängnis und auf dem SS-Kasernengelände Wetzelsdorf

Am 3. April betrat Gestapo-Kriminalkommissar Herz den Zellentrakt des Gestapo-Gefängnisses in der Grazer Paulustorgasse und verlas eine Namensliste, die wenige Tage zuvor von Gauleiter Uiberreither erstellt worden war. Auf dieser Liste standen Namen von Vertretern kommunistischer, sozialdemokratischer und konservativer Widerstandsgruppen, Zwangsarbeitern und britischen, französischen sowie sowjetischen Kriegsgefangenen, die entweder im Paulustorgefängnis oder im Landesgericht Graz inhaftiert waren. Über diesen Vorgang gibt es eine Zeugenaussage des Grazer Kaufmanns Candidus Cortolezis, der einer der Inhaftierten im Gestapo-Gefängnis in der Grazer Paulustorgasse war und verdächtigt wurde, einer Widerstandsgruppe anzugehören.

Zeugenaussage Candidus Cortolezis
„Obersturmführer Herz, Gestapo Graz, kam gegen 20:30 Uhr in die Zelle und verlas eine Liste mit Namen. Wenn ein Name aufgerufen wurde, trat der Namensinhaber in den Korridor hinaus, wo er in Ketten gelegt wurde. [...]"[11]

Edith Jeske machte 1948 wiederum eine – wenn auch aus persönlichen Gründen widersprüchliche – Aussage über die Geschehnisse in der Kaserne in Bezug auf die dorthin überstellten amerikanischen Fallschirmjäger. An ihrer Glaubwürdigkeit gab es im Zuge der Verhandlung allerdings starke Zweifel, da es zu viele Unstimmigkeiten gab.[12]

Zeugenaussage Edith Jeske
„‚Frau Jeske, kommen Sie mit mir herauf auf den Dachboden, da gibt es etwas zu sehen.‘ Ich und Zimmermann begaben uns auf den Dachboden und sahen vom Dachboden aus auf den Exerzierplatz, wo bereits Amerikaner (Fallschirmspringer) und Juden ca. 20 an der Zahl aufgestellt waren".[13]

Anhand einer forensischen Architekturanalyse haben wir überprüft, ob die Aussage von Edith Jeske – sie habe vom Dachboden aus freie Sicht auf den Exerzierplatz gehabt – grundsätzlich zutreffen könnte. Wir konnten die Wohnung, in der sie sich laut ihren Aussagen aufgehalten hat, identifizieren und auch ihr Sichtfeld rekonstruieren.

11
Candidus Cortolezis zit. n. Binder / Hoffmann / Sommer / Uhl: *41 Tage*, 96–97 (wie Anm. 6).

12
Georg Hoffmann im Interview mit Lisa-Marie Dorfleitner und Milan Sušić, 20. November 2019.

13
Niederschrift der Aussage von Edith Jeske am 14. Januar 1946 vor der Kriminalpolizei Graz. Aus: Record of Trial of Willi Schweitzer et al., National Archives and Records Administration (NARA), RG 153, Bx. 69, F. 5-160.

Hörbare Schüsse von 200 Erschießungen? –
Eine schalltechnische Berechnung und räumliche Visualisierung

Konnten Erschießungen von über 200 Menschen im Umfeld der SS-Kaserne Wetzelsdorf unbemerkt bleiben? Immerhin war das Kasernengelände umgeben von einer Wohnsiedlung. Um diese Frage mit architekturforensischen Mitteln zu untersuchen, haben wir mit Unterstützung von Dietmar Sauer und der Software „CadnaA" eine räumlich-akustische Simulation erstellt. Damit konnten wir die Reichweite der Hörbarkeit der in der SS-Kaserne durchgeführten Hinrichtungen berechnen und visualisieren.

Da die Schüsse, die in ihrer Lärmintensität etwa einem Presslufthammer gleichkommen, ab einer Restschallleistung von 50 dB hörbar waren, entstand ein Radius der Hörbarkeit von circa 600 Metern im Umkreis der auf dem Gelände der SS-Kaserne Wetzelsdorf gelegenen Krater. Die grün visualisierten Bereiche verdeutlichen, wie weit die Schüsse über das Kasernengelände hinaus in der bewohnten Gegend hörbar waren.

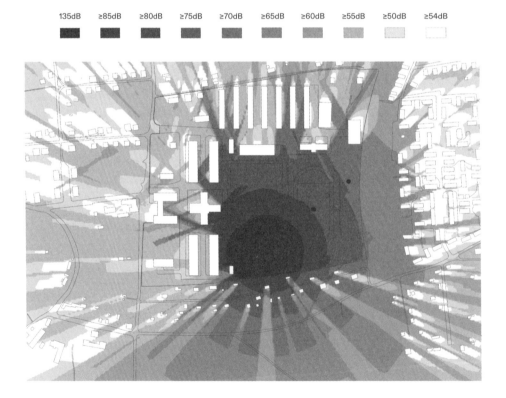

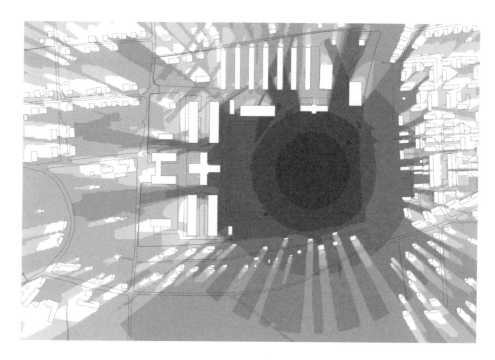

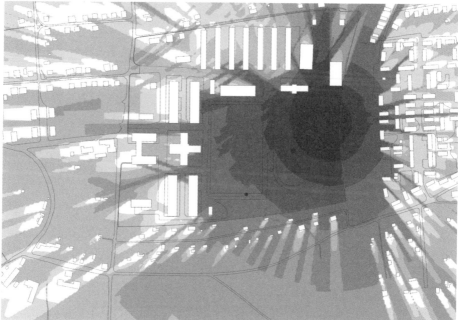

Rekonstruktion der Hörbarkeit der Schüsse: Die Bereiche, in denen die Schüsse hörbar waren, sind auf der Visualisierung in Grüntönen dargestellt. Bereiche, in denen sie nicht hörbar waren, bleiben weiß. Schalltechnische Berechnung: Dietmar Sauer, A15 Energie, Wohnbau, Technik, Referat Lärm- und Strahlenschutz, Land Steiermark; Grafische Umsetzung: Max Frühwirt

Porträt Josef Logar, freundlicherweise
zur Verfügung gestellt von Ernst Logar

Fritz Marsch, aus: Binder, Dieter A.
/ Goll, Nicole-Melanie / Hoffmann,
Georg / MilKo ST: Gedächtnishain der
Belgierkaserne, o. J.

Bescheinigung der Staatsanwaltschaft Klagenfurt am
14. Januar 1946 über die Anzeige Josef Logars wegen
„Hochverrats" am 21. September 1944. Freundlicherweise
zur Verfügung gestellt von Ernst Logar

Porträt Julia Pongracic,
aus: Graz 1945. Historisches
Jahrbuch der Stadt Graz 25 (1994)

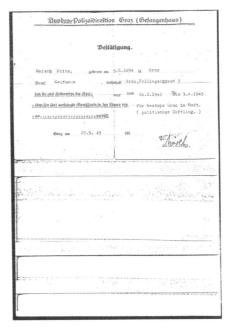

Porträt Maximilian Haitzmann,
© Karl Haitzmann

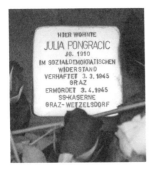

Stolperstein Julia Pongracic, Verein für
Gedenkkultur Stolpersteine in Graz,
© Alexander Danner

Bestätigung der Bundespolizeidirektion Graz über die
Gestapohaft von Fritz Marsch vom 24. Februar 1945 bis
3. März 1945, © Dokumentationsarchiv des
österreichischen Widerstandes, Sign. DÖW 13 15

Widerstand

Unter den erschossenen Personen befanden sich auch die WiderstandskämpferInnen Franz Büschinger aus Kapfenberg, Maximilian Haitzmann und Siegfriede „Frieda" Hauberger aus Graz, der Brucker Ignaz Hintermann, die Unterstützer der Kärntner Partisanen Josef Logar und Stanislaus Suppan sowie der Kärntner Josef Bamberger. Sie wurden im März 1945 von der Gestapo verhaftet.

Einzig Frieda Hauberger sollte durch ihre Überstellung in das Gefängnis in Wels der Ermordung in der SS-Kaserne Wetzelsdorf entgehen. Die restlichen Gefangenen wurden von der Gestapo am Abend des 7. April 1945 aus ihren Zellen geholt und nach Wetzelsdorf überstellt.[14] Ihre Leichname befanden sich unter jenen, die auf dem Feliferhof exhumiert wurden.

Josef Logar war zur Zeit des NS-Regimes bei der Wehrmacht als Magazineur tätig. Er wurde am 21. September 1944 wegen Hochverrats und Verbindung zu den Partisanen verhaftet und am 29. Januar 1945 wegen Feindbegünstigung und Vorbereitung zum Hochverrat durch das Oberlandesgericht Graz zum Tode verurteilt.[15] Er wurde am 7. April 1945 im Zuge der Erschießungen in der SS-Kaserne Wetzelsdorf hingerichtet.

Dr.[in] Julia Pongracic war Mitglied der verbotenen Sozialdemokratischen Partei und Teil der Widerstandsgruppe um Fritz Matzner in Graz. Ihre Funktion als Sekretärin des NS-Gauleiters Siegfried Uiberreither ermöglichte ihr einen Einblick in die Geschehnisse. Am 3. März 1945 wurde sie wegen des Verdachts, Teil einer Widerstandsgruppe zu sein, verhaftet und am 3. April 1945 in der SS-Kaserne Wetzelsdorf ohne Gerichtsverhandlung erschossen. In der Villengasse 7 in Graz wurde zum Gedenken an die Widerstandskämpferin Pongracic ein Stolperstein errichtet.[16]

Fritz Marsch wurde am 24. Februar 1945 von fünf Gestapo-Beamten ohne Angabe von Gründen verhaftet. Bei der Durchsuchung seines Hauses wurde seine Verbindung zur Sozialdemokratischen Partei nachgewiesen. Am 3. April 1945 wurde Marsch schließlich ohne vorherige Gerichtsverhandlung in der SS-Kaserne Wetzelsdorf hingerichtet. Seiner Familie wurde sein Schicksal nicht mitgeteilt. Als Todesursache ist in seiner Sterbeurkunde lediglich „justiziert" vermerkt.[17]

Maximilian Haitzmann begann im Jahr 1942 damit, eine kommunistische Organisation aufzubauen sowie Kontakte zu ausländischen Arbeitern, nach Wien und zu slowenischen Partisanen zu knüpfen.[18] Er wurde am 28. November 1944 vom Oberlandesgericht Graz wegen Hochverrats und Feindbegünstigung zum Tode verurteilt und am 7. April 1945 von Beamten der Gestapo in die SS-Kaserne Wetzelsdorf gebracht und dort erschossen.

14
Vgl. auch Halbrainer, Heimo: *Sei nicht böse, dass ich im Kerker sterben muss*, Graz 2014, 161–162.

15
Vgl. Logar, Ernst: Josef Logar, online unter: www.denblick-hinrichten.at/logar.htm [13.1.2020].

16
Verein für Gedenkkultur in Graz: Dr.[in] Julia Pongracic, online unter: www.stolpersteine-graz.at/stolpersteine/pongracic-julia/ [13.1.2020].

17
Vgl. Dokumentationsarchiv des Österreichischen Widerstandes, Sign. DÖW 13154.

18
Vgl. Halbrainer: *Sei nicht böse*, 165–166 (wie Anm. 14).

Im Gedenken an[19]

Abdulei, Sadula	Marsch, Fritz
Adamow, Milorad	Maskalenko, Gabriel
Alfiorow, Iwan	Massuncha, Andrej
Bamberger, Josef	Mikulik, Stanislaus
Blinke, Anton	Modovan, Johann
Bogomnjan, Soja	Morosow, Jakob
Bouvier-Azula, Franz von	Muchta, Abdurman
Büschinger, Franz	Novicki, Boleslav
Chartenko, Leonid	Ohlitschenko, Konstantin
Delorne, Armand	Poletschuk, Sergej
Dominitrenko, Anton	Pomsani, Iwan
Doschler, Hilde	Pongracic, Dr.[in] Julia
Einbeck, Richard	Posch, Josef
Eppich, Paul	Posovec, Franz
Fluck, Max	Puchaje, Ilja
Gulikowa, Olga	Puchinger, Johann
Haitzmann, Maximilian	Ridge, Cecil
Heller, Gustav	Roblot, Edmond
Hermann, Fabian	Tichanow, Nestar
Hierzer, Franz	Tominitsch, Johann
Hintermann, Ignaz	Tschebin, Josef
Hübner, Rudolf	Tscherbaka, Peter
Iwanow, Wladimir	Samsanow, Fillipp
Kalatschkow, Grigory	Schatko, Otto
Knotz, Josef	Seidomef, Seit
Konjezow, Iwan	Shirgwin, Friedrich
Kusmenko, Grigory	Sturow, Wladimir
Lamprecht, Friedrich	Suppan, Stanislaus
Logar, Josef	Suttar, Dragoslav
Losowski, Wasili	Wassmund, Gustav
Manainko, Iwan	Wugrin, Anatoli

und 150 nicht identifizierte
ungarisch-jüdische Zwangsarbeiter

19
Die Auflistung ist eine Zusammenfassung von mehreren Todeslisten,
die die Alliierten im Rahmen der Exhumierung rekonstruiert haben
(angefertigt am 24. Mai 1945). Dabei ist zu beachten, dass es sich
hierbei zum Teil um Codenamen handelt. Danke an die Historikerin
Dr.[in] Nicole-Melanie Goll für den Hinweis. Aus: „Felieferhof,
Austria: killing of POWs, civilians and soldiers", September 1945,
The National Archives Kew, Sign. War office (WO) 310/157.

Nicole-Melanie Goll   Georg Hoffmann

Tatort Wetzelsdorf: Waffen-SS und Endphaseverbrechen in Graz

2011 fand im Beisein des damaligen österreichischen Bundesministers für Landesverteidigung, Norbert Darabos, Vertretern der Religionsgemeinschaften, Opferverbänden und des Österreichischen Bundesheeres die feierliche Enthüllung eines Gedenkhaines in der Belgierkaserne in Graz statt. Dieser markiert, inmitten der militärischen Liegenschaft befindlich, nicht nur den Ort eines der größten nationalsozialistischen Einzel-Verbrechen im heutigen österreichischen Raum, sondern auch noch immer existente Massengräber.[1] Der Gedenkhain stellt dabei eine direkte Verbindung zu einem anderen Ort dar, dem lange Zeit größerer Bedeutung zugemessen worden war: dem nahen Schießplatz am Feliferhof.[2] Hier waren kurz nach Kriegsende die sterblichen Überreste von 142 NS-Opfern gefunden worden, die jedoch trotz großer Anstrengungen und reger Anteilnahme der Bevölkerung nie mit Bestimmtheit identifiziert werden konnten.[3] Die Ermordung dieser Menschen, die deutlich mit der Kaserne in Verbindung stand, wurde zudem rechtlich nie geklärt. Vor dem Hintergrund der fehlenden Klärung entstand eine starke Fokussierung auf den Feliferhof, die vor allem im umkämpften Feld von Erinnerung und Gedenken sichtbar wurde, die aber gleichzeitig den Blick vom eigentlichen Tatort des Verbrechens und damit auch von der Frage der Täterschaft weglenkte.[4] Erst 2008 setzte mit

1
Vgl. o. A.: „Darabos eröffnete Gedächtnishain für NS-Opfer in Belgierkaserne Graz", in: *Der Standard*, 12. Dezember 2011, online unter: https://www.derstandard.at/story/1323222852532/gedenken-darabos-eroeffnete-gedaechtnishain-fuer-ns-opfer-in-belgierkaserne-graz [30.10.2020].

2
Der Name geht auf die Besitzerin des Geländes im 19. Jahrhundert zurück. Der „Filaferohof", „Felieferhof" oder „Feliferhof" gelangte 1869 durch einen Tausch in den Besitz der k. u. k. Armee und

diente der Garnison als Elementar- und Gefechtsschießplatz sowie Pionierübungsplatz. Auch nach 1918 und über die Systembrüche hinweg blieb der Feliferhof – diese Schreibweise setzte sich schließlich durch – militärisch genutzt. Vgl. dazu: Egger, Rainer: „Graz als Festung und Garnison", in: Wilhelm Steinböck (Hg.): *Graz als Garnison. Beiträge zur Militärgeschichte der steirischen Hauptstadt*, Graz 1982, 9–47, hier 33.

3
Vgl. dazu: „Felieferhof, Austria: killing of POWs, civilians and soldiers", September 1945, The National Archives (TNA), Sign.

War office (WO) 310/157; o. A.: „Erschütternde Dokumente vom Feliferhof", in: *Neue Steirische Zeitung*, 27. Mai 1945, 4; Janeschitz, Hans: *Feliferhof. Ein Bericht über die amtlichen Untersuchungen der Massenmorde in der Schießstätte Feliferhof*, Graz 1947.

4
1967 wurde am Grazer Zentralfriedhof das erste Feliferhof-Denkmal errichtet. 1980 folgte eine Erinnerungstafel am Schießplatz. In den 1990er-Jahren entstand rund um das durch eine Ausschreibung zum Siegerprojekt gekürte, jedoch nicht realisierte Künstlerprojekt „Die Gänse vom Feliferhof"

ein Kampf unterschiedlicher Erinnerungsakteure, der lange nachwirkte. Denn statt der Umsetzung entschied sich das Bundesministerium für Landesverteidigung 1998, eine Studie, durchgeführt vom Ludwig-Boltzmann-Institut für Kriegsfolgenforschung, in Auftrag zu geben. Vgl. Karner, Stefan / Knoll, Harald: *Der „Feliferhof". Ein Forschungsprojekt des Bundesministeriums für Landesverteidigung (BMfLV) durchgeführt am Ludwig-Boltzmann-Institut für Kriegsfolgen-Forschung*, Graz 2001, 27.

einem Forschungsprojekt eine intensive historische Aufarbeitung dieses Verbrechens und der Kaserne als Tatort ein, dessen Ziele die Klärung der Hintergründe, der Anzahl und Identität der Opfer und des Verbleibs ihrer sterblichen Überreste darstellten.[5] 2020 wurden diese Ergebnisse um die Frage der räumlichen Zusammenhänge und Formen der (transnationalen) Täterschaft erweitert. Damit spannten sich gänzlich neue Dimensionen auf, die nicht nur eine Klärung des Verbrechens ermöglichten, sondern einen ganzen Verbrechenskomplex erschlossen, der gerade auch in der Frage der Täterschaft weit über den Grazer Raum hinausreicht.[6] Der vorliegende Artikel umreißt die Ergebnisse, gibt Einblicke in Zusammenhänge und verweist dabei mit der heutigen Belgierkaserne auf einen sehr spezifischen Ort. Hier bündelt sich vieles: Nicht nur die Frage nach Täterschaft zu Kriegsende und nach dem Verbleib der Opfer ist hier zu klären, sondern auch die Frage des Gedenkens und der Aufarbeitung sogenannter Endphaseverbrechen.

Der Ort: Die SS-Kaserne Wetzelsdorf

Der Bezirk Wetzelsdorf, in den 1930er-Jahren ein peripherer Raum im Westen von Graz, erlebte nach dem „Anschluss" Österreichs an das nationalsozialistische Deutsche Reich im Jahr 1938 einen erheblichen Bauboom, vor allem in militärischer Hinsicht. Im Zuge des deutschen Militärbauprogramms entstanden im Bezirk zwei Kasernen, mehrere Lager und Gebäude.[7] Eine dieser neuen militärischen Liegenschaften stellte die 1940 im „Alpenstil" errichtete heutige Belgierkaserne dar, die den Namen „SS-Kaserne Wetzelsdorf" erhielt und als Stationierungsort unterschiedlicher Waffen-SS-Verbände und -Einheiten, vor allem aber von sogenannten „germanischen" Freiwilligenformationen aus den vom Deutschen Reich besetzten Ländern Europas diente.[8] Es waren vor allem junge Dänen, Niederländer, Norweger und Volksdeutsche aus Rumänien, die sich hier ab 1943 zur Grundausbildung im SS-Panzergrenadier-Ausbildungs- und Ersatzbataillon 11 wiederfanden.[9] Diesen stand ein Ausbildungs- und Führungs-Kader von großteils aus dem „Altreich" stammenden Waffen-SS-Männern gegenüber, die sich zumeist nach Verwundungen an der Front für unterschiedlich lange Zeit hier im Status der Rekonvaleszenz befanden. Einer von ihnen war der letzte Kommandeur des Bataillons, SS-Sturmbannführer Wilhelm Schweitzer, der als Kriegsversehrter im November 1944 in die SS-Kaserne Wetzelsdorf kam und zu einer der prägenden Figuren in den Abläufen bis Kriegsende in Graz werden sollte. Der aus dem deutschen Minden stammende Schweitzer übernahm dabei den einzigen im Reichsgau Steiermark stationierten Waffen-SS-Verband, um den sich bereits früh Begehrlichkeiten entwickelt hatten. Zwar unterstand das Bataillon als Ersatzverband

---

5
Zwischen 2008 und 2010 führten die AutorInnen im Auftrag des Bundesministeriums für Landesverteidigung und Sport (BMLVS) zwei Forschungsprojekte mit dem Ziel durch, Hinweisen nach möglicherweise noch in der Belgierkaserne (ehemalige SS-Kaserne Wetzelsdorf) vorhandenen Massengräbern nachzugehen und Verbindungen zwischen verschiedenen Verbrechen am Feliferhof und in der SS-Kaserne näher zu beleuchten. Dabei konnte mithilfe erstmals ausgewerteter alliierter Luftbilder nicht nur die Verbrechensgenese deutlich sichtbar gemacht, sondern

auch die Existenz und Lage von Massengräbern nachgewiesen werden. Die Teilergebnisse wurden erstmals publiziert: Hoffmann, Georg: „SS-Kaserne Graz-Wetzelsdorf. Im Spannungsfeld des Kriegsendes und der Nachkriegsjustiz", in: Bouvier, Friedrich / Reisinger, Nikolaus (Hg.): *Historisches Jahrbuch Stadt Graz* 40 (2010), 305–341; Goll, Nicole-Melanie / Hoffmann, Georg: „Kulmination von Gewalt. Massengräber in der SS-Kaserne Graz-Wetzelsdorf 1945", in: Stelzl-Marx, Barbara (Hg.): *Lager Liebenau. Ein Ort verdichteter Geschichte*, Graz, Wien 2018, 113–117.

Zudem sei an dieser Stelle auf die in Fertigstellung befindliche Monographie zum NS-Endphaseverbrechen in der ehemaligen SS-Kaserne Wetzelsdorf verwiesen.

6
Das Projekt „Tatort Graz-Wetzelsdorf 1945: Geschichte. Gedächtnis. Gedenken" wird am Wiener Wiesenthal Institut für Holocaust-Studien durchgeführt und vom Zukunftsfonds der Republik Österreich und dem Nationalfonds der Republik Österreich gefördert. An dieser Stelle sei den Fördergebern herzlichst gedankt. Die Ergebnisse werden 2022 publiziert.

Zudem widmet sich ein weiteres Forschungsprojekt einem jüdischen Widerstandskämpfer, der in der Kaserne am 2. April 1945 ermordet wurde.

7
Vgl. Kubinzky, Karl Albrecht: „Die Grazer Stadtplanung während der Herrschaft des Nationalsozialismus", in: *Historisches Jahrbuch der Stadt Graz* 18/19 (1988), 335–351, hier 350.

8
Vgl. Bundesarchiv Berlin (BA), Sign. NS 33/213.

9
Vgl. BA, Sign. NS 33/213.

dem Befehlshaber des Ersatzheeres Heinrich Himmler sowie territorial dem Höheren SS- und Polizeiführer (HSSPF) „Alpenland" und damit einer eigenen, selbstständigen SS- und Polizeigerichtsbarkeit (SS- und Polizeigericht XXIII) in Salzburg,[10] jedoch hatte der steirische Gauleiter und Reichsverteidigungskommissar Sigfried Uiberreither immer wieder versucht, auf diesen Machtfaktor zurückzugreifen – nicht zuletzt in der sogenannten „Bandenbekämpfung" im heutigen Slowenien sowie in den Abläufen der letzten Kriegswochen und der „Nutzung" des Schieß- und Truppenübungsplatzes Feliferhof. Während in der SS-Kaserne besonders 1945 mit drakonischen Maßnahmen versucht wurde, Disziplin, Loyalität und Fanatismus vor allem von den jungen niederländischen, norwegischen und dänischen Waffen-SS-Rekruten für den sogenannten „Endkampf" zu erzwingen, war das Bataillon mit Schweitzer und unter Zutun der Gauleitung immer häufiger an Kriegsverbrechen beteiligt. So wurden am 4. März 1945 im nahen Straßgang unter Zutun der Waffen-SS insgesamt sechs US-amerikanische Flieger öffentlich ermordet, nachdem es in Absprache mit der Gauleitung zu Hetzaktionen gegen „Terrorflieger" gekommen war.[11] In zunehmendem Maße wurde die SS-Kaserne Wetzelsdorf und mit ihr das Bataillon zu einer Drehscheibe der Gewaltspirale des Kriegsendes im Grazer Raum.

Kriegsende und Anbahnung von Verbrechen

Ende März 1945 waren in der SS-Kaserne Wetzelsdorf rund 5.000 Waffen-SS-Männer stationiert, die auch am Feliferhof für den unmittelbar bevorstehenden Kampfeinsatz trainiert wurden. Während Wilhelm Schweitzer mit der Entsendung des Bataillons zur SS-Division „Nordland" in den Raum Berlin spekulierte,[12] setzte Gauleiter Uiberreither das Bataillon als letztes Aufgebot im Kampf gegen die Rote Armee in der Steiermark und als entscheidenden Faktor in der Beseitigung von NS-GegnerInnen in Graz ein. Am 29. März verschärfte sich die Situation, als

sowjetische Truppen die damalige Reichsgrenze zu Ungarn und kurz darauf bei Rechnitz auch die sogenannte Reichsschutzstellung überschritten. Damit war die Front nahe genug an Graz herangerückt, dass sie eine unmittelbare Bedrohung für die Gauhauptstadt darstellte.[13] Begleitet wurde diese Entwicklung von einer Intensivierung britischer und amerikanischer Luftangriffe, die ihren Höhepunkt am 2. April 1945 mit dem bis dahin schwersten Luftangriff auf Graz erreichten.[14] Im Zuge dieses Angriffs fielen auch mehrere Bomben auf das Areal der SS-Kaserne und rissen dort etliche große Krater im Bereich des Sport- und des Antreteplatzes.[15] Die gesamte Situation sowie die unmittelbar und plötzlich erlebten Bedrohungsszenarien lösten in Graz panikartige Zustände aus. Die Stadt wurde in aller Eile zur Verteidigung vorbereitet, Panzerhindernisse aufgestellt, Schützengräben ausgehoben und Minen verlegt.[16] Militärische und zivile Standgerichte streiften auf der Suche nach sogenannten „Drückebergern"[17] und Deserteuren durch die Stadt. In den einzelnen Dienststellen, wie etwa der Gauleitung, aber auch der Gestapo-Zentrale am Paulustor, begannen Beamte Aktenmaterialien zu vernichten.[18]

10
Vgl. Wegner, Bernd: Hitlers politische Soldaten. Die Waffen-SS 1933–1945, Hamburg 2008, 341; zum HSSPF: Birn, Ruth Bettina: Die höheren SS- und Polizeiführer: Himmlers Vertreter im Reich und in den besetzten Gebieten, Düsseldorf 1986.

11
Vgl. Hoffmann, Georg: Fliegerlynchjustiz. Gewalt gegen abgeschossene alliierte Flugzeugbesatzungen 1943–1945, Paderborn 2015, 238–246; Hoffmann, Georg: „Der Fliegermord von Graz-Straßgang (4. März 1945)", in: Historisches Jahrbuch der Stadt Graz 45–46 (2016), 439–458; Goll, Nicole-Melanie / Hoffmann, Georg: „,Terrorflieger'. Deutungen und Wahrnehmungen des strategischen Luftkrieges der Alliierten in der nationalsozialistischen Propaganda am Beispiel der sogenannten Fliegerlynchjustiz", in: Journal for intelligence, propaganda and security studies – JIPSS 5,1 (2011), 71–86.

12
Vgl. Record of Trial of Willi Schweitzer et al., National Archives and Records Administration (NARA), Sign. RG 153, Bx. 69, F. 5-160.

13
Vgl. Rauchensteiner, Manfred: Krieg in Österreich 1945, Bd. 5, Wien 1970, 195 f.

14
Vgl. Brunner, Walter: Bomben auf Graz. Die Dokumentation Weissmann, Graz 1988, 190–193; Hoffmann: Fliegerlynchjustiz, 238 (wie Anm. 11).

15
Vgl. Brunner: Bomben auf Graz, 382 f. (wie Anm. 14).

16
Vgl. Schneider, Felix: „Die militärischen Operationen in der Steiermark März bis Mai 1945", in: Historisches Jahrbuch der Stadt Graz 25 (1994), 17–46, hier 38.

17
Vgl. ebd., 38 f.

Nur kurze Zeit später erging von der Gauleitung der Befehl zur Evakuierung von einem Großteil der Grazer Stadtbevölkerung sowie etlicher Dienststellen in die Obersteiermark.[19]

Diese Maßnahmen betrafen auch das Waffen-SS-Bataillon in Wetzelsdorf: Noch am 29. März war Wilhelm Schweitzer durch den Gauleiter und Reichsverteidigungskommissar die Aufstellung einer Kampfgruppe befohlen worden, die die verlorenen Verteidigungsstellungen zurückerobern sollte. Unter rücksichtsloser Führung griff die „Kampfgruppe Schweitzer" noch in der Nacht vom 31. März auf den 1. April 1945 Rechnitz an, wurde jedoch im Gegenstoß von überlegenen Truppen der Roten Armee attackiert und eingeschlossen.[20] Während die überlebenden Angehörigen der Kampfgruppe aus dieser Umklammerung auszubrechen versuchten, reifte in Graz die Erkenntnis, dass die letzte Verteidigung zusammengebrochen war und die Rote Armee binnen Tagesfrist Graz erreichen müsste.[21] Gauleiter Uiberreither setzte aus diesem Grund Mechanismen in Gang, die neben der Vorbereitung seiner Flucht vor allem die Ermordung von „Feinden" und GegnerInnen des NS-Regimes zum Ziel hatten. Maßnahmen waren schon Tage und Wochen zuvor eingeleitet worden und manifestierten sich in Todesmärschen ungarisch-jüdischer ZwangsarbeiterInnen. Diese hatten, in Lagern zusammengetrieben, während des Winters 1944/45 unter unmenschlichen Bedingungen Gräben der Reichsschutzstellung ausheben müssen. Nun entschied man sich, diese Menschen nicht in die Hände der Roten Armee fallen zu lassen, wo sie als belastende ZeugInnen der NS-Taten hätten fungieren können, und trieb sie in Fußmärschen über mehrere Routen in Richtung des Konzentrationslagers Mauthausen. Dabei kam es an unzähligen Orten immer wieder zu Gräueltaten und Massakern. Eine dieser Kolonnen erreichte am 1. und 2. April Graz.[22] Hier war bereits die Entscheidung gefallen, dass nicht mehr marschfähige Menschen abgesondert und ermordet werden sollten. In Besprechungen in der Gauleitung, an denen vor allem die Gestapo teilnahm, wurden zudem Todeslisten erstellt, die die InsassInnen des Gestapo- und Landesgerichtsgefängnisses genauso umfassten wie Kriegsgefangene, WiderstandskämpferInnen und Zwangsarbeiter.[23] Zeitgleich wurde auch das Fliegerhorstkommando Graz-Thalerhof angewiesen, dort festgehaltene Kriegsgefangene auszuliefern.[24] Als koordinierendes und ausführendes Organ der geplanten Morde fungierte die Gestapo Graz – namentlich Kriminalkommissar Adolf Herz. Ein Ort für die geplanten Morde war zu diesem Zeitpunkt noch nicht festgelegt worden, jedoch erschien aus mehreren Gründen gerade die SS-Kaserne Wetzelsdorf besonders günstig: Die Kaserne lag an der Peripherie und unterstand mit der Waffen-SS einem anderen Verantwortungsbereich. Zudem war der Kommandeur, Wilhelm Schweitzer, zu diesem Zeitpunkt noch in Rechnitz eingeschlossen, was einen leichteren Zugriff auf die Kaserne und die zurückgebliebenen Teile des Waffen-SS-Bataillons versprach. In diesen Planungen des bevorstehenden Verbrechens manifestierten sich deutlich prototypische Elemente der sogenannten Endphaseverbrechen – darunter

18
Vgl. Muchitsch, Wolfgang: „Der Widerstand und seine Verfolgung in Graz 1945. Die Gruppe um Fritz Matzner und der Fall Julia Pongracic", in: Historisches Jahrbuch der Stadt Graz 25 (1994), 47–64, 60.

19
Vgl. Schneider: „Die militärischen Operationen", 40 (wie Anm. 16).

20
Vgl. Rauchensteiner: Krieg in Österreich 1945, 210 f.; o. A.: „Junge Freiwillige stürmten Rechnitz", in: Kleine Zeitung, 15. April 1945, 1 f.

21
Vgl. Record of Trial of Willi Schweitzer et al., NARA, Sign. RG 153, Bx. 69, F. 5-160.

22
Vgl. Lappin, Eleonore: „Die Todesmärsche ungarischer Juden durch den Gau Steiermark", in: Lamprecht, Gerald (Hg.): Jüdisches Leben in der Steiermark. Marginalisierung – Auslöschung – Annäherung, Innsbruck u. a. 2004, 263–290, 263 ff.

23
„Felieferhof, Austria: killing of POWs, civilians and soldiers", TNA, Sign. WO 310/157 (wie Anm. 3).

24
Die Fliegerhorste der deutschen Luftwaffe dienten als Sammelpunkte für abgeschossene und gefangen genommene alliierte Flugzeugbesatzungen. Hier wurden sie erstmals befragt, registriert und schließlich an das Durchgangslager der Luftwaffe, der „Auswertestelle West", in Frankfurt am Main abgegeben. Vgl. dazu: Hoffmann: Fliegerlynchjustiz (wie Anm. 11); Geck, Stefan: Dulag Luft – Auswertestelle der Luftwaffe für westalliierte Kriegsgefangene im Zweiten Weltkrieg (= Europäische Hochschulschriften. Reihe III: Geschichte und ihre Hilfswissenschaften 1057), Bern u. a. 2008.

vor allem der Umstand, dass den Tätern bereits das nahe Kriegsende vor Augen stand und daher die Verschiebung von Verantwortung und eine Vertuschung die Verbrechensgenese prägten.[25]

Verbrechensgenese und Abläufe in der Kaserne

In der Nacht vom 2. auf den 3. April 1945 traf eine Marschkolonne mit 100 bis 150 ungarisch-jüdischen Zwangsarbeitern, die Teil der Todesmärsche in Richtung KZ Mauthausen war, in der SS-Kaserne ein.[26] Es handelte sich dabei um aufgrund von Erschöpfung und Krankheit kaum mehr gehfähige Männer, teilweise in ungarischen Uniformen. Fast zeitgleich war eine Gruppe von 13 Ende März 1945 gefangengenommenen US-Fliegern vom Fliegerhorst Graz-Thalerhof in die Kaserne überstellt worden. Sie entstammten unterschiedlichen Flugzeugcrews, die in der weiteren Umgebung der Gauhauptstadt abgestürzt waren und eigentlich in Kriegsgefangenenlager der Luftwaffe überstellt werden sollten. In der SS-Kaserne angekommen, wurden auch sie im Laufe des Nachmittags – wie auch die jüdischen Zwangsarbeiter – mehrfach misshandelt. Doch während die US-Flieger vor ein Erschießungskommando gestellt, aus nicht mehr klärbaren Gründen nicht ermordet wurden, wurden die jüdischen Männer auf den Sportplatz getrieben und dort in der Dämmerung und den frühen Nachtstunden erschossen. Ihre sterblichen Überreste wurden in den nur wenige Stunden zuvor gerissenen Bombenkratern verscharrt. In den kommenden Tagen erfolgten weitere Transporte in die SS-Kaserne. Noch am 2. April brachte die Gestapo aus dem Paulustor eine Gruppe von sowjetischen AgentInnen, Ostarbeitern und britischen Kriegsgefangenen nach Wetzelsdorf. Diese, wie auch eine Gruppe von WiderstandskämpferInnen und französischen Kriegsgefangenen, die einen Tag später an denselben Ort geführt wurden, wurden ebenfalls ermordet. Unter ihnen befanden sich etwa die WiderstandskämpferInnen Fritz Marsch und Julia Pongracic.[27] Am 7. und am 18. April wurden weitere Personen,

diesmal auch aus dem Landesgericht Graz zur Erschießung in die SS-Kaserne gebracht. Darunter befanden sich auch ehemalige Insassen des KZ-Nebenlagers Peggau sowie Widerstandskämpfer wie etwa Maximilian Haitzmann und Josef Logar.[28] In der Gestapo-Zentrale waren also offensichtlich zu einem bestimmten Zeitpunkt Personen, die zuvor an unterschiedlichen Orten festgehalten worden waren, zentral versammelt worden. Ihre Namen standen dabei nicht nur auf Transportlisten, sondern vor allem auf besagter Todesliste.[29] Die Ermordung dieser sehr heterogenen Personengruppe erfolgte – nach Angaben von Gestapo-Beamten, allen voran Kriminalkommissar Adolf Herz – auf Anordnung der steirischen Gauleitung. Die Erschießungskommandos wurden von der Waffen-SS gebildet und bestanden zumeist aus jungen dänischen, norwegischen und niederländischen Waffen-SS-Männern.[30]

SS-Sturmbannführer Wilhelm Schweitzer, dem wohl um den 10. April 1945 die Flucht aus Rechnitz gelungen war, kehrte – abermals verwundet – Mitte April in die SS-Kaserne zurück. Dort erkannte er, dass in seiner Abwesenheit Morde in seinem Verantwortungsbereich verübt worden waren und sich die sterblichen Überreste der Opfer noch in diesem befanden. Zu diesem Zeitpunkt hatte sich die Bedrohung für Graz bereits erheblich abgeschwächt, zumal die Rote Armee ihren Angriffsschwerpunkt in Richtung Wien verlagert hatte, dennoch war das Kriegsende auch für ihn in deutlich greifbarer Nähe.

25
Dazu im Detail: Hoffmann: „SS-Kaserne Graz-Wetzelsdorf", 330 ff. (wie Anm. 5).

26
„Felieferhof, Austria: killing of POWs, civilians and soldiers", TNA, Sign. WO 310/157 (wie Anm. 3).

27
Vgl. dazu Muchitsch, „Der Widerstand" (wie Anm. 18).

28
Vgl. dazu: Halbrainer, Heimo: „Die Radikalisierung der NS-Justiz am Beispiel des Senats für Hoch- und Landesverrat

am Oberlandesgericht Graz 1944/45", in: *Zeithistoriker – Archivar – Aufklärer. Festschrift für Winfried R. Garscha*, hg. von Claudia Kuretsidis-Haider und Christine Schindler im Auftrag des Dokumentationsarchivs des österreichischen Widerstands und der Zentralen österreichischen Forschungsstelle Nachkriegsjustiz, Wien 2017, 127–140.

29
Vgl. Karner / Knoll: *Der „Felieferhof"*, 19 ff. (wie Anm. 4).

30
Vgl. dazu: Record of Trial of Willi Schweitzer et al., NARA, Sign. RG 153, Bx. 69, F. 5–160.

Schweitzer versuchte, sich mit Blick darauf jeder möglichen Verbindung zu diesen Verbrechen zu entledigen und ordnete daher die Öffnung jener von außen noch sichtbaren Bombenkrater und eine Überführung der Leichname auf den hierfür geeignet erscheinenden Feliferhof an.[31] Um die Spuren vollständig zu verwischen, ließ Schweitzer nach Abschluss der Überführung sechs zuvor zum Tode verurteilte Waffen-SS-Männer, welche die Arbeiten durchgeführt hatten, erschießen und ebenfalls im Massengrab verscharren.

Doch der gesamte, unter Zeitdruck stehende Vorgang der Exhumierung war nicht vollständig durchgeführt worden. Dies stellte die Grundlage von Hinweisen und Gerüchten über nach wie vor bestehende Gräber auf dem Areal der Kaserne dar, die durch das Forschungsprojekt im Jahr 2008 und dabei aufgefundene Luftbilder bestätigt werden konnten. Dabei wurde auch herausgefunden, dass besagte 13 US-Flieger, die schon am 2. April 1945 in die SS-Kaserne verbracht worden waren, als einzige das Massaker überlebt hatten.

Die Suche nach Opfern und Tätern

Am 18. Mai 1945 wurde am Feliferhof ein Massengrab mit den sterblichen Überresten von 142 Menschen von einer sowjetisch-österreichischen Kommission lokalisiert, geöffnet und untersucht. Unter reger öffentlicher Anteilnahme und großem medialem Echo wurden die Leichname am Grazer Zentralfriedhof beerdigt.[32] Eine Untersuchungskommission versuchte in den folgenden Monaten ZeugInnen ausfindig zu machen, Täter aufzuspüren und den „Fall Feliferhof" einer Klärung zuzuführen.[33] Der starke Fokus auf die Ereignisse am Schießplatz

und die Öffnung des Massengrabes ließen die Kaserne in der öffentlichen Wahrnehmung deutlich in den Hintergrund rücken. Zeitgleich begann die britische Besatzungsmacht mit der Suche nach Angehörigen ihrer Streitkräfte. In diesem Zusammenhang vernahmen sie den ehemaligen Gestapo-Kriminalkommissar Adolf Herz mehrfach: Er gab dabei zu Protokoll, dass seine Aufträge wie auch die Befehle zur Abarbeitung der „Todesliste" direkt vom Gestapo-Chef in Graz, SS-Obersturmbannführer Josef Stüber, vor allem aber von Gauleiter Sigfried Uiberreither erteilt worden waren.[34] Er merkte dabei an, dass es in mehreren Besprechungen in der Gauleitung – anlässlich der Erstellung der Todesliste – zu einer Diskussion gekommen sei, an welchem Ort die Ermordungen der Opfer stattfinden sollten. Sowohl das Landesgericht, das seine Hinrichtungsapparatur bereits abgebaut und teilweise vergraben hatte, wie auch die Gestapo-Zentrale kamen für die Anwesenden nicht infrage. Die Vorzüge der SS-Kaserne lagen in dem Umstand, dass die vorgesehenen Opfer dadurch in einen anderen Verantwortungsbereich verschoben werden konnten, der letztlich dazu führte, dass Spuren zur Gestapo und zur Gauleitung verwischt wurden. Der Eingriff in einen anderen Verantwortungsbereich dürfte indes nicht leicht zu bewerkstelligen gewesen sein, zumal allen Beteiligten das nahe Kriegsende und damit letztlich eine Schuldfrage vor Augen stand. Die Abwesenheit des bisherigen SS-Bataillonskommandeurs und Kasernenkommandanten Schweitzer hatte hier den Vorteil, dass eine unklare Kompetenzverteilung in der Kaserne vorlag. Als dieser Mitte April 1945 von der Front zurückkehrte, dürfte ihm das sofort klar geworden sein. Die rasche Exhumierung und Überführung der Leichname auf den Feliferhof wie auch die Erschießung des Exhumierungskommandos verdeutlichen dies.

Die britischen Besatzungsbehörden übergaben den Fall schließlich an die US-amerikanische *War Crimes Branch*, da gerüchteweise die mögliche Ermordung von US-Soldaten in der SS-Kaserne im Raum stand und sich zudem Hinweise auf die Fliegermorde in Graz-Straßgang ergaben.[35]

31
Vgl. ebd.

32
O.A.: „Erschütternde Dokumente vom Feliferhof", in: *Neue Steirische Zeitung*, 27. Mai 1945, 4.

33
Vgl. dazu: Janeschitz: *Felieferhof* (wie Anm. 3).

34
„Felieferhof, Austria: killing of POWs, civilians and soldiers", TNA, Sign. WO 310/157 (wie Anm. 3).

ZeugInnen wurden befragt und Personen ausgeforscht. Schließlich kam es ab dem 19. April 1948 in Salzburg zu einem Militärgerichtsverfahren gegen neun ehemalige Angehörige der Grazer Waffen-SS. Die Angeklagten – Schweitzer, sein Stellvertreter sowie sieben weitere SS-Führer und -Unterführer – mussten sich wegen der vermeintlichen Ermordung besagter und – wie im Forschungsprojekt erst 2010 festgestellt werden konnte[36] – tatsächlich überlebender US-amerikanischer Flieger in der SS-Kaserne im April 1945 verantworten. Nachdem unter den sterblichen Überresten der Opfer im geöffneten Massengrab keine Leichname von US-Fliegern gefunden werden konnten, führten die Besatzungsbehörden das Verfahren auf Basis von Indizien zu Ende.[37] Der amerikanische Militärgerichtsprozess endete am 7. Mai 1948 nach 19 Gerichtstagen und 44 Befragungen – wenig überraschend – mit dem Freispruch aller neun Angeklagten, zumal diese auch noch nachweisen konnten, dass sie sich zum angegebenen Tatzeitpunkt im von sowjetischen Truppen eingeschlossenen Rechnitz befunden hatten. Es konnte weder deren Schuld festgestellt noch das Schicksal möglicher US-Opfer herausgefunden werden. Im abschließenden Review des Prozesses wird dieser Umstand auf grobe Fehler der Anklage zurückgeführt, die neben dem eigentlichen Betrachtungsgegenstand immer wieder Zeugen für „totally unrelated offense"[38] – womit vor allem die Morde an den jüdischen Ungarn gemeint sind – zuließ und damit, wie es wörtlich hieß, mögliche Verbrechen an US-Fliegern „überdeckte". Oder wie es die britische Untersuchungskommission schon wesentlich früher ausdrückte: „[...] unfortunately [the case is] tied up with the regular massacre of Jews and foreign workers."[39] Damit war eine besondere Konstellation entstanden, die sich nachteilig auf die weitere Beschäftigung mit den Verbrechen in der SS-Kaserne auswirken sollte: Zwar waren britische und amerikanische Behörden auf Massenmorde gestoßen, für die sie sich jedoch in Ermangelung US-amerikanischer Opfer nicht zuständig fühlten. Österreich selbst griff die dabei gesammelten Hinweise

auf weitere Opfergruppen nicht auf. Das lag vor allem am Zeitpunkt – denn im Jahr 1948 war das öffentlich-politische Interesse an der Ahndung von Kriegsverbrechen bereits merklich erkaltet und bei verurteilten Kriegsverbrechern hatten bereits die ersten Begnadigungswellen eingesetzt. So fiel der gesamte Verbrechenskomplex dem Vergessen anheim und wurde bis in die 2000er-Jahre weder hinsichtlich der Opfergruppen noch in der Diskussion von Täterschaft thematisiert. Weder Uiberreither noch Herz wurden je für das Verbrechen in der SS-Kaserne vor Gericht gestellt. Schweitzer wurde noch 1948 wegen der Morde an den sechs US-Fliegern in Straßgang am 4. März 1945 zunächst zum Tode verurteilt, bald darauf jedoch begnadigt und verbrachte sein restliches Leben unbehelligt in Deutschland. Weitere Täter wurden nie erhoben. Erst das im Jahr 2008 begonnene historische Forschungsprojekt brachte die besagten Zusammenhänge zum Vorschein und konnte anhand von Luftbildern die noch existenten Massengräber definieren. 2011 wurde auf dieser Basis in der nunmehrigen Belgierkaserne ein Gedenkhain errichtet, der nicht nur die Gräber markiert, sondern zumindest einem Teil der Opfer ihren Namen zurückgibt. Die weitergehende wissenschaftliche Analyse und gesellschaftliche Diskussion über Täterschaft und Verantwortung zu und für diesen Ort wird die Erinnerung an die Opfer für die Zukunft bewahren.

35
Vgl. Hoffmann: *Fliegerlynchjustiz*, 367–370 (wie Anm. 11).

36
Dazu u. a. Todd-York, Becky: „A Veterans Day remembrance: My father survived war, and took its secrets to his grave", in: *Herald Leader*, 11. November 2012, online unter: https://www.kentucky.com/news/local/counties/madison-county/article44388876.html [15.7.2021].

37
Gemäß US-Militärstrafrecht war die Führung von Indizienprozessen auch ohne das Auffinden der Opfer möglich.

38
Review of Proceedings of a Military Commission in the Case of the United States vs. Willi Schweitzer and Eight Others, 14. Juni 1948, NARA, Sign. RG 153, Bx. 69, F. 5-160.

39
„Graz, Austria: disappearance of two British POWs", 1. Oktober 1945 bis 28. Februar 1947, TNA, Sign. WO 310/98.

AutorInnen

Janika Döhr, Architekturstudium an der TU Graz seit 2015. Mitarbeit in mehreren Architekturbüros von 2017 bis 2019. Seit 2020 Studienassistentin am Institut für Städtebau. Derzeit schreibt sie gemeinsam mit Armin Zepic ihre Masterarbeit über bedrohtes architektonisches und kulturelles Erbe in Eisenerz.

Lisa-Marie Dorfleitner studiert Architektur an der TU Graz. Sie war von 2017 bis 2020 Vorsitzende der Studienvertretung Architektur und arbeitet seit 2016 als Werkstudentin in einem Planungsbüro.

Ema Drnda studiert Architektur an der TU Graz. Sie ist seit Anfang 2021 studentische Projektassistenten beim Forschungsprojekt „Piezo-Klett" am Institut für Architekturtechnologie; zudem Software-Trainerin bei Graphisoft Graz.

Florian Eichelberger studierte Urgeschichte, Historische Archäologie und Informatik in Wien und St. Pölten und ist als Informatiker und Archäologe in Projekten der Neuzeit und Zeitgeschichte tätig.

Christian Fleck, 1979 Promotion in Graz, 1989 Habilitation in Wien, lehrte bis 2019 Soziologie an der Universität Graz, Forschungs- und Lehraufenthalte in Harvard, New York, Berkeley, Moskau u. a. Aktuell ist er Fellow am Institut für Höhere Studien IHS, Wien.

Flora Flucher studiert Architektur an der TU Graz. Während ihres Studiums arbeitete sie projektweise für ein Grazer Architekturbüro. Seit 2021 lebt und arbeitet sie in Wien und befasst sich mit ihrer Diplomarbeit.

Max Frühwirt, Architekturstudium an der FH Joanneum und der TU Graz. Mitarbeit an verschiedenen Projekten im Architekturbüro Architektur Consult ZT GmbH. Derzeit Projektmitarbeiter in einem Forschungsprojekt am Institut für Architektur und Medien der TU Graz.

Daniel Gethmann lehrt Kulturwissenschaft und Entwurfstheorie am Institut für Architekturtheorie, Kunst- und Kulturwissenschaften (akk) der TU Graz. Er ist Executive Editor des *Graz Architecture Magazine GAM* und Vorsitzender der Studienkommission Architektur an der TU Graz.

Nicole-Melanie Goll, Dr.[in], Historikerin, wissenschaftliche Projektmitarbeiterin am Wiener Wiesenthal Institut für Holocaust-Studien (VWI). Ihre Forschungsschwerpunkte liegen im Bereich der Sozial- und Kulturgeschichte des Kriegs mit Fokus auf den Ersten und Zweiten Weltkrieg.

Heimo Halbrainer, Historiker in Graz, Leiter von CLIO und wissenschaftlicher Mitarbeiter am Centrum für Jüdische Studien der Universität Graz. Forschungsschwerpunkte und Publikationen zu NS-Herrschaft, Widerstand und Verfolgung, jüdische Regionalgeschichte sowie dem Umgang mit der NS-Zeit nach 1945.

Georg Hoffmann, Dr., Historiker und Kurator, Bundesministerium für Landesverteidigung. Seine Forschungsfelder liegen im Bereich der Gewalt-, Konflikt- und Täterforschung.

Matthias Hölbling studiert Architektur an der TU Graz. Nach dem Bachelorabschluss 2019 projektbezogene, studentische Mitarbeit in mehreren Architektur- und Planungsbüros in der Steiermark und Kärnten. Aktuell Fortsetzung des Masterstudiums in Graz.

Thomas Hönigmann studierte Urgeschichte, Historische Archäologie und Rechtswissenschaften in Wien und Linz. Seit 2004 arbeitet er in wissenschaftlichen Projekten zur Zeitgeschichte und Forensischen Archäologie.

Waltraud P. Indrist, wissenschaftliche Mitarbeiterin am Institut akk der TU Graz, dissertiert an der Akademie der bildenden Künste Wien zum Entwerfen als Ausdruck architekturpolitischen Handelns bei Hans Scharoun. Ab 2022 zudem wissenschaftliche Mitarbeiterin eines FWF-Projekts zu Roland Rainer (Leitung: Angelika Schnell).

Thomas Lienhart, Architekturstudium an der TU Graz, Abschluss des Masterstudiums 2021. Nach dem Bachelorabschluss 2018 Mitarbeit in Planungsbüros in den Bereichen Bauaufsicht, Generalplanung und Projektsteuerung.

Lung Peng, Architekturstudium an der TU Graz sowie als Modellbauer für Architekturbüros in Graz tätig. Langjährig in der Studierendenvertretung Architektur aktiv; Mitgründer von Kleinraum und Schauraum, seit 2010 Mitglied des Architektur Zeichensaals 3.

Anna Sachsenhofer studiert Architektur an der TU Graz. Sie ist Studienassistentin am Institut KOEN und Teil der internen Arbeitsgruppe Gender Taskforce, bei der sie sich für geschlechtergerechte Inhalte in der Architekturausbildung einsetzt.

Alice Steiner studiert Architektur an der TU Graz. Sie ist Mitarbeiterin am Institut KOEN sowie im Haus der Architektur und hat bereits in mehreren Architekturbüros gearbeitet.

Milan Sušić, derzeit im Masterstudium Architektur an der TU Graz. Berufstätig in der Firma GeneralPLAN als Örtliche Bauaufsicht und Generalplaner.

Katharina Url, BSc., Studium der Philosophie und Musikwissenschaften in Wien. Masterstudium Architektur an der TU Graz. Zurzeit verfasst sie ihre Diplomarbeit; Mutter von drei Kindern.

Viktoriya Yeretska, Studium der Architektur in Braunschweig und Graz. Mitarbeit in diversen Architekturbüros sowie als Redaktionsassistenz bei der Online-Architekturplattform BauNetz in Berlin. Seit 2019 Studienassistentin am Institut akk der TU Graz. Derzeit schreibt sie ihre Masterarbeit.

Armin Zepic, Studium der Architektur in Graz seit 2015. Ausgestellter Künstler im Bereich der Grafik. Schreibt aktuell gemeinsam mit Janika Döhr seine Masterarbeit über bedrohtes architektonisches und kulturelles Erbe in Eisenerz.

Dank

an die Arbeitsgemeinschaft der politisch Verfolgten (KZ-Verband – Landesverband Steiermark der österreichischen AntifaschistInnen, WiderstandskämpferInnen und Opfer des Faschismus / ÖVP-Kameradschaft der politisch Verfolgten und Bekenner für Österreich / Bund sozialdemokratischer FreiheitskämpferInnen, Opfer des Faschismus und aktiver AntifaschistInnen), Artec Group GmbH, Graz, Andreas Balatka – Nextseason Werbeagentur e. U., Karin Berger, Dieter A. Binder, Christina Blümel, die Stadt Deutschlandsberg, insbesondere Bürgermeister Josef Wallner und Vizebürgermeister Anton Fabian sowie Elke Kleindinst, Florian Egartner von der Luftbilddatenbank, die Stadt Eisenerz, insbesondere der vormaligen Bürgermeisterin Christine Holzweber sowie ihrem Nachfolger Thomas Rauninger, Doris Griesser, Heidi und Bernd Gsell vom Jehovas Zeugen Österreich – Archiv Zentraleuropa,

Bettina Habsburg-Lothringen und ihrem Team vom Museum für Geschichte in Graz, Zdravko Haderlap, Ajda Goznik, Intea BH d. o. o. grafički i print studio, Sarajevo, Thomas Joham vom Referat Raumplanung und Stadtvermessung, Leoben, den hilfsbereiten BewohnerInnen von Laaken, Andreas Lechner vom Institut für Gebäudelehre, TU Graz, die Stadt Leoben, insbesondere dem ersten Vizebürgermeister Maximilian Jäger, Ernst Logar, Gerhard Niederhofer, Obmann des Vereines zur Förderung des Stadtmuseums Eisenerz, Rupert Kerschbaumsteiner, Knappschaftsverein für den Steirischen Erzberg, Helen Kriegl von Museum Deutschlandsberg, Magdalena Matuszewska, Johann Moser von BWM Architekten, Marica Primik vom Peršman Museum, Dietmar Sauer, Antje Senarclens de Grancy, Gerhard Schweiger, TILLY Holzindustrie Gesellschaft m. b. H., Anselm Wagner, Patricia Wess vom Rostfest Eisenerz, Viktoriya Yeretska

Ausstellung und Publikation wurden gefördert von

Stadt Deutschlandsberg, Stadt Eisenerz, Stadt Leoben, Arbeitsgemeinschaft der politisch Verfolgten (KZ-Verband – Landesverband Steiermark der österreichischen AntifaschistInnen, WiderstandskämpferInnen und Opfer des Faschismus; ÖVP-Kameradschaft der politisch Verfolgten und Bekenner für Österreich; Bund sozialdemokratischer FreiheitskämpferInnen, Opfer des Faschismus und aktiver AntifaschistInnen)

Impressum

Dieses Buch erscheint als Band 8 der Reihe
architektur + analyse,
herausgegeben von Anselm Wagner,
Institut für Architekturtheorie, Kunst- und
Kulturwissenschaften der TU Graz.

© 2022 by jovis Verlag GmbH

HerausgeberIn
Daniel Gethmann, Waltraud P. Indrist

Korrektorat
Inka Humann

Bildredaktion
Waltraud P. Indrist

Assistenz der Bildredaktion
Christina Blümel, Viktoriya Yeretska

Grafik
Soybot – Marie Vermont, Gerhard Jordan

Umschlagmotiv
Soybot – Marie Fegerl, Gerhard Jordan

Druck und Bindung
Medienfabrik Graz

Ausstellungsarchitektur
Janika Döhr, Lisa-Marie Dorfleitner,
Ema Drnda, Flora Flucher, Max Frühwirt,
Matthias Hölbling, Thomas Lienhart,
Lung Peng, Anna Sachsenhofer, Alice Steiner,
Milan Sušić, Thomas Tunariu, Katharina Url,
Viktoriya Yeretska, Armin Zepic;
nach einer Idee von Thomas Tunariu

*Bibliografische Information der
Deutschen Nationalbibliothek*
Die Deutsche Nationalbibliothek verzeichnet
diese Publikation in der Deutschen National-
bibliografie; detaillierte bibliografische Daten
sind im Internet über http://dnb.d-nb.de
abrufbar.

jovis Verlag GmbH
Lützowstraße 33
10785 Berlin

www.jovis.de

jovis-Bücher sind weltweit im ausgewählten
Buchhandel erhältlich. Informationen zu
unserem internationalen Vertrieb erhalten
Sie in Ihrer Buchhandlung oder unter
www.jovis.de.

ISBN 978-3-86859-722-6